Artikel 2 Europäische Menschenrechtskonvention im Lichte der Terrorismusbekämpfung

Europäische Hochschulschriften

European University Studies

Publications Universitaires Européennes

Reihe II **Rechtswissenschaft**

Series II Law

Série II Droit

Band/Volume **5757**

Natalie-Emilienne Florack

Artikel 2 Europäische Menschenrechtskonvention im Lichte der Terrorismusbekämpfung

PL ACADEMIC RESEARCH

Bibliografische Information der Deutschen Nationalbibliothek
Die Deutsche Nationalbibliothek verzeichnet diese Publikation in der Deutschen Nationalbibliografie; detaillierte bibliografische Daten sind im Internet über http://dnb.d-nb.de abrufbar.

Zugl.: Köln, Univ., Diss., 2015

D 38
ISSN 0531-7312
ISBN 978-3-631-66508-4 (Print)
E-ISBN 978-3-653-05774-4 (E-Book)
DOI 10.3726/ 978-3-653-05774-4

PL Academic Research ist ein Imprint der Peter Lang GmbH.
Peter Lang – Frankfurt am Main · Bern · Bruxelles · New York · Oxford · Warszawa · Wien

Diese Publikation wurde begutachtet.

www.peterlang.com

Inhaltsverzeichnis

1. Kapitel: Einleitung

A. Das Spannungsverhältnis zwischen effektiver Terrorismusbekämpfung und der Einhaltung der Menschenrechte

Das vermehrte Auftreten terroristischer Anschläge durch fundamentalistische islamistische Gruppen in den letzten Jahren, welche unzählige Opfer gefordert haben, hat das Problem des (internationalen) Terrorismus in den Köpfen der Menschen und in den Medien wieder vermehrt ins Bewusstsein gerückt. Vor allem die Anschläge vom 11. September 2001 in New York City und Washington D.C. mit fast 3000 Todesopfern haben ein Ausmaß an Gewalt- und Zerstörungsbereitschaft gezeigt, welches vorher unbekannt war. Der 11. September 2001 gilt daher als Wendepunkt für das Bewusstsein einer terroristischen Bedrohung in der (westlichen) Gesellschaft. Es folgten der Bombenanschlag auf der tunesischen Insel Djerba am 11. April 2002 mit 21 Todesopfern, die Anschläge auf der indonesischen Insel Bali mit insgesamt rund 220 Todesopfern am 13. Oktober 2002 und am 1. Oktober 2005 sowie die Serie von Anschlägen im indischen Mumbai, welche über 170 Opfer gefordert hat. Mit dem Bombenattentat von Madrid am 11. März 2004 mit über 190 Todesopfern, den Anschlägen vom 7. Juli 2005 in London, die über 50 Todesopfern gefordert haben und dem versuchten Bombenanschlag in Regionalzügen in Dortmund und Koblenz am 8. Juni 2006 hat der radikal-islamistische Terrorismus sichtbar Einzug in Europa gehalten.

Das Vorgehen terroristischer Vereinigungen und deren Bekämpfung war auf regionaler Ebene bereits Gegenstand kontroverser Debatten innerhalb Europas. Die Anschlagsserien der *Rote Armee Fraktion* (*RAF*) in der Bundesrepublik Deutschland und der *Brigate Rosse* (*BR – Rote Brigaden*) in Italien sowie die separatistischen Kämpfer der *Euskadi ta Askatasuna* (*ETA – Baskenland und Freiheit*) im spanischen Baskenland und der *Irish Republican Armee* (*IRA – Irisch-republikanische Armee*) in Nordirland stellten schon lange vor den Ereignissen des 11. Septembers 2001 eine Herausforderung für die Innenpolitik und Justiz der betroffenen Konventionsstaaten dar. Die terroristischen Aktivitäten werden teilweise von der Bevölkerung unterstützt, oder es wird ihnen zumindest Verständnis entgegengebracht – dies gilt vor allem für separatistische Bewegungen wie die der *IRA* oder der *Partiya Karkeren Kurdistan* (*PKK – Kurdische Arbeiterpartei*). Akte terroristischer Gewalt werden von der Mehrheit der Bevölkerung der betroffenen Regionen und im Ausland jedoch scharf verurteilt.

Durch das aktuelle Maß der Bedrohung, die der Terrorismus – zumindest theoretisch – für alle Staaten und Bürger darstellt, können staatliche Organe zu harten Reaktionen verleitet werden. Die Mittel, um solch verheerende Anschläge zu verhindern und die Täter effektiv zu verfolgen, müssen rechtsstaatliche sein, das heißt sie müssen sich innerhalb des geltenden Rechts bewegen. Der Terrorismus stellt ein erhebliches Problem dar, das es ohne Frage zu bekämpfen gilt, da er gewalttätig und brutal vorgeht und zu einer Vielzahl unschuldiger Opfer führt. Auf der einen Seite ist es Aufgabe der Staaten und ihrer Regierungen, dem Terrorismus Einhalt zu gebieten und ihre Bürger vor terroristischen Taten zu schützen. Auf der anderen Seite dürfen nicht wahllos Mittel im Namen der Terrorismusbekämpfung eingesetzt werden, die den Rechtsstaat an die Grenzen seiner Belastbarkeit führen. Der Terrorist bleibt trotz seiner Taten ein menschliches Wesen, dessen Menschenrechte im Kern zu respektieren sind.

Die terroristische Bedrohung ist kein Phantombild, sie stellt die Staatengemeinschaft vor tatsächliche Probleme. Jedoch stellt sich ebenfalls die Frage, wie groß das Risiko eines terroristischen Anschlags wirklich ist. Die Antwort auf terroristische Attentate findet sich für die Regierungen oftmals in einer Verschärfung der Gesetze zur Stärkung der inneren Sicherheit. In Deutschland etwa wurde, neben diversen präventiven so genannten Sicherheitspaketen[1], das umstrittene und letztlich vor dem Bundesverfassungsgericht (BVerfG) gescheiterte Luftsicherheitsgesetz[2] verabschiedet, welches den Abschuss von entführten Flugzeugen ermöglichen sollte. Im Zuge der Terrorismusbekämpfung kann es bei der Verfolgung eines besonders „harten Kurses“ zu unschuldigen Todesopfern kommen, wie der Fall des Brasilianers *Charles de Menezes* zeigt, der nach den Terroranschlägen 2005 in London fälschlicherweise von der britischen Polizei als Selbstmordattentäter eingestuft wurde und durch fünf Kopfschüsse starb[3]. Fehler mit einer solchen Tragweite gilt es unbedingt zu vermeiden, denn die Terrorismusprävention und -verfolgung darf nicht dazu führen, dass Unbeteiligte aufgrund behördlichen Fehlverhaltens oder Fehleinschätzungen in diesem Umfang gefährdet werden. Deswegen müssen klare Vorgaben gelten an die sich

1 Einen Überblick zu den legislativen Reaktionen des Bundestags geben *Menzenbach/Janzen*, Wissenschaftliche Dienste des Deutschen Bundestags – Aktueller Begriff, Maßnahmen zur Terrorismusbekämpfung seit dem 11. September 2001, Nr. 63/07 aktualisierte Fassung vom 19. Januar 2009.

2 BGBl. 2005 I S. 78, geändert in BGBl. 2009 I S. 2424.

3 Spiegel Online v. 24.07.2005, abrufbar unter <http://www.spiegel.de/panorama/terroristen-fahndung-brasilianer-verurteilen-todesschuesse-als-hinrichtung-a-366609.html>.

von Terrorismus betroffene Staaten halten können. Es liegt im Interesse aller Beteiligten – der Zivilbevölkerung, der Strafverfolgungsorgane und der jeweiligen Regierungen sowie der (mutmaßlichen) Terroristen – wenn Klarheit darüber herrscht, welche Normen Anwendung finden und wie diese im konkreten Fall ausgestaltet sind.

Die Konventionsstaaten sind vertraglich an die in der Europäischen Konvention zum Schutze der Menschenrechte und Grundfreiheiten (EMRK)[4] kodifizierten Menschenrechte und damit an das Recht auf Leben gemäß Artikel 2 EMRK gebunden. Sie unterliegen allen dort verkörperten Abwehrrechten und Schutzpflichten. Leider sieht die Wirklichkeit oft anders aus. Im Nordkaukasus und in der Südosttürkei beispielsweise werden im Zuge der Terrorismusbekämpfung Menschen entführt und verschwinden; Misshandlungen und willkürliche Exekutionen sind laut Presseberichten keine Seltenheit[5]. Die russische Menschenrechtsorganisation *Memorial* spricht von 29 Entführungen und 40 Hinrichtungen ohne Gerichtsurteil in der nordkaukasischen Republik Inguschien allein für das Jahr 2007[6]. Die Zivilbevölkerung wird in hohem Maße durch Angriffe der russischen Armee selbst zum Opfer der Terrorismusbekämpfung[7]. Dies sind nur einige Beispiele für die Diskrepanz zwischen Norm und Realität.

Wenn der Staat gegen Gewalt und Terror vorgeht, entsteht schnell ein Spannungsverhältnis zwischen der effektiven Bekämpfung des Terrorismus und der Einhaltung der Werte einer gerechten und freien Gesellschaft, dessen Regierung die Grundrechte jedes Einzelnen respektieren muss[8]. Die Gewährleistung des internationalen Menschenrechtsschutzes ist im Laufe der Ereignisse der letzten Jahre deutlich schwieriger geworden. Der aktuelle Kampf gegen *Al-Qaida* oder nationale separatistische Bewegungen, wird als „Brennspiegel vieler Symptome der Erosion des Menschenrechtsschutzes“ wahrgenommen[9]. Insbesondere

---

4 BGBl. 2002 II S. 1055, in der Fassung durch die Protokolle Nr. 3 vom 06.05.1963 (BGBl. 1968 II S. 1116), Nr. 5 vom 20.01.1966 (BGBl. 1968 II S. 1120), Nr. 8 vom 19.03.1985 (BGBl. 1989 II S. 547) und Protokoll Nr. 11 vom 11.05.1994 (BGBl. 1995 II S. 579).

5 *Carmer*, Spiegel Online v. 28.06.2008, abrufbar unter <http://www.spiegel.de/politik/ausland/0,1518,562663,00.html>; *Steinforth*, Spiegel Online v. 06.12.2008, abrufbar unter <http://www.spiegel.de/politik/ausland/0,1518,594759,00.html>.

6 *Carmer*, Spiegel Online v. 28.06.2008, abrufbar unter <http://www.spiegel.de/politik/ausland/0,1518,562663,00.html>.

7 ZEIT Online v. 12.11.2007, abrufbar unter <http://images.zeit.de/text/news/artikel/2007/11/12/2418523.xml>.

8 *Arden*, in: Breitenmoser, FS Wildhaber, S. 22.

9 So *Oeter*, AVR 2002 (40), 422, 423.

erscheint es bedenklich, dass es nicht mehr nur irgendwelche „Warlords“, sondern Politiker der „zivilisierten Welt“ sind, die den Anschein erwecken, das etablierte System der Menschenrechtskodifikationen sei obsolet oder zumindest von fraglichem Wert[10]. Dabei darf der hohe Wert der Menschenrechte und deren Errungenschaften, wozu die Kodifizierung der EMRK zählt, auch in Zeiten des Terrorismus keinesfalls vergessen und übergangen werden. Müssen wir uns wirklich Sorgen über den internationalen Menschenrechtsschutz machen[11] oder ist es möglich anhand der gegebenen Rechtsinstrumente einen befriedigenden Ausgleich der Gewährleistung menschenrechtlicher Standards und effektiver Bekämpfung terroristischer Gewalt zu finden? Diese schwierige Balance zwischen scharfen staatlichen Kontroll- und Repressionsmaßnahmen und dem Schutz der Menschenrechte gilt es immer wieder neu zu finden. Denn ein Staat, der die zivilisatorischen Grundstandards der Menschenrechte nicht wahrt, wird tendenziell selbst zum Täter terroristischer Gewalt[12].

B. Artikel 2 EMRK und Terrorismusbekämpfung als Forschungsgegenstand

Ziel dieser Arbeit ist es, den rechtlichen Umgang der Themen Terrorismus und Terrorismusbekämpfung im Raum des Europarates darzustellen und zu analysieren. Dabei richtet sich das Augenmerk auf das in Artikel 2 EMRK normierte Recht auf Leben. Weil der Staat zur Bekämpfung terroristischer Aktionen grundrechtsrelevante Maßnahmen ergreifen muss, welche möglicherweise die Gefahr staatlicher Überreaktionen bergen, stellt sich die Frage, inwieweit das Recht auf Leben nach Artikel 2 EMRK eingeschränkt werden darf, um eine effektive Terrorismusbekämpfung zu gewährleisten. Dabei sind einerseits die Rechte mutmaßlicher Terroristen und andererseits die Rechte und der Schutz der potenziell von Terrorismus bedrohten Bevölkerung von Relevanz. Anhand einer Analyse der Entscheidungen der Europäischen Kommission für Menschenrechte (EKMR)[13], der Rechtsprechung des Europäischen Gerichtshofes für Menschenrechte (EGMR) und der hierzu bestehenden Fachliteratur soll im Rahmen dieser Arbeit untersucht werden, inwieweit die Maßnahmen der Konventionsstaaten

10 *Oeter*, AVR 2002 (40), 422, 424.

11 So *Bernhardt*, in: Dicke u. a., FS Delbrück, S. 45.

12 *Bruha*, in: Koch, Terrorismus, S. 79.

13 Die Kommission hat am 31. Oktober 1999 nach Artikel 5 Absatz 3 des Protokoll Nr. 11 ihre Arbeit eingestellt. Seitdem ist der EGMR das alleinige Kontrollorgan von Menschenrechtsverletzungen im Raum des Europarates.

gegen terroristische Gewaltakte in Hinblick auf Artikel 2 EMRK mit dem menschenrechtlichen Standard, den der Europarat mit Schaffung der EMRK und ihrer institutionalisierten Kontrollmechanismen gesetzt hat, in Einklang stehen.

Zu diesem Zwecke erfolgt zunächst eine kurze Begriffsbestimmung des Terminus Terrorismus anhand völkerrechtlicher Regelwerke und der völkerrechtlichen Literatur sowie eine knappe Darstellung der maßgeblichen Brennpunkte und bedeutendsten terroristischen Vereinigungen im Raum des Europarates (2. Kapitel). Hiernach werden Bedeutung und Rang der EMRK sowie ihre Auslegungsmethoden aufgezeigt, um dann auf die Entstehungsgeschichte und besondere Bedeutung von Artikel 2 EMRK einzugehen. Im Anschluss daran wird die Verantwortlichkeit der Konventionsstaaten für Verletzungen von Artikel 2 EMRK untersucht (3. Kapitel). Hierbei liegt der Schwerpunkt auf der extraterritorialen Anwendbarkeit der EMRK bei der Terrorismusbekämpfung außerhalb des eigenen Staatsgebiets sowie auf der Zurechenbarkeit der Handlungen im Rahmen von internationalen Operationen der Vereinten Nationen (VN) und der Organisation des Nordatlantikvertrags (NATO). Des Weiteren wird der sachliche Schutzbereich von Artikel 2 EMRK und die Ausrichtung als Abwehrrecht auf der einen Seite und als Schutzpflicht auf der anderen Seite dargelegt (4. Kapitel). Hierbei erfolgt eine genaue Analyse der staatlichen Schutzpflichten aus Artikel 2 EMRK, die der EGMR im Bereich der Terrorismusbekämpfung herausgearbeitet hat. Anschließend werden einige Probleme zum Eingriff in das Recht auf Leben diskutiert (5. Kapitel). Schließlich wird die Schrankendogmatik in Artikel 2 EMRK erörtert (6. Kapitel). An dieser Stelle wird außerdem das Verhältnis zwischen der abwehrrechtlichen Funktion und dem Schutzpflichtcharakter von Artikel 2 EMRK problematisiert. Zudem erfolgt ein Überblick zu rechtlichen Fragestellungen des Afghanistan-Einsatzes einiger Konventionsstaaten in Bezug auf das Recht auf Leben. Diese Arbeit soll eine umfassende Übersicht zu den rechtlichen Problemstellungen des Rechts auf Leben im Rahmen der Terrorismusbekämpfung geben sowie mögliche Lösungsansätze erarbeiten und aufzeigen.

Die Rechte der EMRK – insbesondere in Hinblick auf die Terrorismusbekämpfung – stellen in der deutschen Rechtswissenschaft eher ein „Randthema“ dar, welches bisher wenig Beachtung findet. Das mag zum einen daran liegen, dass die EMRK in Deutschland, im Unterschied zu Österreich, keinen Verfassungsrang genießt und ihr deswegen eine untergeordnete Rolle zugesprochen wird. Zum anderen erschließt sich das Recht der EMRK in erster Linie aus der Rechtsprechung der EKMR und des EGMR. Die Entscheidungen werden meist nur in englischer und französischer Sprache veröffentlicht, wenn keine

Beteiligung Deutschlands an dem Verfahren besteht oder die Entscheidung nicht von besonders hoher Bedeutung für andere Konventionsstaaten ist. Der Menschenrechtsschutz auf Ebene des Europarates stellt eine erfreuliche und wichtige Ergänzung der nationalen Rechtssysteme dar und ist aus der heutigen Rechtswissenschaft nicht mehr weg zu denken. Dem EGMR ist es in zahlreichen Verfahren gelungen, den Menschenrechtsstandard der Konventionsstaaten auszubauen und den Konventionsstaaten deutlich zu machen, dass Menschenrechtsschutz kein rein nationales Anliegen ist, sondern in letzter Konsequenz in Straßburg überprüft wird.

2. Kapitel: Terrorismus – Begriffsdefinition

Steht die Vereinbarkeit von antiterroristischen Maßnahmen mit Artikel 2 EMRK im Blickpunkt der Untersuchung, bedarf es zunächst einer klaren Erkenntnis dessen, was konkret unter dem Begriff des Terrorismus zu verstehen ist. Wer sind die Täter und was sind die mit terroristischen Aktivitäten verfolgten Ziele? Was unterscheidet den Terrorismus von anderen Gewaltformen und lässt ihn vielleicht deswegen so verabscheuungswürdig erscheinen?

A. Was ist Terrorismus?

Beim Terrorismus handelt es sich um einen außerordentlich schwer fassbaren Begriff. Eine universell akzeptierte Definition des Terrorismus existiert bislang nicht[14]. Vielmehr gehen die Meinungen über das Vorliegen eines terroristischen Aktes und die Ansätze zur Definitionsfindung zum Teil weit auseinander. Für Einige stellt der Terrorismus lediglich eine subjektive Ansicht dar, die je nach politischer Anschauung und Herkunft variiert[15].

I. Die Entwicklung des Verständnisses von Terrorismus

Der ursprünglich aus dem lateinischen stammende Begriff „Terror" bedeutet Schrecken oder Angst[16]. Der Begriff des Terrorismus fiel zum ersten Mal im Zusammenhang mit der französischen Revolution und der Herrschaft der

---

14 *Warbrick*, ICLQ 1983 (32), 82; *Arnold*, ZaöRV 2006 (66), 297, 300.

15 *Friedlander*, Terrorism, in: Bernhardt, Encyclopedia of Public International Law, Vol. IV, S. 846; Die im Jahr 2002 vom damaligen US-Präsidenten George W. Bush stammende Definition „Terroristen sind durch Hass definiert. Sie hassen Demokratien, Toleranz und freie Meinungsäußerung. Sie hassen Frauen, sie hassen Juden, sie hassen Christen und sie hassen alle Moslems, die sich gegen sie richten" (Rede vor dem Deutschen Bundestag, abgedruckt in: Frankfurter Rundschau Nr. 118 vom 24.05.2002, S. 7) zeigt beispielsweise deutlich, wie subjektiv Aussagen zu Terrorismus gemacht werden.

16 Langenscheidt, Premium Schulwörterbuch Latein, 2009.

Jakobiner von 1793 bis 1794 („Régime de la terreur“[17])[18]. „Le terrorisme est le système de la terreur“: Der Terrorismus ist die systematische Erregung von Schrecken[19]. „La terreur“ stand dabei ursprünglich für ein Mittel der Herrschenden und nicht des Volkes gegen die Herrschenden, also für einen „Terror von oben“. Im Gegensatz zur Wahrnehmung in späteren Epochen war der Begriff der „terreur“ zu Zeiten der Jakobiner nicht negativ belegt und wurde sogar als Ehrbegriff empfunden[20]. Der Begriff „terrorisme“ wurde schließlich eingeführt, um einen Begriff zu finden, der in Abgrenzung zur „terreur“ der Machthaber, bestimmte als strafwürdig geltende Handlungen erfassen sollte[21]. Auch wenn der Begriff ursprünglich von einem Terrorismus seitens des Staates ausging, versteht man heute – zumindest im europäischen Raum – regelmäßig Terrorismus als Gewalt von Privaten bzw. privaten Gruppierungen deren Handeln keinem Staat unmittelbar zurechenbar ist[22].

---

17 Unter der Herrschaft der radikalen Jakobiner mit ihrem Führer *Robespierre* kam es laut Schätzungen zu 40000 Todesurteilen und 300000 Verhaftungen. *Robespierre* rechtfertigte diese Justiz mit den Worten: „So wie im Frieden die Triebfeder der Volksregierung die Tugend ist, so ist es in einer Revolution die Tugend und der Schrecken zugleich; die Tugend, ohne die der Schrecken verderblich, der Schrecken, ohne den die Tugend ohnmächtig ist.“ (Rede *Robespierres* „Über die Prinzipien politischer Moral“).

18 *Friedlander*, Terrorism, in: Bernhardt, Encyclopedia of Public International Law, Vol. IV, S. 845; Herzog, Terrorismus, S. 18.

19 *Herzog*, Terrorismus, S. 18.

20 *Dietl* u. a, Terrorismus-Lexikon, S. 20.

21 *Herzog*, Terrorismus, S. 20.

22 Vom Individual- oder privaten Terrorismus zu unterscheiden ist der so genannte Staatsterrorismus nach heutiger Sicht. In Abgrenzung zum Individualterrorismus werden als Staatsterrorismus terroristische Gewaltakte bezeichnet, die durch das Militär, Geheimdienste oder einer souveränen Regierung vollzogen oder gefördert werden. Dieser äußert sich z. B. in Form des Kolonialismus oder der Unterdrückung von Minderheiten (*Lacoste*, Die Europäische Terrorismus-Konvention, S. 22). „Die Perversion von Staatsordnungen im Dienste menschenverachtender Ideologien mag von der Schreckensherrschaft eines Robespierre während der französischen Revolution über die totalitären Diktaturen eines Hitler oder Stalin bis zur religiös motivierten Missachtung des internationalen Minimumstandards in Recht und Moral durch den *Ayatollah Chomeini* (…) ebenso verabscheuungswürdig sein wie der grausame Anschlag einer terroristischen Gruppe“ (*Oppermann*, in: v. Münch, FS Schlochauer, S. 498).

II. Die Schwierigkeit einer Definitionsfindung mit universeller Akzeptanz

Die Debatte über den Terrorismus begann in den Vereinten Nationen im Zeichen der Dekolonisierung[23]. Wie sehr der politische Standort des Betrachters seine Definition des Terrorismus beeinflusst, zeigt die Unfähigkeit der Staatengemeinschaft, eine allgemeingültige Definition des Terminus Terrorismus zu finden. Das Unvermögen der Staaten, sich auf eine Definition des Begriffs Terrorismus zu verständigen, wurzelt nicht zuletzt in der problematischen Abgrenzung des Terrorismus zu nationalen Befreiungsbewegungen und Maßnahmen zur Verwirklichung des Selbstbestimmungsrechts[24]. Die Bedeutung von Staatsterrorismus und Individualterrorismus wird von den Entwicklungsländern und den westlichen Demokratien teilweise unterschiedlich eingeschätzt[25]. Ein gemeinsamer Nenner ist, dass Terrorismus als negativer Begriff aufgefasst wird, was allerdings nicht ausschließt, dass ein und dieselbe Person als Terrorist und als Freiheitskämpfer zugleich eingeordnet wird[26]. Was dem einen der Terrorist, ist dem Anderen ein Freiheitskämpfer, lautet eine alt bekannte Devise, welche deutlich macht, wie schwierig es ist, eine universell akzeptierte Definition des Terrorismus zu finden[27].

Oft knüpfen Übereinkünfte zur Bekämpfung des Terrorismus an spezielle Delikte an (z.B. an eine Geiselnahme oder Flugzeugentführung), so dass es auf

23 *Tomuschat*, EuGRZ 2001, 535, 536.

24 Z.B. Guerilla- und Partisanenkämpfe, Aufstände und Revolutionen. Die damaligen Kolonialmächte werteten solche Freiheitsbewegungen als terroristische Handlungen, wogegen die sogenannten Freiheitskämpfer sich mit dem Argument, ihnen bleibe in Anbetracht der ungezügelten Repression seitens der Staatsgewalt keine andere Wahl, verteidigten (vgl. *Tomuschat*, EuGRZ 2001, 535, 536).

25 Rapport du Comité spécial du terrorisme international, Assemblée générale, Doc. Officiels: 28e session, Suppl. No. 28, S. 8 Rn. 24: „De l'avis de certain représentants, le Comité spécial devrait concentrer son attention sur les actes de violence commis par des individus ou des groupes et ne comportant pas d'intervention étatique directe ou indirecte"..."De l'avis d'autres représentants toutefois, il était indispensable de prendre en considération le terrorisme d'Etat qui constituait à leur avis la forme la plus nocive et la plus meurtrière du terrorisme". Für einige so genannte Entwicklungsländer ist der Terrorismus des Staates in Form des Kolonialismus sogar die eigentliche Ursache individueller terroristischer Akte.

26 *Schwenk*, VN 1976, 97; Beispielhaft ist hierfür der Nahost-Konflikt um die Errichtung eines Palästinenserstaates.

27 *Friedlander*, Terrorism, in: Bernhardt, Encyclopedia of Public International Law, Vol. IV, S. 846.

eine Qualifizierung als terroristischer Akt nicht mehr ankommt[28]. Trotzdem ist eine Definition erforderlich, um eine rechtlich kaum vertretbare Situation zu vermeiden: Die Effektivität der Terrorismusbekämpfung kann nicht gewährleistet werden, wenn die Qualifizierung als terroristischer Akt der beliebigen Definition jedes einzelnen Staates anheim gestellt wird.

III. Der Begriff des Terrorismus im Völkerrecht

Der von Privaten oder privaten Gruppen ausgehende Terrorismus richtet sich in erster Linie gegen die staatliche Ordnung[29]. Die konkret angestrebten Ziele können dabei variieren. Der Staat soll durch terroristische Aktionen jedenfalls abgestraft und zu einem gewünschten Verhalten bewegt werden.

Bemühungen, den Begriff des Terrorismus rechtlich zu definieren, gab es früh. Bei der Erarbeitung des im Anschluss an das Marseiller Attentat von 1934 gegen *König Alexander von Jugoslawien* und den französischen Außenminister *Barthou* angestrengten, letztlich nie in Kraft getretenen, Genfer Abkommens von 1937[30] gelang den Beteiligten bereits keine konkrete Definition des Terrorismus[31].

1. Regionale Abkommen: Europa

Auf europäischer Ebene ist insbesondere das Europäische Übereinkommen zur Bekämpfung des Terrorismus des Europarates vom 27. Januar 1977[32] erwähnenswert, in welchem festgelegt wurde, dass bestimmte gemeingefährliche Straftaten nicht unter den Ausnahmetatbestand der politischen Tat fallen, und deren Täter damit als auslieferungsfähig anzusehen sind[33]. Nach den Ereignissen des 11. Septembers 2001 rief der Europarat erneut zur Zeichnung dieser Konvention auf, mit dem Ergebnis, dass heute 46 der 47 Konventionsstaaten dieses Abkommen ratifiziert haben[34]. Das Änderungsprotokoll zum Europäischen Übereinkommen zur Bekämpfung des Terrorismus vom 15. Mai 2005 ist von Deutschland noch nicht ratifiziert worden[35]. Eine neue Konvention zur Terrorismusprävention

---

28 *Schmalenbach*, NZWehrR 2000, 15, 16.

29 *Oppermann*, in: von Münch, FS Schlochauer, S. 498.

30 Convention for the Prevention and Punishment of Terrorism vom 16.11.1937.

31 *Oppermann*, in: von Münch, FS Schlochauer, S. 496.

32 BGBl. 1978 II, S. 322.

33 Vgl. ausführlich zu der Konvention *Lacoste*, Die Europäische Terrorismus-Konvention.

34 <http://conventions.coe.int/Treaty/Commun/ChercheSig.asp?NT=090&CM=7&DF=12/14/2008&CL=ENG>.

35 <http://conventions.coe.int/Treaty/Commun/ChercheSig.asp?NT=190&CM=7&DF=12/14/2008&CL=ENG>.

wurde am 16. Mai 2005 beim Gipfel der Staats- und Regierungschefs in Warschau zur Zeichnung aufgelegt. Auch bezüglich dieses Vertrags steht eine Ratifikation Deutschlands noch aus[36]. Diesen Regelwerken zur Terrorismusbekämpfung ist eine deutliche Definition des Begriffes Terrorismus jedoch nicht zu entnehmen.

2. *Internationale Abkommen*

Die internationale Staatengemeinschaft hat eine ganze Reihe an spezifischen Anti-Terrorismus-Übereinkommen verabschiedet[37]. In keinem dieser völkerrechtlichen Verträge konnte sich jedoch auf eine Definition des Terrorismus, und was das Spezifikum generell zu ächtender terroristischer Gewalt ausmacht, geeinigt werden. Vielmehr wurden – wie so oft – die Rechtsfolgen an die Erfüllung bestimmter Delikte (beispielsweise einer Flugzeugentführung oder Geiselnahme) oder an die Schädigung bestimmter Personenkreise (z. B. Diplomaten) geknüpft. Artikel 33 des IV. Genfer Abkommens über den Schutz von Zivilpersonen in Kriegszeiten vom 12. August 1949 (GA IV)[38] und Artikel 51 Absatz 2 des I. Zusatzprotokolls zu den Genfer Abkommen über den Schutz der Opfer internationaler bewaffneter Konflikte vom 12. August 1949 (ZP I GA)[39] beziehen sich in der Originalsprache auf „Terrorismus" („terrorism") bzw. „Terror" („terror") und verweisen auf einen Akt der Gewalt, der mit einem Verstoß gegen die Prinzipien militärischer Notwendigkeit, Proportionalität und Würde einhergeht und das primäre Ziel erkennen lässt, Angst und Schrecken innerhalb der Zivilbevölkerung zu verbreiten. Da das GA IV universell akzeptiert ist, könnte der Schluss nahe liegen, dass die Bedeutung von Terrorismus nach humanitärem

---

36 <http://conventions.coe.int/Treaty/Commun/ChercheSig.asp?NT=196&CM=7&DF=12/14/2008&CL=ENG>.

37 So beispielsweise das Übereinkommen zur Bekämpfung der widerrechtlichen Inbesitznahme von Luftfahrzeugen, BGBl. 1972 II, S. 1505; das Übereinkommen zur Bekämpfung widerrechtlicher Handlungen gegen die Sicherheit der Luftfahrt, BGBl. 1977 II, S. 1229; das Übereinkommen über die Verhütung, Verfolgung und Bestrafung von Straftaten gegen völkerrechtlich geschützte Personen einschließlich Diplomaten, BGBl. 1985 II, S. 593; das Internationale Übereinkommen gegen Geiselnahme, BGBl. 1980 II, S. 1361; die Convention on the Physical Protection of Nuclear Material, BGBl. 2002 II, S. 1028; das Übereinkommen zur Bekämpfung widerrechtlicher Handlungen gegen die Sicherheit der Seeschifffahrt, BGBl. 1990 II, S. 494 und dessen Protokoll zur Bekämpfung widerrechtlicher Handlungen gegen die Sicherheit fester Plattformen, die sich auf dem Festlandsockel befinden, BGBl. 1990 II, S. 508; die International Convention for the Suppression of Terrorist Bombings, BGBl. 2008 II, S. 1005.

38 BGBl. 1954 II, S. 917; ber. BGBl. 1956 II, S. 1586.

39 BGBl. 1990 II, S. 1551 geändert in BGBl. 1997 II S. 1367.

Völkerrecht Grundlage für eine Legaldefinition des Terrorismus ist[40]. Da die Normen der Genfer Konventionen humanitäres Völkerrecht darstellen, können sie aber nur Aussagen über Handlungen in Zeiten des bewaffneten Konflikts treffen und eignen sich damit nur bedingt zur Definitionsfindung des Begriffs Terrorismus.

Der Ansatz eines Konsenses wurde zum ersten Mal[41] an versteckterer Stelle erzielt[42] und zwar in der Ende 1999 von der Generalversammlung der Vereinten Nationen angenommenen International Convention for the Suppression of the Financing of Terrorism[43].

Der Wortlaut von Artikel 2 Absatz 1 der Konvention lautet:

> „Any person commits an offence within the meaning of this Convention if that person by any means, directly or indirectly, unlawfully and wilfully, provides or collects funds with the intention that they should be used or in the knowledge that they are be used, in full or in part, in order to carry out
> a) An act which constitutes an offence within the scope and as defined in one of the treaties listed in the annex; or
> b) Any other act intended to cause death or serious bodily injury to a civilian, or any other person not taking an active part in the hostilities in a situation of armed conflict, when the purpose of such act, by its nature or context, is to intimidate a population, or to compel a government or an international organization to do or abstain from doing any act".

In diesem Artikel finden sich bedeutende Elemente des Terrorismus – so wie wir den Begriff heute verstehen – wieder, die wichtige Ansatzpunkte für eine Definition liefern.

IV. Die einzelnen Elemente des Terrorismus

Eine Analyse des oben zitierten Artikel 2 der International Convention for the Suppression of the Financing of Terrorism sowie die Definitionsansätze in der rechtswissenschaftlichen Literatur ergeben die folgenden Elemente des Terrorismus.

---

40 So *Arnold*, ZaöRV 2006 (66), 297, 300.

41 *Walter*, in: Walter u. a., Security versus Liberty, S. 34.

42 So *Oeter*, AVR 2002 (40), 422, 427.

43 Angenommen durch Resolution 54/109 der Generalversammlung am 9. Dezember 1999, UN Doc. A/RES/54/109. Es musste zur strafrechtlichen Erfassung der finanziellen Unterstützung terroristischer Organisationen geklärt sein, wie terroristische Aktivitäten definiert werden deren Finanzierung verboten sein soll, da die Finanzierung allein keine Unrechtstat darstellt.

1. *Der Vorsatz zur Begehung einer rechtswidrigen Tötung oder schweren Körperverletzung als Mittel*

Der Grundanknüpfungspunkt jeder terroristischen Tat ist wohl unbestritten[44] das Mittel der Gewaltanwendung, wobei die Meinungen darüber, ob nur Gewalt gegen Personen[45] oder auch Gewalt gegen Sachen[46] die erforderliche Schwere der Tat erfüllt, auseinander gehen[47]. Für ersteres spricht, dass die Gewaltanwendung eine gewisse Intensität erreichen muss. Eine einfache Sachbeschädigung, wird wohl nicht als terroristischer Akt zu qualifizieren sein. Eine gewisse Schwere der Gewaltanwendung ist sicherlich gegeben, wenn der Vorsatz zur Begehung einer Tötung oder schweren Körperverletzung besteht. Es scheint eine Entwicklung dahingehend zu geben, auch die Gewaltanwendung gegen Sachen, namentlich gegen fremdes Eigentum und öffentliche Einrichtungen, einzubeziehen[48]. Ein zu weites Verständnis terroristischer Gewalt birgt aber auch Gefahren. So besteht beispielsweise das Risiko, Ausschreitungen im Rahmen rechtmäßiger Versammlungen als terroristisch bewerten zu müssen.

Zusammenfassend ist folgendes festzuhalten: Das Mittel des Terrorismus ist eine qualifizierte Gewalt im Sinne einer grausamen, willkürlichen und gemeingefährlichen Gewalttat. Gewalt einer solchen Schwere wird sich regelmäßig nur gegen Personen manifestieren und kann gegen Sachen nur in Ausnahmefällen bejaht werden.

---

44 *Laqueur*, Die globale Bedrohung, S. 10.

45 So *Oeter*, AVR 2002 (40), 422, 429; Art. 2 International Convention for the Supression of the Financing of Terrorism.

46 *Oppermann*, in: von Münch, FS Schlochauer, S. 497; *Lacoste*, Terrorismus-Konvention, S. 26; so im Ergebnis auch *Schmalenbach*, NZWehrR 2000, 15, 19 der darauf abstellt, ob durch das Verhalten eine Strafbarkeit nach nationalem Recht begründet wird.

47 *Walter*, in: Walter u. a., Security versus Liberty, S. 27.

48 So spricht der „UK Terrorism Act 2000“ in Artikel 1 Absatz 2 Buchstabe b von „serious damage to property”. In einem Rahmenbeschluss der Europäischen Union zur Terrorismusbekämpfung werden in Artikel 1 Absatz 1 Buchstabe d unter terroristischen Straftaten unter anderem „schwer wiegende Zerstörungen an einer Regierungseinrichtung oder einer öffentlichen Einrichtung, einem Verkehrsmittel, einer Infrastruktur einschließlich eines Informatiksystems, einer festen Plattform, die sich auf dem Festlandsockel befindet, einem allgemein zugänglichen Ort oder einem Privateigentum, die Menschenleben gefährden oder zu erheblichen wirtschaftlichen Verlusten führen können“ und in Buchstabe h eine „Störung oder Unterbrechung der Versorgung mit Wasser, Strom oder anderen lebenswichtigen natürlichen Ressourcen, wenn dadurch das Leben von Menschen gefährdet wird“ gefasst, vgl. Rahmenbeschluss des Rates vom 13.06.2002 zur Terrorismusbekämpfung (2002/475/JI), Amtsblatt Nr. L 164 vom 22.06.2002, S. 0003-0007.

Ein solcher Ausnahmefall ist anzunehmen, wenn die Gewaltanwendung gegen eine Sache mittelbar höchstpersönliche Rechtsgüter betrifft, etwa durch Gefährdung des Lebens, der körperlichen Unversehrtheit oder der persönlichen Freiheit.

2. *Die zivile Allgemeinheit als Adressat terroristischer Akte*

Terroristische Gewalt wird gegen Zivilpersonen oder andere nicht an Kampfhandlungen organisierter bewaffneter Konflikte teilnehmende Personen im Sinne des humanitären Völkerrechts angewandt. Seine Opfer nicht ausschließlich im Kreise der politischen Gegner, sondern vor allem in einer unbeteiligten Allgemeinheit zu suchen, gehört zu den bewusst eingesetzten Methoden des Terrorismus[49]. Es wird vertreten, dass mit der Festlegung der Adressaten des Terrorismus auf die zivile Bevölkerung, Attentate auf militärische Einrichtungen nicht als terroristische Angriffe zu qualifizieren sind, sondern als militärische Angriffe mit unkonventionellen Mitteln[50]. Angriffe auf staatliche, aber nicht militärische Einrichtungen, seien dagegen als terroristische Angriffe einzuordnen. Durch die Ausklammerung aller Gewalthandlungen im Rahmen militärischer Auseinandersetzungen werden hier Guerillakämpfer und andere Befreiungskämpfer nicht als Terroristen qualifiziert.

3. *Das politische Ziel der Einschüchterungs- bzw. Zwangswirkung*

Ein weiteres Element der Definition des Terrorismus ist die mit der Gewaltanwendung einhergehende Einschüchterung des Gegners bzw. der unter seinem Schutz stehenden Personen. Zum Teil wird diese vom Täter angestrebte Wirkung sogar als ausschlaggebendes Spezifikum des Terrorismus angesehen[51]. Jedenfalls zielt der Terrorismus darauf ab, einen Zustand des Schreckens, der Angst, der Nervosität, Unruhe oder gar Panik hervorzurufen, um sein Ziel besser erreichen zu können.

4. *Die grundlegende Umwälzung der Verhältnisse als Ziel*

In Abgrenzung zu Formen allgemein- oder rein krimineller Motivationen, verfolgen Terroristen das Ziel einer grundlegenden politischen, religiösen, militärischen, ethnischen oder sozialen Umwälzung der bestehenden Verhältnisse. Das primäre subjektiv-politische Motiv ist der Angriff auf den Staat und/oder die

---

49 *Oppermann*, in: von Münch, FS Schlochauer, S. 499; *Lutz*, in: Koch, Rechtsfragen äußerer und innerer Sicherheit, S. 12.

50 *Lutz*, in: Koch, Rechtsfragen äußerer und innerer Sicherheit, S. 11 f.

51 *Lutz*, in: Koch, Rechtsfragen äußerer und innerer Sicherheit, S. 12.

Gesellschaft, die im Sinne der Vorstellung der Täter gewaltsam geändert oder zumindest bekämpft werden sollen[52]. Kennzeichnend für diesen ideologischen Hintergrund der Tat ist die eklatante Diskrepanz zwischen der erklärten, vorgeblich dem Gemeinwohl verpflichteten, politischen Zielsetzung und der Rücksichtslosigkeit des tatsächlichen Handelns der Terroristen[53].

B. Terrorismus im Raum des Europarates

Dem Terrorismus wurde durch die Entstehung bzw. Radikalisierung von Terrorgruppen und vermehrten Anschlägen in den letzten vier Jahrzehnten eine Bedeutung und Präsenz verliehen, die er zuvor niemals besaß[54]. Die Wirkung und Wahrnehmung von Terrorismus hat sich insbesondere seit den Anschlägen vom 11. September 2001 massiv verändert. Fraglich ist, welche Veränderungen der terroristischen Vorgehensweisen tatsächlich zu beobachten sind und inwiefern diese Vorgehensweisen der Terroristen wirklich etwas „Neues" darstellen.

I. Die Hauptformen des Terrorismus in Europa in den vergangenen Jahrzehnten

Bislang ließen sich zwei Hauptformen des Terrorismus in Europa unterscheiden[55]. Zum einen findet man Bewegungen mit autonomistischen bzw. separatistischen Zielsetzungen bis hin zum eigenen Staat (so genannter ethnisch-nationalistischer Terrorismus). Dazu zählen die *ETA* in Spanien, die *IRA* in Nordirland und die *PKK* in der Türkei. Zum anderen gibt es Gruppierungen, die (mit Hilfe von terroristischen Mitteln) einen sozialrevolutionären Wandel anstreben (so genannter sozialrevolutionärer Terrorismus). Zu nennen sind in diesem Zusammenhang die *RAF* und die *Bewegung 2. Juni* in der Bundesrepublik Deutschland sowie die *BR* in Italien.

Hinzu kommt seit einigen Jahren eine Bewegung, die das (unbestreitbar auch politische) Motiv, den Kampf für eine „gerechte" islamische Weltordnung, leitet. Die bedeutendsten Gruppen des islamistischen Terrorismus stellen derzeit wohl *Al-Qaida* und der so genannte *Islamische Staat* (IS) dar, die – neben zahlreichen anderen Attentaten – sowohl für die Anschläge am 11. September 2001 in den USA verantwortlich ist als auch für die Anschläge am 11. März 2004 in Madrid

52 *Oppermann*, in: von Münch, FS Schlochauer, S. 499.
53 *Oppermann*, in: von Münch, FS Schlochauer, S. 499 f.
54 *Dietl* u. a., Terrorismus-Lexikon, S. 21.
55 *Walter*, in: Walter u. a., Security versus Liberty, S. 26; *Lutz*, in: Koch, Terrorismus, S. 18; *Dietl* u. a., Terrorismus-Lexikon, S. 22.

und am 7. und 21. Juli 2005 in London. Die Verfolgung religiöser Interessen durch terroristische Akte stellt keine wirkliche Neuheit dar, wobei kaum eine Forderung der *Al-Qaida* rein religiöser Natur ist, sondern die politischen Ziele deutlich überwiegen und die Religion als rechtfertigendes Beiwerk eingesetzt wird[56]. Diese Form des Terrorismus ist, als ideologisch-religiöser Terrorismus neben dem sozialrevolutionären Terrorismus, in den Bereich des ideologisch-weltanschaulichen Terrorismus einzuordnen[57].

II. Die aktuellen Formen von Terrorismus und Terrorismusbekämpfung als neue Herausforderung?

Terrorismus ist kein neues Phänomen unserer Zeit, sondern schon seit Jahrhunderten in Europa verankert. Politisch motivierte Attentate als älteste Form des Individualterrorismus sind bereits aus der Zeit des antiken Roms bekannt[58]. Doch insbesondere in den letzten Jahren sind Stimmen laut geworden, das bestehende Recht sei zur Bekämpfung der aktuellen Erscheinungsform des Terrorismus möglicherweise nicht mehr ausreichend. Der neuzeitliche Terrorismus wird als besonders große Gefahr für die Gesellschaften der Welt wahrgenommen. Nach den Anschlägen am 11. September 2001 ist sogar von einem Epochenwechsel und einem historischen Schlüsselmoment, vergleichbar mit dem Ende des Ersten Weltkrieges oder dem Fall der innerdeutschen Mauer, die Rede[59].

Was den „neuen" Terrorismus ausmacht, ist zum einen die internationale Dimension und zum anderen das Ausmaß der Zerstörung. Der internationale Terrorismus hebt sich dadurch hervor, dass die Anschläge den nationalen Rahmen überschreiten und/oder Menschen verschiedener Nationen involviert sind[60]. In diesem Zusammenhang stellen sich interessante Fragen zur Anwendbarkeit von Artikel 2 EMRK außerhalb des eigenen Staatsgebiets und außerhalb der *espace juridique* des Europarates, da auch die Terrorismusbekämpfung international geworden ist. Durch die internationale Vernetzung der Täter und der damit einhergehenden Möglichkeit, Anschläge auf der ganzen Welt zu planen, ist die Anzahl der Ziele unbegrenzt[61]. Es ist grundsätzlich nicht neu, dass sich terroristische Gruppen

---

56 *Dietl* u. a., Terrorismus-Lexikon, S. 24.

57 *Dietl* u. a., Terrorismus-Lexikon, S. 22.

58 *Friedlander*, Terrorism, in: Bernhardt, Encyclopedia of Public International Law, Vol. IV, S. 845.

59 *Büsching*, Rechtsstaat und Terrorismus, S. 13.

60 *Waldmann*, in: Graulich/Simon, Terrorismus und Rechtsstaatlichkeit, S. 50.

61 *Hetzer*, ZRP 2005, 132, 133.

Fluchtwege ins Ausland sichern und dort eigene Trainingslager betreiben[62]. Eine terroristische Gruppe wie *Al-Qaida* ist aber gerade panislamisch und damit transnational ausgerichtet[63]. Es gehört zu ihrer Strategie, Mitglieder aus dem gesamten arabischen bzw. islamischen Raum zu rekrutieren[64]. Die Globalisierung hat damit auch den Terrorismus erreicht[65]. Die Täter verfügen über neue Kommunikationsmittel und zum Teil erhebliche finanzielle Ressourcen. Die Organisationsstruktur islamistischer Terrorgruppen ist eine andere als die der in Europa besser bekannten ethnisch-nationalistischen Terrorvereinigungen mit einem klaren hierarchischen Aufbau. Die Organisation der *Al-Qaida* etwa hat eine flache, netzwerkartige Struktur ohne hierarchisch übergeordnete Koordinationszentren[66]. Anders als bei hierarchisch strukturierten Gruppen kann der aktuelle ideologisch-religiöse Terrorismus nicht damit bekämpft werden, dass hauptsächlich gegen die Anführer vorgegangen wird. Sicherlich stellt auch die Tendenz zu einer gezielten Massenvernichtung, die durch eine Schadenshöhe und vor allem eine Zahl der Todesopfer, die über bisherige Anschläge weit hinausgeht, eine neue Entwicklung des Terrorismus dar[67]. Hinzu kommt, dass der Tod der Attentäter selbst, bewusst in Kauf genommen wird, was eine kaum noch zu steigernde Radikalität zum Ausdruck bringt. Die Täter nutzen moderne Techniken als Waffen und wenden sie dort an, wo es den Adressaten am meisten schmerzt, beispielsweise gegen Schlüsselsymbole und die Infrastruktur der „entwickelten Welt"[68]. Anders als die ethnisch-nationalistisch motivierten Terroristen, die ein Interesse daran haben, dass ihrer Aktionen durch Sympathisanten unterstützt werden, ist den religiös motivierten Tätern das erwirkte Außenbild ihrer Anschläge gleichgültiger, es geht vielmehr um einen möglichst extremen Schockmoment[69].

---

62 Die *Palestine Liberation Organisation* (*PLO – Palästinensische Befreiungsorganisation*) betrieb bereits Anfang der Siebzigerjahren Trainingslager im Libanon und in Jordanien, vgl. *Dietl* u. a., Terrorismus-Lexikon, S. 22. Schätzungen zufolge werden jährlich 10.000 Personen durch Schulungsstätten der *Al-Qaida* geschleust, *Waldmann*, in: Graulich/Simon, Terrorismus und Rechtsstaatlichkeit, S. 53.

63 *Waldmann*, in: Graulich/Simon, Terrorismus und Rechtsstaatlichkeit, S. 51.

64 *Waldmann*, in: Graulich/Simon, Terrorismus und Rechtsstaatlichkeit, S. 51.

65 So *Kotzur*, AVR 2002 (40), 454, 459.

66 *Dietl* u. a., Terrorismus-Lexikon, S. 30; *Waldmann*, in: Graulich/Simon, Terrorismus und Rechtsstaatlichkeit, S. 50.

67 *Waldmann*, in: Graulich/Simon, Terrorismus und Rechtsstaatlichkeit, S. 50; Dies trifft zwar insbesondere auf den Anschlag auf das World Trade Center in New York zu, ist aber auch bei den Anschlägen in London und Madrid zu bemerken.

68 *Hetzer*, ZRP 2005, 132, 133.

69 *Büsching*, Rechtsstaat und Terrorismus, S. 16.

Ob dies lediglich ein „systemkonformes kriminelles Verhalten" darstellt[70], welches gerade keine neue Qualität bietet – die Struktur der Kriminalität entspricht dem Fortschritt der Gesellschaft – oder der aktuelle Terrorismus tatsächlich eine qualitative Schwelle überschritten hat, kann nicht beantworten werden. Fest steht, dass Artikel 2 EMRK geltendes Recht darstellt und Maßnahmen zur Bekämpfung des Terrorismus nur am Gesetz gemessen und bewertet werden dürfen, auch wenn der aktuelle Terrorismus neue Ausmaße erreicht haben sollte. Der Kampf gegen den Terrorismus darf nicht dazu führen, dass mühevoll aufgebaute rechtsstaatliche Prinzipien, welche die Mitgliedsstaaten des Europarates eigentlich auszeichnen, aufgegeben werden.

III. Die bedeutendsten Konflikte in der Rechtsprechung von EKMR und EGMR im Raum des Europarates zu Terrorismusbekämpfung

1. Der Nordirlandkonflikt und die IRA

Der Nordirlandkonflikt und die aus diesem Konflikt hervorgegangene terroristische Vereinigung der *IRA* gaben der EKMR und dem EGMR als erstes Anlass, sich mit der Thematik der Menschenrechte im Lichte der Terrorismusbekämpfung auseinander zu setzen.

Erklärtes Ziel der katholischen *IRA* ist die Beendigung der britischen „Besetzung" Nordirlands, die Loslösung von Großbritannien und die Wiedervereinigung mit Irland, wobei es sich weniger um einen Religionskrieg zwischen Katholiken und Protestanten als vielmehr um soziale und kulturelle Spannungen zweier Glaubensgemeinschaften handelt[71]. Der Konflikt wurzelt bereits in den Anfängen der Reformation zu Zeiten *Heinrichs VIII.*, der sich von der römisch-katholischen Kirche abkehrte, um eine unabhängige anglikanische Staatskirche zu gründen[72]. Die Ersetzung irischer Pächter durch englische Siedler, unter anderem durch die protestantische Königin *Elisabeth I.* (so genannte Plantation) und die Ulster Plantation im frühen 17. Jahrhundert, schaffte eine breite englische (protestantische) Bevölkerungsbasis in Nordirland. Hiergegen setzten sich die katholischen Bauern im Oktober 1641 brutal zur Wehr und ermordeten tausende Siedler[73]. Seitdem verläuft eine Konfliktlinie zwischen der protestantischen Mehrheit und den irischen Katholiken, die beklagen, über Jahrhunderte von der Partizipation an politischen Willensbildungsprozessen systematisch ausgeschlossen worden zu sein.

---

70 So *Hetzer*, ZRP 2005, 132, 133.

71 *Hilker*, Terrorismus, S. 223.

72 *Klugmann*, EMRK und antiterroristische Maßnahmen, S. 23.

73 *Hilker*, Terrorismus, S. 224.

Die *IRA*, als militärischer Teil der irischen Unabhängigkeitsbewegung, hat ihren Ursprung in der Osterrebellion der Vereinigung *Irish Volunteers* und der Gewerkschaftsmiliz *Irish Citizens* von 1916 in Dublin, welche eine völlige Loslösung Nordirlands vom Vereinigten Königreich zum Ziel hatten[74]. Irland erhielt 1921 den Status einer selbstständigen Kolonie, wobei der Norden der Insel in der Hand des britischen Königs *George V.* blieb. Erst 1938 wurde der Süden der Insel zur Republik Irland (Éire). Hiernach ging ein Teil der *IRA* in der regulären irischen Armee auf und ein anderer Teil kämpfte als *IRA* unabhängig weiter. 1969 spaltete sich die *IRA* dann in die radikale *Provisional IRA* (*PIRA*)[75] und in die gemäßigte *Official IRA*[76]. Am 30. Januar 1972 feuerten britische Soldaten in Londonderry auf unbewaffnete Demonstranten wobei 13 Katholiken getötet und mehrere hundert verletzt wurden. Dieser Tag ging als *Bloody Sunday* in die Geschichte der Insel ein. Die *IRA* rächte den *Bloody Sunday* mit mehreren Bombenanschlägen, bei denen neun Menschen starben und 130 verletzt wurden[77]. In den darauf folgenden Jahren nahm die Anzahl der terroristischen Attentate der *IRA* zu[78]. Insgesamt sind im Nordirlandkonflikt 3700 Tote und 15000 Verletzte zu beklagen[79].

Der politische Arm der *IRA Sinn Féin* (*Wir selbst*) rief im August 1994 einen einseitigen Waffenstillstand aus. 1997 spaltete sich *Real IRA* von der *PIRA* ab. Im April 1998 kam es zu einem Meilenstein des Friedensprozesses in Nordirland: Der irischen und britischen Regierung sowie den nordirischen Konfliktparteien gelang das so genannte Karfreitags-Abkommen, in dem eine nordirische Selbstverwaltung und die Entwaffnung der Paramilitärs vereinbart wurde. Am 28. Juli

---

74 *Dietl* u. a., Terrorismus-Lexikon, S. 61.

75 Wenn heute die Rede von der *IRA* ist, ist die *Provisional IRA* gemeint. Die *Official IRA* verschwand in den folgenden Jahren von der Bildfläche.

76 *Dietl* u. a., Terrorismus-Lexikon, S. 62.

77 *Dietl* u. a., Terrorismus-Lexikon, S. 62.

78 Im September 1973 fanden Bombenanschläge in London gegen die Börse, das *House of Commons*, die *Bank of England*, den Flughafen und die U-Bahn statt. Im Juli 1976 wurde der britische Botschafter in Irland *Christopher Ewart-Briggs* ermordet, im August 1979 verübte die Terrororganisation einen Mordanschlag auf den ehemaligen indischen Vizekönig von Indien *Louis Earl Mountbatten*, zudem starben 18 Soldaten und ein Zivilist nach einem Bombenanschlag in Warrenpoint und im Juli 1982 fielen elf britische Soldaten einem Bombenanschlag in London zum Opfer. Auf ein Attentat in dem britischen Kaufhaus *Harrods* mit fünf Toten und 80 Verletzten im Dezember 1983 folgte im Oktober 1984 ein Attentatsversuch auf die britische Premierministerin *Margaret Thatcher*. Der letzte große Anschlag der *IRA* im August 1998 in Omagh (Nordirland) forderte 29 Tote und 220 Verletzte; Vgl. die Aufzählung der bedeutendsten terroristischen Attentate der *IRA* bei *Dietl* u. a., Terrorismus-Lexikon, S. 63.

79 *Dietl* u. a., Terrorismus-Lexikon, S. 63.

2005 erklärte die *IRA* ihren bewaffneten Kampf nach mehr als drei Jahrzehnten für beendet: „Allen *IRA*-Einheiten ist befohlen worden, die Waffen niederzulegen. Alle Freiwilligen sind instruiert worden, der Entwicklung rein politischer und demokratischer Programme durch ausschließlich friedliche Mittel zu dienen."[80]. Eine unabhängige Kommission erklärte die *IRA* am 26. September für entwaffnet[81]. Seitdem zeigen nur noch Splittergruppen wie die *Real IRA* Gewaltbereitschaft. In der Nacht vom 30. auf den 31. Juli 2007 beendete die britische Armee nach 38 Jahren ihren Einsatz in Nordirland[82]. Mit diesem Schritt stieg die Hoffnung auf einen lang ersehnten Frieden in Nordirland. Seit März 2009 kam es jedoch wieder zu Anschlägen[83], die in schweren Ausschreitungen im Juni 2011 ihren Höhepunkt fanden[84]. Am 26. Juli 2012 wurde die Neugründung der *IRA* bekanntgegeben[85]. Ein endgültiges Ende des Nordirland-Konflikts ist damit noch nicht in Sicht.

2. *Der Kurdenkonflikt und die* PKK

25 Millionen Kurden leben heute (jeweils als Minderheit) hauptsächlich in der Türkei, in Iran, im Irak und in Syrien[86]. Die Gründung eines eigenen kurdischen Staates steht seit Jahrhunderten auf der Agenda des 4000 Jahre alten Volkes. Durch das Versprechen *Mustafa Kemals* (später bekannt als *Kemal Atatürk*), einen eigenen Staat Kurdistan zu schaffen und der Verankerung dieses Versprechens im Friedensvertrag von Sèvres 1920, war das kurdische Volk kurz davor, einen lang ersehnten Wunsch erfüllt zu bekommen[87]. Doch die erstarkte türkische Bewegung der *Kemalisten*, lehnte einen kurdischen Staat sowie eine kurdische Autonomie letztlich entschieden ab. So kam es dazu,

---

80 *Dietl* u. a., Terrorismus-Lexikon, S. 61. Die komplette Erklärung der *IRA* findet sich auf der Internetseite der *University of Ulster* <http://cain.ulst.ac.uk/othelem/organ/ira/ira 280705.html>.

81 *Dietl* u. a., Terrorismus-Lexikon, S. 63.

82 *Sotschek*, in: Spiegel Online v. 31.07.2007, abrufbar unter <http://www.spiegel.de/panorama/0,1518,497387,00.html>.

83 BBC Online v. 09.032009, abrufbar unter <http://news.bbc.co.uk/2/hi/uk_news/northern_ireland/7931260.stm>.

84 Spiegel Online v. 22.06.2012, abrufbar unter <http://www.spiegel.de/politik/ausland/belfast-protestanten-und-katholiken-liefern-sich-strassenschlachten-a-769740.html>.

85 The Guardian Online v. 26.07.2012, abrufbar unter <http://www.guardian.co.uk/uk/2012/jul/26/ira-northern-ireland-dissident-republican-groups>.

86 *Dietl* u. a., Terrorismus-Lexikon, S. 51.

87 *Stein*, Endkampf um Kurdistan?, S. 15.

dass im Friedensvertrag von Lausanne 1923 die endgültigen Grenzen der Türkei festgelegt wurden, ohne dabei einen kurdischen Staat vorzusehen[88]. Nach Gründung der Türkei wurde die Staatsdoktrin *Atatürks* „Im Vaterland Türkei leben nur Türken" zum Sinnbild für die Unterdrückung der Kurden. Die türkische Verfassung verbot faktisch die kurdische Sprache sowie den Schutz und die Erhaltung nicht-türkischer Kulturen[89]. Trotz einiger Verbesserungen[90] blieb die Lage der Kurden insgesamt schlecht. Es wird von zahlreichen unmenschlichen Demütigungen kurdischer Bürger durch das türkische Militär berichtet[91].

1974 gründete *Abdullah Öcalan* mit zehn anderen Aktivisten die Guerilla-Organisation *Kürdistan Devrimcileri* (*Kurdistan-Revolutionäre*)[92]. Das Ziel der Organisation war eine „nationaldemokratische Revolution", welche jegliche Form von Ausbeutung – vor allem auch von Frauen – abschaffen und die reaktionären Stammesstrukturen[93] aufbrechen sollte[94]. Die Mitglieder der *Apocular* stellten 1977 in ihrem ersten Grundsatzprogramm den bewaffneten Kampf gegen das türkische System in den Mittelpunkt ihrer Aktivitäten zur Erreichung einer „nationaldemokratischen Revolution". Das Programm der am 27. November 1978 gegründeten *PKK* sieht Kurdistan als eine Kolonie der Türkei an und verlangt, den Kampf für einen unabhängigen, sozialistischen und kommunistischen kurdischen Staat zunächst auf türkischem Gebiet, später im gesamten von Kurden bewohnten Gebiet, zu führen[95]. In Folge des Militärputsches am 12. September

---

88 *Stein*, Endkampf um Kurdistan?, S. 15.

89 *Stein*, Endkampf um Kurdistan?, S. 16.

90 Eine geringfügige Verbesserung der Situation trat durch die Annäherung der Türkei an den Westen nach dem Zweiten Weltkrieg ein, so durften die Kurden beispielsweise gleichberechtigt an den Wahlen teilnehmen, vgl. *Klugmann*, EMRK und antiterroristische Maßnahmen, S. 32.

91 So berichtet der türkische Sozialwissenschaftler *Ismail Besikci* von Szenarien, in denen sich kurdische Dorfbewohner ausziehen mussten, um von ihren Frauen durch das Dorf geführt zu werden; vgl. *Stein*, Endkampf um Kurdistan?, S. 22.

92 Die Gruppe wurde intern nur *Apocular* (*Anhänger von Apo* – kurdisch für Onkel) genannt, der Personenkult um *Öcalan*, als „Apo", wurde damit bereits vor der Gründung der *PKK* etabliert.

93 Eine der wichtigsten Organisationsstrukturen der Kurden sind die jahrhundertealten Stämme, die oft noch miteinander in Blutfehden liegen. Die wichtigste Autorität ist der Stammesführer, der Aga, der meist auch Großgrundbesitzer ist.

94 *Dietl* u. a., Terrorismus-Lexikon, S. 52.

95 *Stein*, Endkampf um Kurdistan?, S. 20 ff. Die Zielscheibe der *PKK* stellten die *Agas*, also die Stammesfürsten dar. Die türkischen Schulen bzw. deren Lehrer werden

1980 flohen *Öcalan* und seine Gefolgsleute nach Damaskus, wo sie sich in den Schutz der *Assad*-Regierung begaben. In der libanesischen Bekaa-Ebene wurden Ausbildungslager für *PKK*-Kämpfer errichtet, darunter die zentrale *PKK*-Akademie *Maslum Korkmaz*. Nach dem Militärputsch wurde ein bedeutender Teil des *PKK*-Kaders festgenommen, 1800 Anhänger der *PKK* wurden von *General Evren* wegen Mitgliedschaft in einer linksgerichteten Terrororganisation angeklagt[96]. Das türkische Militär ging in der Folgezeit äußerst brutal gegen die Kurden vor und rückte in die kurdischen Gebiete im Südosten der Türkei ein[97]. Die türkische Regierung rief für zwölf kurdische Provinzen den Ausnahmezustand aus und vertrieb Bewohner aus tausenden von Dörfern[98], um den aus Syrien und dem Irak operierenden *PKK*-Truppen Infrastruktur und Unterstützung zu entziehen[99]. Das harte Vorgehen der Regierung brachte einen Meinungswechsel in der kurdischen Bevölkerung mit sich. Die bisher durch die Mehrheit der Kurden gehegte Ablehnung der *PKK*, kippte in eine breitere Zustimmung innerhalb der kurdischen Bevölkerung für die Aktionen der *PKK*[100]. Sie mündete in eine Massenbewegung, der so genannten „kurdischen Intifada“[101]. Der darauf folgende Bürgerkrieg kostete täglich ungefähr 50 Menschenleben[102]. Im Südosten des Landes entstanden alternative Verwaltungsstrukturen und sogar Gerichte. Die Türkei hatte die Region politisch abgeschrieben. Nach der Verhaftung

---

als Zentren der moralischen und ideologischen Zersetzung der kurdischen Jugend angesehen. Die so genannten „Dorfschützer“ und das türkische Militär gelten als Stellvertreter des unterdrückerischen türkischen Regimes.

96 *Stein*, Endkampf um Kurdistan?, S. 23.

97 Im August 1984 begannen die „Offensiven“ der *PKK*, die sich in zahlreichen Attentaten auf türkische Schulen, *Agas* oder das türkische Militär manifestierten und viele Todesopfer, darunter auch Kinder, forderten (*Özcan*, Turkey's Kurds, S. 199). 1985 begann der Aufbau der *Eniya Rizgariya Gele Kürdistan* (*ERNK – Nationale Befreiungsfront Kurdistans*), die als Stadtguerilla eingesetzt wurde und der *Artesa Rizgariya Gele Kürdistan* (*ARGK – Volksbefreiungsarmee Kurdistans*), die uniformiert in den Bergen operierte (*Dietl* u. a., Terrorismus-Lexikon, S. 53).

98 Siehe zu der Entvölkerung der ländlichen Regionen im Grenzgebiet *Stein*, Endkampf um Kurdistan?, S. 31 f.

99 Die türkische Regierung zog neben den regulären Truppen auch mit Sondereinheiten der Armee sowie Einheiten des militärischen und polizeilichen Geheimdienstes in den Südosten der Türkei ein; vgl. *Stein*, Endkampf um Kurdistan?, S. 29.

100 *Stein*, Endkampf um Kurdistan?, S. 32.

101 *Stein*, Endkampf um Kurdistan?, S. 32.

102 *Dietl* u. a., Terrorismus-Lexikon, S. 55.

Öcalans[103] rief die *PKK* eine einseitige „Waffenruhe" aus[104]. Die Organisation spaltete sich in Radikale und Friedensbewegte, wobei die Radikalen tendenziell dominierten. Einige Provinzen wurden von der türkischen Regierung zu Sicherheitszonen erklärt. Bis heute haben die Gefechte zwischen der *PKK* und dem türkischen Militär nicht nachgelassen, sondern gewinnen sogar an Härte. Viele *PKK*-Rebellen haben sich in den Nordirak zurückgezogen. Sie nutzen die neuen Möglichkeiten nach dem Sturz *Saddam Husseins* und operieren aus den Bergen des Nordiraks. Am 21. Februar 2008 startete das türkische Militär eine Offensive im Nordirak, bei der nach türkischen Angaben 237 *PKK*-Mitglieder und 27 türkische Soldaten ums Leben kamen[105]. Im Oktober 2008 kam es nach einem Angriff der *PKK* auf einen türkischen Grenzposten in Aktütün zu schweren Kämpfen im türkisch-irakischen Grenzgebiet, die 15 Soldaten und 20 kurdischen Rebellen das Leben kostete[106]. Eine friedliche Beilegung des Konflikts ist zurzeit nicht abzusehen. Die Europäische Union hat die PKK in ihre Liste von Terrorgruppen aufgenommen[107].

3. Der Nordkaukasuskonflikt am Beispiel Tschetscheniens

Tschetschenien ist heute eine autonome Republik in Russland. Seit dem 16. Jahrhundert hat sich der (sunnitische) Islam in Tschetschenien durchgesetzt. Durch willkürliche Grenzziehungen, die zu einer Inkongruenz zwischen den vorhandenen ethnischen Strukturen und der politischen Aufteilung des Gebiets führten sowie durch die Aufhetzung der dort beheimateten Bevölkerung gegeneinander, wurde und wird das Konfliktpotenzial der Region enorm geschürt.

---

103 *Öcalan* wurde 1998 aus Syrien ausgewiesen, woraufhin ein Odyssee begann, die in Kenia endete. Die Entführung *Öcalans* durch den türkischen Geheimdienst am 15. Februar 1999 in Nairobi führte zu einer Eskalation des Konflikts. Es kam zu weltweiten gewalttätigen Protesten der Kurden. *Öcalan* wurde vom Staatssicherheitsgericht wegen Hochverrats zur Todesstrafe verurteilt und wird seitdem auf der Gefängnisinsel Imraly festgehalten. Mit Abschaffung der Todesstrafe in der Türkei 2003 wurde das Urteil in eine lebenslange Haftstrafe umgewandelt.

104 *Dietl* u. a., Terrorismus-Lexikon, S. 56.

105 Spiegel Online v. 03.05.2008, abrufbar unter <www.spiegel.de/politik/ausland/0,1518,551277,00.html>.

106 Spiegel Online v. 05.10.2008, abrufbar unter <www.spiegel.de/politik/ausland/0,1518,582320,00.html>.

107 Council Decision 2011/70/CFSP of 31 January 2011 updating the list of persons, groups and entities subject to Articles 2, 3 and 4 of Common Position 2001/931/CFSP on the application of specific measures to combat terrorism, Official Journal L 028, 02/02/2011 P. 0057 – 0059.

Zu Zeiten der Sowjetunion gehörte Tschetschenien zum Autonomen Gebiet Tschetscheno-Inguschien[108]. Nach brutalen Zwangsumsiedlungen[109] im Zuge der „Sowjetisierung" erlaubte *Chruschtschow* 1945 eine Rückkehr der deportierten Kaukasier nach Tschetscheno-Inguschien[110]. In der Folge kam es zu Konflikten zwischen den Neusiedlern und den Rückkehrern. Nach der Implosion der Sowjetunion 1991 erklärte der damalige Präsident *Dudajew* am 1. November 1991 einseitig die Souveränität Tschetscheno-Inguschiens, woraufhin der russische Präsident *Jelzin* den Ausnahmezustand über Tschetscheno-Inguschien verhängte[111]. Im Gegensatz zu den Gebieten, die zur Zeit der Sowjetunion Sozialistische Sowjetrepubliken waren und nach dem Ende der Sowjetunion die Unabhängigkeit zugesprochen bekamen, erhielten die Autonomen Sowjetrepubliken, die Teil einer übergeordneten Sowjetrepublik – im Fall von Tschetscheno-Inguschien der russischen Sowjetrepublik – waren, keine Souveränität. Die Unabhängigkeitsbestrebungen des mittlerweile von Inguschien getrennten Tschetscheniens, veranlassten die russische Armee 1994 zum Einzug in Tschetschenien[112]. Am 11. Dezember 1994 bombardierte die russische Luftwaffe Grosny und die ersten Truppen drangen nach Tschetschenien ein[113]. Dies war der Beginn des so genannten ersten Tschetschenienkrieges. Nach blutigen Gefechten und diversen Verhandlungsversuchen, die sich über zwei Jahre zogen, unterschrieben *Jelzin* und der tschetschenische Generalstabschef *Maschadow* am 12. Mai 1997 einen

---

108 Die russische Einflussnahme im Nordkaukasus begann bereits im 16. Jahrhundert als Russland 1559 seinen ersten Stützpunkt – die Festung Tarki an der Sunscha – errichtete und 1587 das erste Kosakenheer der Region entstand (*Wagensohn*, Krieg in Tschetschenien, S. 12). Den kaukasischen Bergvölkern waren die Russen zu dieser Zeit geradezu willkommen, da ihre Präsenz ein Gegengewicht zum Osmanischen Reich und den Persern darstellte (*Souleimanov*, An Endless War, S. 43). Mit der Zeit wuchs die militärische Durchdringung des Kaukasus durch die Russen, was 1707 zu einem Aufstand der tschetschenischen Stämme und zur Zerstörung der Festung Tarki führte (*Wagensohn*, Krieg in Tschetschenien, S. 12). 1785 kam es zum „Heiligen Krieg" gegen die russische Armee, der 1791 beendet wurde; vgl. ausführlich zur Geschichte Tschetscheniens *Souleimanov*, An Endless War.

109 Im Februar 1944 werden 500000 Tschetschenen unter dem Vorwand der Kollaboration mit den Nazis nach Mittelasien und Sibirien deportiert. Ein Viertel der Deportierten überlebte den Transport nicht; vgl. *Vinatier*, Russie: l'impasse tchétchène, S. 8.

110 *Vinatier*, Russie: l'impasse tchétchène, S. 8.

111 *Souleimanov*, An Endless War, S. 88.

112 Vgl. dazu *Wagensohn*, Krieg in Tschetschenien, S. 18 ff.

113 *Vinatier*, Russie: l'impasse tchétchène, S. 187.

Friedensvertrag[114]. Die tschetschenische Regierung der selbsternannten Tschetschenischen Republik Itschkeria wurde *de facto* als Verhandlungspartner akzeptiert[115]. Während dieses Krieges entwickelten sich *Maschadow* und *Bassajew* zu den Führungsfiguren des tschetschenischen Widerstands[116]. Im Januar 1997 wurde *Maschadow* zum tschetschenischen Präsidenten gewählt. *Maschadow*, der einen politischen Kampf führen wollte und *Bassajew*, der als Anführer der Wahhabiten einen Dschihad, also einen „Heiligen Krieg", führen wollte, entfernten sich immer weiter voneinander[117]. Dadurch spalteten sich die tschetschenischen Rebellen in zwei Lager: Zum einen in das Lager der Separatisten mit rein säkulär-nationalistischen Bestrebungen unter *Maschadow* und zum anderen in das Lager der Islamisten unter *Bassajew*. Dies führte zu einer Wende im Tschetschenienkonflikt. Während der Präsident *Maschadow* immer mehr die Unterstützung in der Bevölkerung verlor, erhielt *Bassajew* vermehrt Unterstützung aus dem arabischen Ausland (es wird sogar eine Unterstützung durch *Al-Qaida* vermutet)[118], wodurch der Konflikt erfolgreich von den islamistischen Dschihadisten unterwandert werden konnte. Im August 1999 unternahmen *Bassajew* und sein Bündnispartner *Al-Chattab* den Versuch, das benachbarte Dagestan zu „befreien", um eine islamische Republik zu gründen. Diese Aktion, wie auch Attentate in Moskau und Volgodonsk mit 200 Toten, gab der russischen Regierung den Anlass für den Beginn des zweiten Tschetschenienkrieges am 1. Oktober 1999[119]. Dieser Krieg war geprägt vom brutalen Vorgehen und der Missachtung der Menschenrechte durch die russische Armee auf der einen Seite und von grausamen Anschlagsserien unter dem Kommando *Bassajews* auf der anderen Seite. Die Menschenrechtsorganisation *Human Rights Watch* spricht von bis zu 5000 Fällen, in denen Tschetschenen verschleppt wurden[120]. Der russischen Armee ist vorzuwerfen, dass es ihr nicht mehr gelang, zwischen der Bevölkerung und den Terroristen zu differenzieren, was zur Folge hatte, dass die islamistischen Terroristen eine breite Unterstützungsbasis in der tschetschenischen Bevölkerung erlangten. Zwar wurde der zweite Tschetschenienkrieg von russischer Seite im Jahr 2000 für beendet erklärt, faktisch geht der Konflikt aber weiter. Am

114 *Wagensohn*, Krieg in Tschetschenien, S. 35 f.
115 *Wagensohn*, Krieg in Tschetschenien, S. 35 f.
116 *Dietl* u. a., Terrorismus-Lexikon, S. 191.
117 *Dietl* u. a., Terrorismus-Lexikon, S. 191.
118 *Dietl* u. a., Terrorismus-Lexikon, S. 192.
119 *Dietl* u. a., Terrorismus-Lexikon, S. 191 f.
120 *Pohr*, Zeit Online v. 21.02.2005, abrufbar unter <www.zeit.de/2005/12/tschetschenien_human>.

23. Oktober 2002 besetzten tschetschenische Terroristen unter dem Kommando von *Barajew*, dem Neffen *Bassajews*, das Moskauer Theater *Dubrowka* und nahmen hunderte von Besuchern als Geiseln. Bei der umstrittenen Befreiung der Geiseln kam es zum Tod von 129 Geiseln und 41 Geiselnehmern. In Grosny starben im Dezember 2002 bei einem Selbstmordanschlag auf ein Regierungsgebäude 70 Menschen. Den Höhepunkt der Anschläge bildete die Geiselnahme von 1251 Menschen in einer Schule in Beslan (Nordossetien) vom 1. bis 3. September 2004. Hier wurden 335 Menschen von den Geiselnehmern ermordet. Allein im Jahr 2003 wurden 571 Terroranschläge auf russischem Boden verübt. Am 5. Oktober 2003 wurde der von Russland favorisierte Kandidat *Kadyrow* zum tschetschenischen Präsidenten gewählt, kam aber nach einem Attentat im Mai 2004 ums Leben und wurde durch *Abramow* ersetzt[121]. *Maschadow* wurde am 8. März 2005 bei einer Aktion vom russischen Inlandsgeheimdienst *FSB* im nordtschetschenischen Dorf Tolstoi-Jurt getötet. Das Foto seiner Leiche wurde freigegeben und von Russland bejubelt[122]. Auch *Bassajew* kam im Juli 2006 zu Tode. Die Angaben über seinen Tod sind widersprüchlich[123]. Die Lage ist bis heute instabil und von Gewalt auf beiden Seiten geprägt.

---

121 *Vinatier*, Russie: l'impasse tchétchène, S. 191.

122 *Pohr*, Zeit Online v. 21.02.2005, abrufbar unter <www.zeit.de/2005/12/tschetschenien_human>.

123 Vgl. *Dietl* u. a., Terrorismus-Lexikon, S. 195 f.

3. Kapitel: Bedeutung, Auslegung und Geltungsbereich von Artikel 2 EMRK

Im Folgenden sollen die „Grundbausteine" für die Untersuchung von Artikel 2 EMRK gelegt werden. Dazu zählt zunächst die Einordnung der Konvention in das Gefüge des nationalen Rechts und des Völkerrechts, denn nur insoweit besteht Rechtsverbindlichkeit für den jeweiligen Konventionsstaat. Die Entstehungsgeschichte von Artikel 2 EMRK sowie die besondere Stellung in der Architektur der Menschenrechte werden dargelegt. Im Anschluss erfolgt eine kurze Erläuterung der einzelnen Auslegungsmethoden, auf die im Laufe der Arbeit immer wieder zurückgegriffen wird. Zur Erfassung der Reichweite des konventionsrechtlichen Lebensschutzes und der Verantwortlichkeit der Konventionsstaaten für Verletzungen von Artikel 2 EMRK wird dann der Geltungsbereich der EMRK analysiert. Hierbei liegt das Augenmerk auf dem Problem des räumlichen Geltungsbereichs der Konvention auf fremdem Staatsgebiet und auf der Zurechnung von Handlungen der Konventionsstaaten im Rahmen von Einsätzen internationaler Organisationen.

A. Bedeutung und Rang der EMRK im nationalen Recht und im Völkerrecht

Am 4. November 1950 in Rom unterzeichnet, stellt die EMRK die erste rechtsverbindliche internationale Menschenrechtskodifikation überhaupt dar[124]. In den vergangenen Jahrzehnten hat sich die EMRK, der zunächst nur zehn Mitgliedsstaaten angehörten, zu einem internationalen Rechtsschutzsystem mit 47 Mitgliedsstaaten entwickelt, welches mittlerweile durchaus mit der Verfassungsgerichtsbarkeit in nationalen Rechtsordnungen verglichen werden kann[125].

Die Konvention nimmt als multilateraler völkerrechtlicher Vertrag eine Sonderstellung im völkerrechtlichen Vertragsrecht ein[126]. Sie regelt auf der einen Seite das Verhältnis zwischen Staaten, die zur Einhaltung der menschenrechtlichen Garantien völkerrechtlich verpflichtet sind, und auf der anderen Seite,

124 *Kempen/Hillgruber*, Völkerrecht, § 51 Rn. 32.

125 *Walter*, in: Ehlers, EuGR, § 1 II 1 Rn. 6; der EGMR verwendet selbst den Ausdruck „constitutional instrument of European Public Order", vgl. EGMR, Urt. v. 23.03.1995, Nr. 40/1993/435/514, *Loizidou*/Türkei, Z. 75.

126 *Grabenwarter*, EMRK, § 2 Rn. 1.

im Gegensatz zu anderen völkerrechtlichen Verträgen, das Verhältnis zwischen Staaten und Individuen, die sich auf die Menschenrechte der EMRK berufen können. Bei der EMRK handelt es sich um einen so genannten „law making treaty", sie etabliert eine objektive Ordnung[127]. Durch Einführung des XI. Protokolls zur EMRK über die Umgestaltung der durch die Konvention eingeführten Kontrollmechanismen (ZP XI EMRK)[128] und der darin geregelten obligatorischen Einräumung eines Individualrechts, ist ein Rechtsschutzsystem zur Überprüfung der Einhaltung dieser Garantien geschaffen worden.

Die EMRK selbst enthält keine Aussage über ihre Stellung im nationalen Recht. Trotzdem haben alle Mitgliedsstaaten die Konvention inkorporiert[129]. Im Großen und Ganzen lassen sich drei Gruppen zusammenfassen: Erstens die Staaten, in denen die Konvention Teil der Verfassung ist oder einen ähnlichen Status genießt[130], zweitens Staaten in denen die Konvention im Rang zwischen der Verfassung und einfachen Gesetzen steht[131] und drittens Staaten in denen die Konvention den Rang einfacher Gesetze[132] hat[133]. In Deutschland kommt der EMRK gemäß Artikel 59 Absatz 2 Grundgesetz (GG)[134] als völkerrechtlicher Vertrag der Rang eines einfachen Gesetzes zu. Damit kann eine Vorschrift der EMRK zwar nicht Gegenstand einer Verfassungsbeschwerde vor dem BVerfG sein[135], trotzdem betont das BVerfG die Berücksichtigung der Gewährleistungen der EMRK und der Rechtsprechung des EGMR zur Bindung an Gesetz und Recht und hebt die Völkerrechtsfreundlichkeit des Grundgesetzes hervor[136]. In einem 2011 ergangenen Urteil zur Verfassungsmäßigkeit der Sicherheitsverwahrung hat das Bundesverfassungsgericht nicht nur betont, dass den Gewährleistungen der Europäischen Menschenrechtskonvention verfassungsrechtliche Bedeutung insoweit zukommt als sie die Auslegung der Grundrechte und rechtsstaatliche Grundsätze des Grundgesetzes beeinflussen, sondern dass vor dem Hintergrund der zumindest faktischen Präzedenzwirkung der Entscheidungen internationaler Gerichte, Konflikte zwischen den völkerrechtlichen Verpflichtungen der

127 *Peters*, Einführung in die EMRK, § 2, S. 12.
128 BGBl. 1995 II S. 79.
129 *Grabenwarter*, EMRK, § 3 Rn. 1.
130 Verfassungsrang kommt der EMRK nur in Österreich zu.
131 Z. B. Belgien, Frankreich, Griechenland, Portugal, Spanien.
132 Z. B. Italien, Dänemark, Norwegen, Schweden.
133 Vgl. Übersicht bei *Grabenwarter*, EMRK, § 3 Rn. 1.
134 BGBl. 1949 S. 1 geändert in BGBl. 2012 I S. 1478.
135 St. Rspr. seit *BVerfGE* 10, 271, 274; a.A. *Guradze*, DÖV 1960, 286 f.
136 *BVerfGE* 111, 307, 323.

Bundesrepublik Deutschland und dem nationalen Recht nach Möglichkeit zu vermeiden sind[137].

B. Die Entstehungsgeschichte von Artikel 2 EMRK

Über die Entstehungsgeschichte von Artikel 2 EMRK ist insgesamt nicht viel zu erfahren[138]. Das Leben seiner Bürger zu schützen und zu respektieren, ist eines der vorrangigen Existenzzwecke des modernen Staates[139]. Unter dem Eindruck der nationalsozialistischen Gräueltaten sollte die EMRK von vornherein ein Recht auf Leben enthalten[140]. Artikel 2 EMRK entstammt den Arbeiten der Menschenrechtskommission der VN an dem Internationalen Pakt über bürgerliche und politische Rechte (IPBPR)[141]. Die Formulierungen in Artikel 2 Absatz 1 Satz 1 EMRK einerseits und Artikel 2 Absatz 1 Satz 2 und Absatz 2 EMRK andererseits stammen aus verschiedenen Stadien der Arbeiten der Menschenrechtskommission der Vereinten Nationen am IPBPR[142]. Der Wortlaut von Artikel 2 Absatz 1 Satz 1 EMRK entspricht einem von fünf Staaten eingebrachten Entwurf in der fünften Sitzung der VN-Menschenrechtskommission vom 9. Mai bis zum 20. Juni 1949[143], wogegen die Formulierung des Artikel 2 Absatz 1 Satz 1 EMRK aus dem Entwurf der sechsten Sitzung der VN-Menschenrechtskommission vom 27. März bis zum 19. Mai 1951 übernommen wurde[144]. Der Redaktionsausschuss der Menschenrechtskommission der Vereinten Nationen hatte zunächst vorgeschlagen, alle denkbaren Eingriffe kasuistisch in der EMRK aufzuzählen[145]. Ausgangspunkt der Debatte über das Recht auf Leben war der Vorschlag des französischen Berichterstatters des Komitees für rechtliche und administrative Fragen des Europarates *Teitgen*, der sich an Artikel 3 der Allgemeinen Erklärung

137 BVerfG EuGRZ 2011, 297, 309.

138 *Opsahl*, in: McDonald u. a., The European System for the Protection of Human Rights, S. 209: „the legislatory history of Art. 2 itself is silent or inconclusive on many, indeed most, of the points later raised in practice or theory".

139 *Alleweldt*, in: Grote/Maurahn, EMRK/GG, Kap. 10 Rn. 1.

140 *Ramcharan*, in: Ramcharan, The Right to Life in International Law, S. 57.

141 Internationaler Pakt über bürgerliche und politische Rechte vom 19.Dezember 1966 (BGBl. 1973 II S. 1553).

142 *Machacek*, EuGRZ 1983, 453, 460; Frister, GA 1985, 553, 557.

143 UN Doc E/1371 annex II S. 32.

144 UN Doc E/1681 - E/CN.4/507 annex I S. 15.

145 *Machacek*, EuGRZ 1983, 453, 460.

der Menschenrechte[146] orientierte[147]. Auch wenn die Travaux Préparatoires[148] nicht viel über diesen ersten Absatz aussagen, gilt es jedoch als gesicherte Erkenntnis, dass dieser wortwörtlich aus den zugleich beratenen Entwürfen zum späteren Artikel 6 IPBPR übernommen worden ist[149]. Dieser Entwurf war auf eine prinzipielle Garantie des Lebens beschränkt[150]. Die heutige Version von Artikel 2 EMRK basiert allerdings auf einem Entwurf der britischen Regierung[151]. Diese Variante enthielt in ihrem ersten Absatz ein generelles Verbot der absichtlichen Tötung, mit Ausnahme der Vollstreckung eines Todesurteils[152]. Der zweite Absatz enthielt drei Ausnahmetatbestände, darunter die Notwehr (Buchstabe a), die Sicherstellung der Verhaftung (Buchstabe b) sowie die Unterdrückung eines Aufruhrs oder Aufstandes und die Verhinderung des Eintritts zu Örtlichkeiten, zu denen der Zutritt aus Gründen der nationalen Sicherheit verboten ist (Buchstabe c)[153]. Mit Ausnahme des letzten Teils des Absatzes 2 Buchstabe c, der später entfiel, kam dieser Entwurf dem heutigen Artikel 2 EMRK bereits sehr nahe. Der Text wurde auf der Konferenz der höchsten Regierungsvertreter im Juni 1950 übernommen. Dabei wurde ein dem heutigen Satz 1 entsprechender Absatz vorangestellt, vermutlich um den Artikel um ein allgemeines Prinzip zu ergänzen[154]. Die Konsultativversammlung des Europarates verband später den ersten und zweiten Absatz zu einem einzigen Absatz[155]. Die Travaux Préparatoires enthalten nicht viele Hinweise auf die Vorstellungen der Konventionsstaaten über Auslegung und Umfang von Artikel 2 EMRK[156]. Dies könnte daran liegen, dass 1950 die meisten Beteiligten das Recht auf Leben nach den extremen Gewalttaten des

146 Artikel 3 der Allgemeinen Erklärung der Menschenrechte (UN Doc 217/1) lautet: „Jeder Mensch hat das Recht auf Leben, Freiheit und Sicherheit der Person".

147 *Tretter*, in: Ermacora u. a., EMRK, Art. 2, S. 103.

148 Unter den Travaux Préparatoires werden alle amtlichen Erklärungen und Verhandlungen, die dem endgültigen Vertragsabschluss vorausgehen und den späteren Abschluss und Inhalt des konkreten Vertrags erkennbar zum Gegenstand haben, verstanden.

149 *Tretter*, in: Ermacora u. a., EMRK, Art. 2, S. 103 f.

150 *Kopetzki*, in: Korinek, Österreichisches Bundesverfassungsrecht, Art. 2 EMRK Rn. 3.

151 *Alleweldt*, in: Grote/Maurahn, EMRK/GG, Kap. 10 Rn. 3.

152 *Kopetzki*, in: Korinek, Österreichisches Bundesverfassungsrecht, Art. 2 EMRK Rn. 3.

153 *Kopetzki*, in: Korinek, Österreichisches Bundesverfassungsrecht, Art. 2 EMRK Rn. 3.

154 *Kopetzki*, in: Korinek, Österreichisches Bundesverfassungsrecht, Art. 2 EMRK Rn. 4.

155 *Tretter*, in: Ermacora u. a., EMRK, Art. 2, S. 105.

156 *Alleweldt*, in: Grote/Maurahn, EMRK/GG, Kap. 10 Rn. 3; *Opsahl*, in: McDonald u. a., The European System for the Protection of Human Rights, S. 208.

Zweiten Weltkrieges und des Holocausts als selbstverständlich ansahen und eine Erläuterung dieses Rechts deshalb nicht für nötig hielten[157]. Bei der Entstehung von Artikel 2 EMRK hatten die Vertragsstaaten jedenfalls noch nicht den Terrorismus in seiner aktuellen Form vor Augen.

C. Die besondere Bedeutung von Artikel 2 EMRK

Die Anerkennung des Rechts auf Leben stellt ein Axiom des menschenrechtlichen Denkens dar[158]. Artikel 2 EMRK ist eines der wichtigsten Grundrechte überhaupt und bildet einen Grundpfeiler des Rechtsstaates[159]. Dies ergibt sich schon aus seinem Verständnis als Reaktion auf eine historische Extremsituation, nämlich als Antwort auf die nationalsozialistischen Verbrechen[160]. Dass der Schutz des Lebens eine der fundamentalen Garantien des Grundrechtskatalogs der EMRK[161] darstellt, wird zum einen an seiner Stellung an der Spitze des Grundrechtskatalogs der EMRK sichtbar, und zum anderen daran, dass es sich bei Artikel 2 EMRK um ein notstandfestes Recht handelt, welches grundsätzlich[162] nicht außer Kraft gesetzt werden kann. Das Recht auf Leben als Grundlage unserer Existenz sieht der EGMR als die „Voraussetzung aller anderen Grundrechte"[163]. Aufgrund der zentralen Bedeutung von Artikel 2 EMRK ist die Vorschrift streng auszulegen[164].

Das „Recht der Rechte, das Einzige, dessen Missachtung irreversibel ist"[165] stellt zugleich eines der umstrittensten und bis heute nicht abschließend geklärten Menschenrechte dar, dessen Praxis im Vergleich zu anderen Bestimmungen der EMRK zumindest lange Zeit wenig dicht war. Bislang lag der Schwerpunkt der wissenschaftlichen Debatte über Artikel 2 EMRK bei der Zulässig-

---

157 So *Opsahl*, in: McDonald u. a., The European System for the Protection of Human Rights, S. 208 Fn. 8.

158 *Opsahl*, in: McDonald u. a., The European System for the Protection of Human Rights, S. 207.

159 *Villiger*, Handbuch der EMRK, § 14 Rn. 264.

160 *Kopetzki*, in: Korinek, Österreichisches Bundesverfassungsrecht, Art. 2 EMRK Rn. 11.

161 So EGMR, Urt. v. 27.09.1995, Nr. 17/1994/464/545, *McCann u. a.*/Vereinigtes Königreich, Z. 147.

162 Vgl. Artikel 15 Absatz 2 EMRK.

163 EGMR, Urt. v. 27.09.1995, Nr. 17/1994/464/545, *McCann u.a.*/Vereinigtes Königreich, Z. 147.

164 *Meyer-Ladewig*, EMRK, Art. 2 Rn. 1.

165 *Jean*, in: Higgins/Flory, Terrorism and International Law, S. 229.

keit der Todesstrafe, der Abtreibung und der Sterbehilfe, aber wenig in der hier interessierenden Fragestellung der Bedeutung und des Umfangs des Rechts auf Leben im Rahmen der Terrorismusbekämpfung. Doch durch die Entstehung neuer Krisensituationen und der zunehmenden Dimension des Terrorismus in Europa hat die Zahl der Entscheidungen von EKMR und EGMR in den letzten Jahren zugenommen.

E. Die Auslegungsmethoden der EMRK

Die Auslegung der EMRK richtet sich wie die Auslegung anderer völkerrechtlicher Verträge nach der Wiener Vertragskonvention[166] (WVK)[167]. Die maßgebliche Norm zur Auslegung völkerrechtlicher Verträge ist Artikel 31 WVK.

I. Die grammatikalische Auslegung

Ausgangspunkt einer jeden Interpretation des Konventionstextes ist der Vertragswortlaut samt Präambel und Anlagen. Dies ergibt sich vornehmlich aus Artikel 31 Absatz 2 WVK. Wesentlich für die Auslegung der EMRK ist, dass gemäß der Schlussklausel nur die französische und die englische Fassung des Vertragstextes authentisch sind[168]. Das bedeutet, dass der Auslegung der Text in diesen beiden Sprachen zugrunde zu legen ist oder die Auslegung zumindest anhand einer der Vertragssprachen zu überprüfen ist[169].

II. Die teleologische Auslegung

Gemäß Artikel 31 Absatz 1 WVK sind Verträge nach Treu und Glauben in Übereinstimmung mit der gewöhnlichen, ihren Bestimmungen in ihrem Zusammenhang zukommenden Bedeutung und im Lichte ihres Zieles und ihres Zweckes auszulegen. Der EGMR hat in seiner Rechtsprechung zur Konvention das Gebot einer starken teleologischen Interpretation bis hin zur Ermächtigung zur Rechtsfortbildung abgeleitet. Daraus ergeben sich die folgenden Grundsätze für die Auslegung.

---

166 Wiener Übereinkommen über das Recht der Verträge vom 23. Mai 1969 (BGBl. 1984 II S. 927).

167 EGMR, Urt. v. 12.12.2001, Nr. 52207/99, *Bankovic*/ Belgien u. a., Z. 55.

168 Artikel 33 WVK enthält einige grundsätzliche Regelungen für die Auslegung mehrsprachiger Verträge, so z. B. den Grundsatz, dass jede der Vertragssprachen gleichermaßen verbindlich ist.

169 *Schilling*, Internationaler Menschenrechtsschutz, § 4 Rn. 28.

1. *Das Prinzip der effektiven Auslegung („effet utile"/"principle of effectiveness")*

Das Ziel und der Zweck der EMRK, praktische und effektive Rechte zu gewährleisten, sollen nicht nur theoretisch und illusorisch sein[170]. Im Rahmen einer effektivitätssichernden Auslegung muss einer Vertragsvorschrift ihre größtmögliche Wirksamkeit zukommen: „The court seeks to give provisions of the convention the fullest weight and effect consistent with the language used and with the rest of the text and in such a way that every part of it can be given meaning"[171]. Die Auslegung nach dem *effet utile* hindert die Vertragsstaaten daran, die Bedeutung eines Menschenrechts durch die Begrifflichkeit ihres innerstaatlichen Rechts zu beschränken, denn sie dient der bestmöglichen Erreichung des Vertragszwecks.

2. *Das Prinzip der evolutiven Auslegung*

Das Prinzip der evolutiven oder dynamischen Auslegung berücksichtigt – im Gegensatz zur statisch-historischen Auslegung – den aktuellen, möglicherweise seit Unterzeichnung der EMRK gewandelten, Sinn und Zweck einer Vorschrift[172]. Die EMRK als „living instrument, which must be interpreted in the light of present day conditions"[173] soll sich nicht neuen Entwicklungen und Veränderungen gesellschaftlicher Rahmenbedingungen verschließen. Die Entwicklung liegt hier in den tatsächlichen, zu subsumierenden Bedingungen. Konsequenterweise ist der EGMR, entgegen der Grundsätze der Rechtssicherheit und Gleichbehandlung, nicht an seine früheren Urteile gebunden, wenn sich die tatsächlichen Bedingungen geändert haben. Andernfalls könnte der EGMR zu einem Hindernis von Reformen und Verbesserungen werden[174]. Diese Auslegungsmethode kommt auch in Artikel 31 Absatz 3 Buchstabe b WVK zum Ausdruck, wonach jede spätere Übung bei der Anwendung des Vertrages, aus der die Übereinstimmung der Vertragsparteien über seine Auslegung hervorgeht, in gleicher Weise wie die teleologische und systematische Auslegung zu berücksichtigen ist. Die Anwendung dieser Auslegungsregel darf allerdings nicht dazu führen, dass der normsetzende Wille der Vertragsstaaten verfälscht wird. Das heißt, nur soweit

---

170 EGMR, Urt. v. 09.10.1979, Nr. 6289/73, *Airey*/Irland, Z. 24.

171 *Ovey*/*White*, ECHR, S. 36.

172 *Renucci*, Droit Européen des Droits de l'Homme, S. 36; *Peters*, Einführung in die EMRK, § 2, S. 18.

173 EGMR, Urt. v. 09.10.1979, Nr. 6289/73, *Airey*/Irland, Z. 31.

174 EGMR, Urt. v. 28.05.2002, Nr. 46295/99, *Stafford*/Vereinigtes Königreich, Z. 68.

die „subsequent practice“ der Konventionsstaaten auslegungsleitend wirkt und dadurch zu einem neuen Auslegungsergebnis führen kann, ist eine solche evolutive Auslegung angebracht[175].

III. Die historische Auslegung

Der historischen Interpretation anhand der Travaux Préparatoires von völkerrechtlichen Verträgen kommt im Allgemeinen eine subsidiäre Bedeutung zu[176]. Dies wird durch Artikel 31 Absatz 2 Buchstabe b WVK und insbesondere Artikel 32 WVK bestätigt, wonach die Travaux Préparatoires nur ergänzend herangezogen werden sollen, wenn die Auslegung nach Artikel 31 WVK nicht zu einem eindeutigen Ergebnis gekommen ist. Auch der vom EGMR herausgearbeitete Ansatz der evolutiven oder dynamischen Auslegung und der Notwendigkeit, die aktuellen Ziele und Zwecke der Konvention zu beachten, legt eine nachrangige Stellung der historischen Auslegung nahe[177].

IV. Die systematische Auslegung

Die EMRK ist ein integriertes System zum Schutz der Menschenrechte. Eine systematische Interpretation der Grundrechte der EMRK hat ein anderes Regelungsumfeld zu beachten als national-verfassungsrechtlich gewährleistete subjektive Rechte[178].

1. Das Regelungsumfeld der EMRK

Bei der systematischen Auslegung der Grundrechte der EMRK sind neben dem übrigen Konventionsrecht einschließlich der Zusatzprotokolle auch andere völkerrechtliche Verträge zu beachten[179]. Dabei kann zum einen auf Abkommen, die im Rahmen des Europarates geschlossen wurden und die Satzung des Europarates abgestellt werden. Zum anderen können Verträge zwischen den Konventionsstaaten herangezogen werden. Bei letzteren handelt es sich zum Teil um Verträge, die den Schutzbereich eines Konventionsrechts regeln[180]. Teilweise

---

175 *Kempen/Hillgruber*, Völkerrecht, § 54 Rn. 58.

176 *Grabenwarter*, EMRK, § 5 Rn. 5.

177 *Ovey/White*, ECHR, S. 29; Eine größere Bedeutung soll die historische Interpretation im Rahmen der Auslegung von Vorbehalten der Konventionsstaaten erlangen; vgl. dazu *Ehlers* in: Ehlers, EuGR, § 2 IV Rn. 21.

178 *Grabenwarter*, EMRK, § 5 Rn. 8.

179 *Grabenwarter*, EMRK, § 5 Rn. 8; vgl. Artikel 31 Absatz 3 Buchstabe c WVK.

180 Vgl. EGMR, Urt. v. 23.09.1994, Nr. 36/1993/431/510, *Jersild*/Dänemark, Z. 31.

wird auch das Gemeinschaftsrecht, insbesondere die Rechtsprechung des Europäischen Gerichtshofes (EuGH), als Argumentationsgrundlage herangezogen[181]. Die Grundrechte werden grundsätzlich parallel vom EGMR und EuGH ausgelegt, so dass ein Verweis auf die Rechtsprechung des jeweils anderen Gerichts keinen grundsätzlichen Bedenken unterliegt.

2. *Die autonome Interpretation*

Unter einer autonomen Interpretation ist eine Interpretation zu verstehen, die ohne Rückgriff auf die technische Bedeutung der Begriffe im innerstaatlichen Recht nur nach ihrem Sinn und ihrer Funktion im Rahmen der EMRK erfolgt[182]. Aufgrund der steten Entwicklung der Rechtsordnungen der Konventionsstaaten und der Änderungen der Rechtsordnungen durch den Beitritt neuer Staaten entsteht ein Bedürfnis nach einem einheitlichen Menschenrechtsstandard. Dies erlaubt ein einheitliches Verständnis der Konventionsrechte und bewahrt eine Gleichstellung der Konventionsstaaten[183]. Daher müssen die Begriffe einer eigenständigen Konventionsordnung von den Rechtsordnungen einzelner Mitgliedsstaaten unabhängig verstanden werden[184]. Dabei bedient sich der EGMR einer „wertenden Rechtsvergleichung", also einer Berücksichtigung gemeineuropäischer Rechtsauffassungen[185]. Die Anwendung der autonomen Auslegung durch den EGMR führt zu der Entwicklung „europäischer Standards", die zum Teil keine Standards der Rechtsanwendung der Mitgliedsstaaten insgesamt darstellen.

F. Die Verantwortlichkeit der Konventionsstaaten für Verletzungen von Artikel 2 EMRK

In den letzten Jahren gab es vermehrt Auslandseinsätze der Konventionsstaaten innerhalb und außerhalb des europäischen Raums, wie der Einsatz internationaler Truppen in Afghanistan seit 2001, der Konflikt zwischen Russland und Georgien im Sommer 2008 und einzelne Einsätze des türkischen Militärs im Nordirak. Bei dem Afghanistan-Einsatz und den Militäroperationen in der Osttürkei, die sich teilweise bis in den Nordirak verlagern, handelt

181 So EGMR, Urt. v. 08.12.1999, Nr. 28541/95, *Pellegrin*/Frankreich, Z. 66.
182 *Sudre*, CEDH, S. 34.
183 *Sudre*, CEDH, S. 33 f.
184 *Grabenwarter*, EMRK, § 5 Rn. 10.
185 *Blau*, ZeuS 2005, 399, 404.

es sich um Maßnahmen zur Terrorismusbekämpfung. Um eine Verletzung von Artikel 2 EMRK in solchen Anti-Terrorismus-Einsätzen feststellen zu können, muss zunächst geklärt werden, wie weit die Verantwortlichkeit der Konventionsstaaten für Verletzungen der EMRK generell reicht. Sollen Terrorismusbekämpfungsmaßnahmen außerhalb des eigenen Staatsgebiets noch von der Bindungswirkung der Konvention und damit vom menschenrechtlichen Schutz von Artikel 2 EMRK erfasst werden? Der Geltungs- oder Anwendungsbereich der EMRK wird nach räumlichen, persönlichen und zeitlichen Kriterien abgegrenzt.

I. Der räumliche Geltungsbereich der EMRK

Gemäß Artikel 1 EMRK sichern die Vertragsparteien allen ihrer Hoheitsgewalt unterstehenden Personen die in Abschnitt I der Konvention bestimmten Rechte und Freiheiten zu. Damit ist der Staat seinen Bürgern gegenüber zur Einhaltung der EMRK verpflichtet soweit seine Hoheitsgewalt (englisch „jurisdiction"; französisch "juridiction") reicht. Artikel 1 EMRK enthält also keine direkte Bezugnahme auf das Territorium der Mitgliedsstaaten, sondern wählt einen personellen Anknüpfungspunkt. Eine ausdrückliche Regelung über die Ausdehnung des räumlichen Geltungsbereichs enthalten lediglich Artikel 56 EMRK und entsprechende Regelungen in den Zusatzprotokollen. Diese Ausnahmeregelungen haben allerdings heute kaum Bedeutung mehr, da sie für bestimmte historische Konstellationen wie ehemalige Kolonien, Protektorate oder Mandate einzelner Mitgliedsstaaten konzipiert wurden[186].

Die Hoheitsgewalt oder Jurisdiktion[187] des Konventionsstaates ist die notwendige Voraussetzung dafür, dass der Staat, für ihm zurechenbare Handlungen, die einen Konventionsverstoß darstellen, verantwortlich gemacht werden kann. Der Begriff der Hoheitsgewalt im Sinne von Artikel 1 EMRK war bereits Gegenstand von Entscheidungen des Straßburger Gerichtshofes.

---

186 Diese Norm gibt den Konventionsstaaten die Möglichkeit, die EMRK auf Gebiete auszudehnen, für deren internationale Beziehungen sie verantwortlich sind und stellt damit eine typische Kolonialklausel dar; *Frowein*, in: Frowein/Peukert, EMRK, Art. 63 Rn. 1; *Grabenwarter*, EMRK, § 17 Rn. 11; *Erberich*, Auslandseinsätze der BW, S. 22.

187 In Annäherung an die englische, französische sowie österreichische und schweizerische Fassung von Artikel 1 EMRK wird auch im Deutschen häufig der Begriff der Jurisdiktion gebraucht, vgl. z.B. *Frowein*, in Frowein/Peukert, Art. 1 Rn. 4 ff.

1. *Die Bedeutung des Begriffs „Hoheitsgewalt" im Sinne von Artikel 1 EMRK: Territoriales Verständnis als Grundsatz*

Der Begriff der Hoheitsgewalt in Artikel 1 EMRK spiegelt die Bedeutung dieses Begriffs im Völkerrecht wider[188]. Unter staatlicher Hoheitsgewalt ist die Macht bzw. Zuständigkeit eines Staates zu verstehen, Rechtsregeln zu erlassen und durchzusetzen sowie die Gerichtsbarkeit auszuüben[189]. Im allgemeinen Völkerrecht unterliegt der Begriff der Hoheitsgewalt grundsätzlich einer räumlichen Beschränkung auf das eigene Staatsgebiet, was sich daraus ergibt, dass auf fremdem Gebiet der dortige Territorialstaat die ausschließliche Gebietshoheit innehat[190]. Trotzdem plädiert die völkerrechtliche Literatur überwiegend für eine weite Auslegung des Begriffs der Hoheitsgewalt und damit gegen eine Beschränkung auf das Staatsgebiet der Vertragsstaaten[191]. Ein solches Verständnis ermögliche es, der EMRK eine vollumfängliche Geltung auch im Ausland zu verschaffen.

Für die Auslegung der Konvention ist die Rechtsprechung von EKMR und EGMR verbindlich, Artikel 46 EMRK. Der Begriff der Hoheitsgewalt im Sinne von Artikel 1 EMRK wurde in der Rechtsprechung des EGMR in seiner prominenten *Banković*-Entscheidung zunächst territorial bestimmt[192]. Nach Auffassung des EGMR im *Banković*-Urteil[193] ist die EMRK prinzipiell nicht darauf ausgerichtet, auf das Verhalten von Vertragsstaaten weltweit angewendet zu werden[194]. Sie greife nur im regionalen Rahmen und zwar in dem Rechtsraum der Vertragsstaaten, der so genannten *espace juridique*[195]. Damit greift der

---

188 EGMR, Urt. v. 08.07.2004, Nr. 48787/99, *Ilascu u.a.*/Moldawien und Russland, Z. 312.

189 *Oxman*, Jurisdiction of States, in: Bernhardt, Encyclopedia of Public International Law, Vol. III, S. 55.

190 *Erberich*, Auslandseinsätze der BW, S. 7.

191 *Erberich*, Auslandseinsätze der BW, S. 8 mit weiteren Nachweisen.

192 EGMR, Urt. v. 12.12.2001, Nr. 52207/99, *Bankovic*/Belgien u. a., Z. 61. Bei grundsätzlicher Beschränkung auf das eigene Territorium soll die Hoheitsgewalt nach der Rechtsprechung des Gerichtshofes auch autonome Gebiete innerhalb des jeweiligen Konventionsstaates umfassen (vgl. EGMR, Urt. v. 08.04.2004, Nr. 71503/01, *Assanidzé*/Georgien, Z. 137).

193 In dieser Entscheidung ging es um die Bombardierung einer Belgrader Radiostation während des Kosovo-Konflikts durch NATO-Kampfflugzeuge, bei der zahlreiche Personen ums Leben kamen oder schwer verletzt wurden.

194 EGMR, Urt. v. 12.12.2001, Nr. 52207/99, *Bankovic*/Belgien u.a., Z. 80 ff.

195 EGMR, Urt. v. 12.12.2001, Nr. 52207/99, *Bankovic*/Belgien u.a., Z. 80 ff.

Gerichtshof ein Argument der EKMR auf, wonach die Ratio der EMRK grundsätzlich darin liegt, einen europäischen *ordre public* zum Ausdruck zu bringen[196]. Das Vorliegen von Hoheitsgewalt müsse anhand der tatsächlichen Kontrolle des Konventionsstaates, die vergleichbar mit den Prärogativen der betroffenen Regierung sein soll, durch militärische Besetzung oder durch ein Einvernehmen mit der jeweiligen Regierung bestimmt werden[197]. Der Gerichtshof erklärte in dieser Entscheidung, der Begriff der Hoheitsgewalt sei in einem normativen Sinne zu verstehen und im Lichte der allgemeinen völkerrechtlichen Anknüpfungspunkte für die staatliche Ausübung von Hoheitsgewalt auszulegen[198]. Es müsse geprüft werden, ob dem jeweiligen Staat aufgrund völkerrechtlicher Bestimmungen die Ausübung von Hoheitsgewalt außerhalb der eigenen Grenzen gestattet sei[199]. Artikel 1 EMRK soll also einer territorialen Deutung unterworfen werden, weil die Ausübung von Gewalt nach allgemeinen völkerrechtlichen Grundsätzen einen territorialen Anknüpfungspunkt hat. Eine Ausnahme ist nach Ansicht des EGMR beispielsweise die militärische Besetzung eines Gebiets, nicht hingegen die bloße Kontrolle des Luftraums. Die Bedenken der Beschwerdeführer, durch diese Auffassung entstünde eine unerträgliche Lücke im System des europäischen Menschenrechtsschutzes, wies der Gerichtshof damit zurück, dass diese Argumentation nur in der *espace juridique* der Konvention gelten könne[200].

Die Einschränkung des Geltungsbereichs der EMRK auf eine bestimmte *espace juridique* ist in der Literatur auf Kritik gestoßen[201]. Ein zu starker Territorialbezug schaffe einen europäischen Rechtsraum, in dem Menschenrechtsstandards verwirklicht würden, die als vorbildlich gelten, während Übergriffe europäischer Staatsgewalt außerhalb dieses Raumes von jeder Kontrolle freigestellt würden[202]. Bei der Feststellung des EGMR, die EMRK sei ein multilateraler Vertrag, der „in einem grundsätzlich regionalen Rahmen greift und zwar in dem Rechtsraum der Vertragsstaaten" handele es sich um einem Grundsatz, von dem unter bestimmten Voraussetzungen abgewichen werden müsse. Nicht nachvollziehbar sei zudem das normative Argument des EGMR, der auf eine völkerrechtliche

196 EKMR, Ents. v. 11.01.1961, Nr. 788/60, Österreich/Italien, S. 116, 136 ff.

197 EGMR, Urt. v. 12.12.2001, Nr. 52207/99, *Bankovic*/Belgien u.a., Z. 71.

198 EGMR, Urt. v. 12.12.2001, Nr. 52207/99, *Bankovic*/Belgien u.a., Z. 59 ff.

199 EGMR, Urt. v. 12.12.2001, Nr. 52207/99, *Bankovic*/Belgien u.a., Z. 59 f., 71, 73.

200 EGMR, Urt. v. 12.12.2001, Nr. 52207/99, *Bankovic*/Belgien u.a., Z. 80; das ehemalige Jugoslawien war zu diesem Zeitpunkt nicht Vertragspartei der EMRK.

201 Vgl. beispielhaft die Anmerkungen von *Bothe*, ZaöRV 2005 (65), 615, 619; *Uerpmann-Wittzack*, in: Ehlers, EuGR, § 3 II 2 Rn. 51.

202 *Uerpmann-Wittzack*, in: Ehlers, EuGR, § 3 II 2 Rn. 51.

Zulässigkeit der Ausübung von Staatsgewalt abstellt. Dies hätte zur Konsequenz, dass die völkerrechtswidrige Anmaßung von Hoheitsgewalt dadurch belohnt würde, dass der Konventionsstaat von seinen menschenrechtlichen Verpflichtungen und der korrespondierenden internationalen Kontrolle frei gesprochen würde[203]. Angesichts der zunehmenden Bedrohung der Menschenrechte, insbesondere des Rechts auf Leben, durch extraterritoriale Hoheitsakte spreche eine evolutive Auslegung der EMRK als *living instrument* für die Ausdehnung ihres Anwendungsbereichs[204]. Die Sorge, dass erstens mit wachsender Beteiligung der Konventionsstaaten an internationalen Friedensmissionen seine Arbeitsbelastung noch weiter ansteigen würde und zweitens durch seine Rechtsprechung im Kampf gegen den Terrorismus politische Spielräume unangemessen verengt würden sowie wichtige Handlungsoptionen ausgeschlossen würden, habe möglicherweise bei der Entscheidung des Gerichtshofes eine Rolle gespielt[205].

Für die Annahme eines territorialen Verständnisses des Begriffs Hoheitsgewalt spricht zunächst die Vermutung, dass jeder Mitgliedsstaat die Hoheitsgewalt auf seinem eigenen Staatsgebiet ausübt[206]. Die diese Hoheitsgewalt begründenden Elemente wie die Gebietshoheit, Personalhoheit und Staatsangehörigkeit, Flagge und die diplomatischen oder konsularischen Beziehungen werden im Allgemeinen durch die souveränen Territorialrechte der anderen betroffenen Staaten bestimmt und begrenzt[207]. So ist die Möglichkeit eines Staates zur Ausübung seiner Hoheitsgewalt gegenüber eigenen Staatsangehörigen im Ausland der territorialen Zuständigkeit dieses Staates unterworfen, da er grundsätzlich nicht ohne dessen Zustimmung, Aufforderung oder Einwilligung Hoheitsgewalt auf fremdem Gebiet ausüben darf[208]. Ohne eine solche Vermutung könnte die Anwendung der Konvention auf ausgewählte Teile des Staatsgebiets bestimmter Konventionsstaaten beschränkt werden. Dies würde jedoch das der EMRK zu Grunde liegende Postulat eines wirksamen Menschenrechtsschutzes aushöhlen und eine Ungleichbehandlung der Konventionsstaaten zulassen[209]. Dieser Grundsatz bleibt auch dann bestehen, wenn die Ausübung der Staatsgewalt in einem Teil des Staatsgebiets beschränkt ist, da der Staat dazu verpflichtet ist, alle

203 So *Rensmann*, in: Weingärtner, Einsatz der BW im Ausland, S. 65.
204 *Rensmann*, in: Weingärtner, Einsatz der BW im Ausland, S. 54.
205 *Rensmann*, in: Weingärtner, Einsatz der BW im Ausland, S. 65.
206 EGMR, Urt. v. 08.07.2004, Nr. 48787/99, *Ilascu u.a.*/Moldawien und Russland, Z. 312.
207 EGMR, Urt. v. 12.12.2001, Nr. 52207/99, *Bankovic*/Belgien u.a., Z. 59.
208 EGMR, Urt. v. 12.12.2001, Nr. 52207/99, *Bankovic*/Belgien u.a., Z. 60.
209 EGMR, Urt. v. 08.04.2004, Nr. 71503/01, *Assanidzé*/Georgien, Z. 142.

ihm möglichen und erforderlichen Maßnahmen zu treffen, um Verletzungen der EMRK auf seinem eigenen Territorium zu vermeiden[210].

Ein Staat darf sich jedoch nicht hinter seiner Unfähigkeit, die Konventionsrechte zu gewährleisten, verstecken. Die Verantwortlichkeit eines Konventionsstaates für Konventionsverletzungen nach der EMRK in Teilen seines Staatsgebiets scheidet nur dann aus, wenn das betroffene Gebiet tatsächlich von einem anderen Staat kontrolliert wird[211]. Dies kann bei der Präsenz von Streitkräften anderer Staaten oder bei der Ausübung von Befugnissen nach dem Schengener Durchführungsübereinkommen der Fall sein, weil die eigene Hoheitsgewalt durch eine andere im Grunde „verdrängt“ wird[212]. Es müssen dabei triftige Gründe vorliegen, welche die gerade beschriebene Vermutung der effektiven Kontrolle widerlegen.

Für den Einsatz der Bundeswehr in Afghanistan bedeutet dies, dass die EMRK und damit Artikel 2 EMRK grundsätzlich[213] Anwendung finden[214].

2. *Ausnahme: Extraterritoriales Verständnis*

Die Verantwortlichkeit der Konventionsstaaten für Konventionsverletzungen kann ausnahmsweise auch durch so genannte extraterritoriale Akte ausgelöst werden, das heißt durch Rechtsakte die entweder außerhalb des eigenen Territoriums gesetzt werden oder ihre Wirkung zumindest außerhalb desselben entfalten. Dies ist für diese Arbeit von besonderer Relevanz, weil Terrorismusbekämpfung nicht mehr nur auf dem eigenen Staatsgebiet stattfindet, was die Beispiele der Bekämpfung der *PKK* auf irakischem Staatsgebiet oder der Konflikt in Afghanistan belegen.

Erstmals beschäftigte sich die EKMR 1975 mit der Frage der extraterritorialen Anwendbarkeit der Konvention in der Entscheidung Zypern/Türkei[215]. Es ging um die Frage, ob die Bewohner der in Nordzypern besetzten Gebiete der Hoheitsgewalt der Türkei unterliegen. Hier entschied die EKMR, dass der Begriff der Hoheitsgewalt keine Handlungen auf dem eigenen Staatsterritorium

---

210 EGMR, Urt. v. 08.07.2004, Nr. 48787/99, *Ilascu u.a.*/Moldawien und Russland, Z. 331.

211 EGMR, Urt. v. 08.04.2004, Nr. 71503/01, *Assanidzé*/Georgien, Z. 144.

212 *Grabenwarter*, EMRK, § 17 Rn. 11.

213 Vgl. zur Frage der Anwendbarkeit der EMRK neben den Vorschriften des humanitären Völkerrechts 7. Kap. B.

214 Vgl. ausführlich zur Anwendbarkeit von Artikel 2 EMRK im Afghanistan-Konflikt Kap. 7 A. II.

215 EKMR, Ents. v. 26.05.1975, Nr. 6780/74 und 6950/75, Zypern/Türkei.

verlange, sondern dass es darauf ankomme, ob die betroffenen Bewohner der tatsächlichen Gewalt und Verantwortlichkeit (englisch: „actual authority and responsibility"/französich: „de leur autorité et de leur responsabilité") des besetzenden Staates unterworfen seien, unabhängig davon, ob diese hoheitliche Gewalt innerhalb oder außerhalb des eigenen Hoheitsgebiets ausgeübt wird[216]. Wegweisend für die Feststellung, dass sich die menschenrechtlichen Verpflichtungen der Vertragsstaaten nicht zwangsläufig auf ihr eigenes Gebiet beschränken, war der vom EGMR zu entscheidende Fall *Loizidou*[217]. Hier urteilte der Gerichtshof, dass die Türkei die EMRK auch außerhalb ihres Territoriums respektieren muss, da sie in Nordzypern durch ihre Streitkräfte eine dauerhafte und effektive Hoheitsgewalt ausübt[218]. Der EGMR stellte in diesem Urteil weniger auf die Ausübung tatsächlicher Herrschaftsgewalt, sondern mehr auf die „effektive Kontrolle" der Türkei über das Territorium Nordzyperns ab, die er bejahte[219].

Eine Ausnahme vom Grundsatz des territorialen Verständnisses von Hoheitsgewalt kann demnach gegeben sein, wenn ein Konventionsstaat eine effektive Kontrolle („effective control") über ein Gebiet außerhalb seiner Grenzen ausübt[220]. Von einer solchen Kontrolle ist nach der Rechtsprechung des EGMR insbesondere dann auszugehen, wenn ein Staat die Kontrolle über ein außerhalb seiner Grenzen liegendes Gebiet durch militärische Besetzung oder kraft Zustimmung, Aufforderung oder Einwilligung der Regierung des Gebiets ausübt[221]. Zu beachten ist bei diesen Entscheidungen allerdings, dass sowohl die Türkei als auch Zypern Mitglieder des Europarates sind und sich die Frage der Anwendbarkeit damit nur im Rahmen der *espace juridique* der Konvention stellte.

Für die Annahme einer extraterritorialen Wirkung der EMRK lässt sich ein gewichtiges systematisches Argument aus Artikel 15 Absatz 2 EMRK ableiten. Danach ist eine Derogation des Rechts auf Leben nach Artikel 2 EMRK nicht gestattet. Eine Ausnahme gilt allerdings für rechtmäßige Kriegshandlungen, welche sich aber regelmäßig außerhalb des eigenen Staatsgebiets abspielen. Es kann also nicht bestritten werden, dass die EMRK auch auf Geltung außerhalb

---

216 EKMR, Ents. v. 26.05.1975, Nr. 6780/74 und 6950/75, Zypern/Türkei, S. 133 und 149.

217 EGMR, Urt. v. 18.12.1996, Nr. 40/1993/435/514 *Loizidou*/ Türkei.

218 EGMR, Urt. v. 18.12.1996, Nr. 40/1993/435/514, *Loizidou*/ Türkei, Z. 50.

219 EGMR, Urt. v. 18.12.1996, Nr. 40/1993/435/514, *Loizidou*/ Türkei, Z. 56.

220 So auch EGMR, Urt. v. 12.12.2001, Nr. 52207/99, *Bankovic*/Belgien u.a., Z. 70; EGMR, Urt. v. 08.07.2004, Nr. 48787/99, *Ilascu u.a.*/Moldawien u. Russland, Z. 315.

221 EGMR, Urt. v. 12.12.2001, Nr. 52207/99, *Bankovic*/Belgien u.a., Z. 70.

des Territoriums der Mitgliedsstaaten ausgelegt ist[222]. Dass dies auch für Gebiete außerhalb des Territoriums der Konventionsstaaten gilt, belegen die folgenden vom EGMR zu entscheidenden Fälle.

In seinem *Issa*-Urteil zeigt der Gerichtshof, dass er eine staatliche Hoheitsgewalt auch dann annimmt, wenn eine Person der tatsächlichen Gewalt eines Staates unterliegt („under the authority")[223]. In diesem Fall ging es um eine türkische Militäroperation auf dem kurdischen Gebiet des Nordiraks. Demnach ist – in Abkehr zum *Banković*-Urteil – die Kontrolle oder Gewalt über einzelne Personen ausschlaggebend für die Annahme der Hoheitsgewalt, auch wenn diese außerhalb des eigenen Staatsgebiets stattfindet[224]. Zur Begründung einer effektiven Kontrolle soll nicht maßgeblich sein, ob das betroffene Gebiet zuvor der Hoheitsgewalt eines Mitgliedsstaates unterstand[225]. Bei der Festnahme oder Haft einer Person durch staatliche Organe liege ein klassischer Fall der Ausübung von Hoheitsgewalt vor[226]. Der EGMR bezog sich ausdrücklich auf die Rechtsprechung des UN-Menschenrechtsausschusses und der Interamerikanischen Menschenrechtskommission und betonte, dass es einem Konventionsstaat nicht erlaubt sein dürfe, auf fremdem Staatsgebiet Menschenrechtsverletzungen zu begehen, die er auf seinem eigenen Gebiet nicht begehen dürfte[227].

Die *Issa*-Entscheidung macht deutlich, dass der Gerichtshof sehr wohl die extraterritoriale Geltung der EMRK auch außerhalb der *espace juridique* anerkennt. Eine „wirksame Gesamtkontrolle" über ein bestimmtes Gebiet könne entweder durch die Armee selbst oder durch eine untergeordnete lokale Verwaltung ausgeübt werden[228]. Bei dieser Kontrolle müsse es sich zwar um eine umfassende handeln, eine in das Einzelne gehende Kontrolle über Politik und Tätigkeiten der Behörden in dem Gebiet sei allerdings nicht erforderlich[229]. Für die Geltendmachung von Schutzfunktionen, die über eine Verpflichtung der Verhinderung

---

222 So auch *Frowein*, in: von Münch, FS Schlochauer, S. 289 und 295; *Klein*, MRM 2004, 5, 14.

223 EGMR, Urt. v. 16.11.2004, Nr. 31821/96, *Issa u.a.*/Türkei, Z. 70.

224 EGMR, Urt. v. 16.11.2004, Nr. 31821/96, *Issa u.a.*/Türkei, Z. 70; so auch EGMR, Urt. v. 07.07.2011, Nr. 55721/07, *Al-Skeini u. a.*/Vereinigtes Königreich, Z. 138.

225 EGMR, Urt. v. 16.11.2004, Nr. 31821/96, *Issa u.a.*/Türkei, Z. 71.

226 EGMR, Urt. v. 12.05.2005, Nr. 46221/99, *Öcalan*/Türkei, Z. 91.

227 EGMR, Urt. v. 16.11.2004, Nr. 31821/96, *Issa u.a.*/Türkei, Z. 71.

228 EGMR, Urt. v. 23.03.1995, Nr. 40/1993/435/514, *Loizidou*/Türkei, Z. 62.

229 EGMR, Urt. v. 08.07.2004, Nr. 48787/99, *Ilascu u.a.*/Moldawien u. Russland, Z. 315; so auch EGMR, Urt. v. 07.07.2011, Nr. 55721/07, *Al-Skeini u. a.*/ Vereinigtes Königreich, Z. 138.

von möglichen Menschenrechtsverletzungen hinausgehen, insbesondere in Bezug auf das Recht auf Leben, wird allerdings eine weitergehende Kontrolle des fremden Gebiets als oben dargestellt zu verlangen sein[230].

Auch in seinem 2011 ergangenen Urteil zur Hoheitsgewalt des Vereinigten Königreichs im Irak bejaht der Gerichtshof die extraterritoriale Anwendbarkeit der EMRK[231]. Bei dieser Entscheidung ging es um irakische Staatsbürger, die 2003 im von den britischen Truppen besetzten Gebiet aufgrund von Handlungen der britischen Sicherheitskräfte ums Leben kamen. Hier stellte der EGMR insbesondere auf das Gewicht der militärischen Anwesenheit der britischen Truppen im Irak sowie auf das Ausmaß der militärischen, wirtschaftlichen und politischen Unterstützung der lokalen Verwaltung ab[232]. Der Gerichtshof betonte, dass die britischen Streitkräfte Aufgaben übernehmen, die normalerweise von einer souveränen Regierung durchgeführt würden, so dass eine Hoheitsgewalt im Sinne von Artikel 1 EMRK zu bejahen sei[233].

Auch das Verhalten eines Staates auf seinem eigenen Staatsgebiet kann extraterritoriale Auswirkungen entfalten. Es ist den Vertragsstaaten untersagt, möglichen Konventionsverletzungen durch andere Staaten „die Hand zu reichen", seien es Konventionsstaaten oder Drittstaaten[234]. Dies gilt insbesondere in Hinblick auf Verletzungen der Artikel 2, Artikel 3, Artikel 5 und Artikel 6 EMRK[235]. Der EGMR weist auf Fallgestaltungen hin, in denen die Auslieferung oder Ausweisung einer Person in ein Land, in dem der Betroffene der Gefahr einer konventionswidrigen Tötung ausgesetzt wird, Verletzungen von Artikel 2 EMRK darstellen können[236]. Solche Rechtsakte werden zwar auf dem Territorium des Staates gesetzt, entwickeln ihre Wirkung aber außerhalb desselben, und damit exterritorial. Dies könnte beispielweise relevant werden, wenn die Vereinigten Staaten von einem Konventionsstaat die Auslieferung eines (mutmaßlichen) Terroristen verlangen.

---

230 So auch *Schäfer*, Zum Verhältnis Menschenrechte und humanitäres Völkerrecht, S. 61.

231 EGMR, Urt. v. 07.07.2011, Nr. 55721/07, *Al-Skeini u. a.*/Vereinigtes Königreich, Z. 149.

232 EGMR, Urt. v. 07.07.2011, Nr. 55721/07, *Al-Skeini u. a.*/Vereinigtes Königreich, Z. 139.

233 EGMR, Urt. v. 07.07.2011, Nr. 55721/07, *Al-Skeini u. a*/Vereinigtes Königreich, Z. 149.

234 *Matscher*, in: Donatsch u. a., FS Trechsel, S. 28.

235 *Matscher*, in: Donatsch u. a., FS Trechsel, S. 28.

236 EGMR, Urt. v. 12.12.2001, Nr. 52207/99, *Bankovic*/Belgien u.a., Z. 68.

Darüber hinaus ist in seltenen Ausnahmefällen eine Hoheitsgewalt für nicht territorial bestimmte Umstände angenommen worden, wie zum Beispiel bei Hoheitsakten, die im Ausland von diplomatischen oder konsularischen Vertretungen vorgenommen werden, bei Handlungen auf Schiffen unter der Flagge des betroffenen Staates oder auf Flugzeugen oder Raumschiffen, die in dem jeweiligen Staat registriert sind sowie bei besonders schwerwiegenden internationalen Straftaten (so genanntes Weltrechtsprinzip)[237].

3. *Ergebnis*

Im Grundsatz findet Artikel 2 EMRK nur innerhalb des eigenen Staatsgebiets Anwendung, weil der jeweilige Konventionsstaat dort regelmäßig die Hoheitsgewalt im Sinne von Artikel 1 EMRK ausübt. Für eine extraterritoriale Anwendbarkeit der Konvention gilt Folgendes: Innerhalb der *espace juridique* der Konventionsstaaten legt der Gerichtshof eine niedrigere Schwelle an als außerhalb dieses Rechtsraums. Er verlangt für das Vorliegen von Hoheitsgewalt zunächst eine tatsächliche Gewalt und Verantwortung und später eine effektive Kontrolle des jeweiligen Konventionsstaates. In *Banković* wurde deutlich, dass diese Kriterien nur für Fälle innerhalb des Konventionsraums gelten. Außerhalb der *espace juridique* müsse der Konventionsstaat tatsächliche Kontrolle aufgrund einer militärischen Besetzung oder nach Zustimmung, Aufforderung oder Einwilligung der Regierung des betroffenen Gebietes ausüben, die vergleichbar mit den gewöhnlichen Prärogativen der Regierung sei. Zudem sei der Begriff der Hoheitsgewalt in einem normativen Sinne zu verstehen, so dass auf die völkerrechtliche Zulässigkeit abzustellen sei. In *Issa* rang sich der Gerichtshof erstmals dazu durch, außerhalb des Territoriums der Konventionsstaaten eine Hoheitsgewalt im Sinne von Artikel 1 EMRK anzunehmen. Aber nicht nur diese Rechtsprechungsentwicklung ist bedeutsam. Denn neben der Feststellung der Anwendbarkeit der EMRK auf irakischem Staatsgebiet, stellte der Gerichtshof fest, dass es ausreichend sei, wenn sich die Hoheitsgewalt nur auf bestimmte Personen erstrecke und nicht auf ein gesamtes Gebiet. Hiermit wird eine Tendenz deutlich, wonach der EGMR mehr dazu bereit ist, seine Rechtsprechung den tatsächlichen Gegebenheiten anzupassen. Durch die Zunahme von Auslandseinsätzen der Konventionsstaaten beispielsweise in Irak, Afghanistan und am Horn von Afrika wird sich in Zukunft vermehrt die Frage stellen inwiefern die Staaten von ihren menschenrechtlichen Verpflichtungen entbunden sein können. Hier gab das Urteil *Al-Skeini* schon einen Vorgeschmack auf

237 EGMR, Urt. v. 08.04.2004, Nr. 71503/01, *Assanidzé*/Georgien, Z. 137.

die sich wandelnde Auffassung des Gerichtshofes indem er die Hoheitsgewalt des Vereinigten Königreichs im Irak bejahte. Es ist der richtige Ansatz, sich in diesen Fällen nicht strikt mit dem Argument der *espace juridique* der menschenrechtlichen Verantwortung zu entziehen. Politische und eigennützige Erwägungen - wie sie möglicherweise im *Banković*-Verfahren zum Tragen gekommen sind - dürfen keine Rolle bei der Bewertung von Menschenrechtsverletzungen spielen.

Festzuhalten bleibt, dass mit Zunahme der ausgeübten Gebietskontrolle auch die Sicherstellung der Menschenrechte graduell wächst. Im Ergebnis ist zur Annahme einer Hoheitsgewalt außerhalb des eigenen Territoriums eine dauerhafte effektive Kontrolle des Staates über ein bestimmtes Gebiet oder bestimmte Personen erforderlich. Dies ist erstens der Fall, wenn der eingreifende Staat Hoheitsgewalt in der Weise ausübt, dass er an Stelle der jeweiligen Regierung handelt. Das heißt er muss Befugnisse ausüben, die im Normalfall die jeweilige Regierung innehaben würde, diese sie aber wegen der ausgeübten Herrschaftsgewalt durch den Konventionsstaat gerade nicht mehr ausübt. Dabei ist zu beachten, dass sich diese Herrschaftsgewalt nicht zwingend auf ein ganzes Gebiet ausdehnen muss, sondern sich auch nur einzelnen Personen gegenüber erstrecken kann. Zweitens ist eine Hoheitsgewalt im Sinne von Artikel 1 EMRK zu bejahen, wenn extraterritoriale Maßnahmen auf Einladung oder Zustimmung der Regierung des Territorialstaates ergriffen werden, denn die Hoheitsgewalt erstreckt sich dann zumindest auf den Teil der von der Zustimmung erfasst wird.

Dagegen überzeugt es nicht, jedes Organhandeln eines Vertragsstaates, sei es innerhalb oder außerhalb seines Staatsgebietes, als Ausübung von Hoheitsgewalt zu verstehen. Es kann faktisch nur ein Staat die Hoheitsgewalt über ein bestimmtes Gebiet oder eine bestimmte Person ausüben. Dem wird aber widersprochen, wenn man jedes Handeln eines Staates zur Begründung von Hoheitsgewalt ausreichen lässt.

II. Der persönliche Geltungsbereich

An erster Stelle ist das Individuum als partielles Völkerrechtssubjekt Grundrechtsberechtigter aus Artikel 2 EMRK[238]. Weiter ist auch an die Konventionsstaaten als mittelbare Berechtigte zu denken[239]. Artikel 2 EMRK schützt das

238 *Sudre*, La Convention Europèene des Droits de l'Homme, S. 17.

239 Vgl. die Staatenbeschwerde in Artikel 33 EMRK und die Interventionen nach Artikel 36 Absatz 1 EMRK.

menschliche Leben ohne Rücksicht auf seinen sozialen und volkswirtschaftlichen Wert oder auf Alter oder Geschlecht[240]. Für die Grundrechtsberechtigung ist die allein entscheidende Frage die der Betroffenheit durch die Hoheitsgewalt eines Mitgliedsstaates[241]. Dies ergibt sich bereits aus dem Wortlaut von Artikel 1 EMRK „allen ihrer Hoheitsgewalt unterstehenden Personen", insbesondere aus seiner französischen Fassung „relevant de leur juridiction". Des weiteren ergibt sich dies aus dem Sinn und Zweck der EMRK als internationalem Vertrag zum Schutz der Menschenrechte, da die Menschenrechte jedermann allein aufgrund seiner Natur als menschliches Wesen zustehen sowie aus der Präambel der Konvention, die Durchsetzung der Menschenrechte kollektiv garantieren zu wollen. Somit kommt es nicht darauf an, ob das betroffene Individuum Staatsangehöriger des Verletzer-Staates, eines sonstigen Konventionsstaates oder eines Drittstaates ist.

Mit dem Tod endet die Grundrechtsberechtigung. Das heißt, durch die Beschwerde von Angehörigen wegen einer konventionswidrigen Tötung eines Menschen wird die Grundrechtsberechtigung lediglich nachträglich für die Zeit seiner Grundrechtsberechtigung geltend gemacht, und nicht etwa über den Zeitpunkt des Todes hinaus erstreckt[242].

Die Frage nach der Grundrechtsfähigkeit von juristischen Personen stellt sich im Rahmen von Artikel 2 EMRK erst gar nicht, da dieses Recht schon seinem Wesen nach nicht auf juristische Personen anwendbar sein kann.

III. Der zeitliche Geltungsbereich

Der zeitliche Geltungsbereich der EMRK bestimmt sich nach allgemeinen Grundsätzen des Völkerrechts, insbesondere nach Artikel 28 WVK[243]. Dieser beläuft sich auf den Zeitraum vom In-Kraft-Treten der EMRK für die jeweilige Vertragspartei bis zur Kündigung der EMRK oder dem Ausscheiden des Mitgliedsstaates aus dem Europarat. Das heißt, eine Rückwirkung von Verträgen auf Hoheitsakte, die vor Inkrafttreten der EMRK für den jeweiligen Vertragsstaat gesetzt wurden oder auf Situationen, die vor diesem Zeitpunkt eingetreten sind, ist grundsätzlich ausgeschlossen. Die Problematik der Abgrenzung der

240 *Grabenwarter*, EMRK. § 17 Rn. 2.
241 *Grabenwarter*, EMRK. § 17 Rn. 2.
242 *Grabenwarter*, EMRK, § 17 Rn. 4.
243 *Matscher*, in: Donatsch u. a., FS Trechsel, S. 27.

fortdauernden Verletzungen („continuing violations")[244], die bereits vor dem In-Kraft-Treten der Konvention begonnen haben und nach dem Beitritt fortdauern, von den abgeschlossenen Rechtsakten („instantaneous acts") mit fortdauernden Auswirkungen[245], hat sich im Rahmen von Artikel 2 EMRK bisher nicht gestellt.

244 Vgl. dazu EGMR, Urt. v. 27.04.1989, Nr. 11213/84, *Neves e Silva*/Portugal; EGMR, Urt. v. 10.12.1982, Nrn. 7604/76, 7719/76, 7781/77 und 7913/77, *Foti u.a*/Italien; EGMR, Urt. v. 23.09.1994, Nr. 19823/92, *Hokkanen*/Finnland.

245 Vgl. dazu *Vajic*, in: Caflisch u. a., FS Wildhaber, S. 483 ff.

4. Kapitel: Umfang und Grenzen der sich aus Artikel 2 EMRK ergebenden Rechte

A. Schutzgut: Das Leben

Artikel 2 EMRK schützt das Recht auf Leben. Der Begriff des Lebens bedarf wohl keiner näheren Definition, ein Mensch lebt zumindest sobald er geboren ist, und das Leben endet mit dem Tod[246]. Die Gesundheit und die körperliche Unversehrtheit sind durch Artikel 2 EMRK nur insoweit geschützt, als ihre Verletzung eine Lebensgefährdung hervorrufen kann[247].

Die „negative Freiheit", also das Recht das Leben zu beenden, ist nicht vom Schutzgehalt von Artikel 2 EMRK umfasst[248]. Gegenüber anderen Konventionsrechten soll die Besonderheit der Garantie des Rechts auf Leben nämlich darin liegen, dass der Grundrechtsträger das Leben nicht selbst gewählt hat, die Ausübung einer Freiheit aber eine gewisse Wahlmöglichkeit voraussetzt[249].

B. Der sachliche Schutzbereich von Artikel 2 EMRK

In der Vergangenheit ist es bei der Prävention und Bekämpfung terroristischer Aktivitäten immer wieder zu Todesfällen von – zum Teil nur vermeintlichen – Terroristen sowie unschuldiger Zivilisten gekommen. Angesichts der offenbar weiter anhaltenden Bedrohung durch den Terrorismus in Europa wird es wohl auch in Zukunft Situationen geben, in denen die Tötung eines Menschen nicht mehr zu vermeiden ist. Wie diese Situationen rechtlich zu behandeln sind, welche Pflichten dem Staat dabei zukommen und wie weit der Schutz von Artikel 2 EMRK geht, wird im Folgenden erläutert.

---

246 *Frowein*, in: Frowein/Peukert, EMRK, Art. 2 Rn. 1; *Schilling*, Internationaler Menschenrechtsschutz, § 8 Rn. 78. Ob Artikel 2 EMRK auch den Fötus schützt, und wann ein Mensch rechtlich gesehen tot ist, kann im Rahmen dieser Arbeit nicht erläutert werden (vgl. dazu z. B. *Frowein*, in: Frowein/Peukert, EMRK, Art. 2; *Desch*, ÖZöRV 1985, 77 ff.).

247 *Kneihs*, in: Grabenwarter/Thienel, Kontinuität und Wandel der EMRK, S. 25; vgl. detaillierter hierzu 5. Kap. C.

248 EGMR, Urt. v. 29.04.2002, Nr. 2346/02, *Pretty*/Vereinigtes Königreich, Z. 39.

249 EGMR, Urt. v. 29.04.2002, Nr. 2346/02, *Pretty*/Vereinigtes Königreich, Z. 39.

I. Die verschiedenen Schutzbereiche von Artikel 2 EMRK: Abwehrrecht und Schutzpflicht

Aus Artikel 2 Absatz 1 EMRK ergeben sich zwei verschiedene Schutzbereiche. Artikel 2 Absatz 1 Satz 1 einerseits und Satz 2 andererseits entstammen unterschiedlichen Konzepten und systematischen Kontexten; sie sind daher als voneinander zu trennende Aussagen aufzufassen[250]. Dass der erste Satz des Absatzes 1 und die übrigen Bestimmungen nicht als eine Einheit, sondern getrennt zu betrachten sind, wird aus der Entstehungsgeschichte der Norm deutlich, so dass eine unterschiedliche Aussagekraft beider Teile des Artikel 2 EMRK als gewollt anzuerkennen ist[251]. Zum einen ist das Recht auf Leben, wie die meisten Grundrechte, ein individuelles Abwehrrecht des Bürgers gegenüber hoheitlichen Eingriffen[252]. Zum anderen enthält Artikel 2 Absatz 1 EMRK nach herrschender Meinung eine Schutzpflicht des Staates gegenüber seinen Bürgern[253].

II. Das Recht auf Leben als Abwehrrecht gegen den Staat

In ihrem Ursprung liegt der EMRK ein weitgehend liberales und damit abwehrrechtliches Grundrechtsverständnis zu Grunde[254]. Dieser liberale Ansatz ist der Ausgangspunkt für das Verständnis der Konventionsrechte. Nach den Erfahrungen mit totalitären Staaten des 20. Jahrhunderts sollten mit der EMRK die justiziablen klassischen Freiheitsrechte garantiert werden (so genannte klassisch-liberale Grundrechtsidee)[255]. Die Freiheitsrechte der EMRK sind daher in erster Linie nach ihrem Sinn und Zweck Abwehrrechte des Bürgers gegen den Staat

---

250 *Partsch* in: Bettermann u. a., Grundrechte I/1, S. 334 f.; *Kneihs*, in: Grabenwarter/Thienel, Kontinuität und Wandel der EMRK, S. 22; *Machacek*, EuGRZ 1983, 453, 460 mit weiteren Nachweisen.

251 Vgl. dazu *Machacek*, EuGRZ 1983, 453, 460.

252 *Lagodny*, in: Golsong u. a., IntKomm EMRK, Art. 2 Rn. 3; *Mathieu*, The right to life, S. 44; *Peters*, Einführung in die EMRK, § 5 Rn. 36; *Alleweldt*, in: Grote/Marauhn, EMRK/GG, Kap. 10 Rn. 33; *Harris*, MJ 1994, 122.

253 Siehe z. B. EGMR, Urt. v. 09.06.1998, Nr. 14/1997/798/1001, *L.C.B.*/Vereinigtes Königreich, Z. 36; EGMR, Urt. v. 28.10.1998, Nr. 87/1997/871/1083, *Osman*/Türkei, Z. 115; *Lagodny*, in: Golsong u. a, IntKomm EMRK, Art. 2 Rn. 3; *Harris*, MJ 1994, 122; *Joseph*, NQHR 1996, 5, 6; *Trechsel*, in: Benedek u. a., FS Ginther, S. 673; *Mathieu*, The Right to life, S. 44.

254 *Dröge*, Positive Verpflichtungen, S. 215.

255 *Krieger*, in: Grote/Marauhn, EMRK/GG, Kap. 6 Rn. 11.

(*status negativus*)[256]. Damit ist auch das Recht auf Leben in Artikel 2 EMRK als Freiheitsrecht, primär als Abwehrrecht des Bürgers gegen den Staat zu verstehen. Die Kategorisierung des Rechts auf Leben nach Artikel 2 EMRK als Abwehrrecht soll sich zudem aus den Schranken des Absatzes 1 Satz 2 und Absatzes 2 ergeben, da diese nur für die Abwehrfunktion sinnvoll seien[257].

Nach Artikel 2 EMRK ist eine Tötung grundsätzlich konventionswidrig, es sei denn, es greift eine der dort genannten Ausnahmen. Artikel 2 EMRK verpflichtet den Staat dazu, kein Leben zu nehmen. Daraus ergibt sich, dass der Staat grundsätzlich gesetzlich dazu verpflichtet ist, das Leben von Terroristen zu achten. So kann auch durch terroristische Handlungen das allgemeingültige Abwehrrecht nicht vereitelt werden. Der (mutmaßliche) Terrorist bleibt ein Staatsbürger, dessen Rechte zu achten sind. Aufgrund der auch für (mutmaßliche) Terroristen vollumfänglichen Gültigkeit des Abwehrrechts, muss dieses durch eine Abwägung mit der oben bereits angerissenen Schutzpflicht des Staates gegenüber seiner Bürger in Einklang gebracht werden. Keinesfalls darf der maximale Schutz der Bevölkerung eine Missachtung des Rechts auf Leben der potentiellen Täter darstellen[258]. Wenn der Kampf gegen den Terrorismus dem Schutz der Menschenrechte dient, muss dieser Kampf in Übereinstimmung mit den Garantien der internationalen Menschenrechte stattfinden[259].

Vereinzelt wird das Abwehrrecht gegen den Staat als Schutzanspruch des Einzelnen vor ungerechtfertigter Tötung durch den Staat[260] bzw. als Schutzpflicht des Staates, Eingriffe in das Leben zu unterlassen, verstanden[261]. Dabei ist zu beachten, dass Schutz im Sinne von Artikel 2 Absatz 1 Satz 1 EMRK nicht nur Schutz des Lebens vor Übergriffen Privater bedeutet, sondern auch Schutz vor Eingriffen durch staatliche Akteure[262]. Es ist daher dogmatisch korrekter von einem klassischen Abwehrrecht zu sprechen, da dieser Begriff gegenüber sonstigen Bezeichnungen die primäre Zielrichtung dieser Grundrechtsbestimmung am besten zum Ausdruck bringt.

---

256 *Bleckmann*, in: Beyerlin u. a., FS Bernhardt, S. 309; *Streuer*, Positive Verpflichtungen, S. 197.

257 *Lagodny* in: Golsong u. a., IntKomm EMRK, Art. 2 Rn. 4.

258 *Dröge*, Positive Verpflichtungen, S. 50.

259 *Seibert-Fohr*, in: Walter u. a., Terrorism as a Challenge for National and International Law, S. 138.

260 So *Kneihs*, in: Grabenwarter/Thienel, Kontinuität und Wandel der EMRK, S. 23.

261 So *Meyer-Ladewig*, EMRK, Art. 2 Rn. 7

262 *Lagodny*, in: Golsong u. a., IntKomm EMRK, Art. 2 Rn. 4.

III. Allgemeiner Schutzanspruch

Ursprünglich sollte in Artikel 2 EMRK der Schutz des Lebens allein als Abwehrrecht gegen hoheitliche Eingriffe konzipiert werden[263]. Im Laufe der Jahre hat der Gerichtshof erkannt, dass die bloß abwehrrechtliche Konzeption der EMRK, die den Bürger vor Unterdrückung, Tyrannei und Willkür bewahren soll, den Konventionsrechten nicht die in einer modernen Gesellschaft notwendige Funktion verleihen kann[264]. Bei Verletzungen und Gefährdungen grundrechtlich geschützter Güter durch private Dritte versagt die typische Abwehrfunktion des Staates. Das gefährdete Individuum würde durch ein Unterlassen, also ein Nichthandeln des Staates, gerade nicht geschützt. Daraus ergibt sich, dass den Staat eine Schutzpflicht immer nur in Bezug auf solche Rechte treffen kann, welche ihrem natürlichen Inhalt nach durch Private überhaupt verletzbar sind[265]. Nur soweit diese Bedingung vorliegt und die Grundrechtsgefährdung nicht mehr nur vom Staat ausgeht, entsteht der Bedarf eines Schutzes durch den Staat, der über das ursprüngliche Abwehrrecht hinausgeht. Diese Voraussetzung zur Entstehung einer Schutzpflicht ist bei Artikel 2 EMRK gegeben, da Private in das Recht auf Leben eingreifen können. Hinzu kommt, dass ein Zusammenhang zwischen Schutz und Gehorsam besteht[266]. Das heißt, nur der Schutz des Lebens durch den Staat kann das Bestehen eines Gewaltmonopols des Staates und einen Verzicht privater Gewaltanwendung legitimieren[267]. Durch die Erfüllung seiner Schutzpflicht bietet der Staat seinen Bürgern einen grundrechtlichen Ausgleich für das grundsätzliche Verbot der Selbsthilfe[268].

Damit umfasst der Auftrag von Artikel 2 Absatz 1 Satz 1 EMRK an den Staat den Schutz vor Bedrohungen seitens Dritter[269]. Wie die Erfahrungen mit terroristischen Anschlägen gezeigt haben, gehört gerade die Tötung unschuldiger Zivilisten zu den terroristischen Methoden. Hier setzt die Schutzpflicht des Staates (*status positivus*) ein.

---

263 *Machacek*, EuGRZ 1983, 453, 461.

264 *Maliverni*, in: Haller u. a., FS Schindler, S. 539 f.

265 *Klein*, NJW 1989, 1633; *Dröge*, Positive Verpflichtungen, S. 241.

266 *Klein*, NJW 1989, 1633, 1636; *Isensee*, in: Franßen u. a., FS Sendler, S. 60.

267 *Klein*, NJW 1989, 1633, 1636; *Isensee*, in: Franßen u. a., FS Sendler, S. 60.

268 *Isensee*, in: Franßen u. a., FS Sendler, S. 61.

269 Ausführliche Hinweise auf die Kontroverse zur Schutzwirkung von Artikel 2 EMRK bei *Machacek*, EuGRZ 1983, 453, 461 f. Mittlerweile hat der EGMR in seiner *McCann*-Entscheidung (EGMR, Urt. v. 27.09.1995, Nr. 17/1994/464/545, *McCann u. a.*/Vereinigtes Königreich) deutlich gemacht, dass das Lebensrecht des Einzelnen auch im Verhältnis Privater untereinander zu schützen ist.

C. Die staatlichen Schutzpflichten aus Artikel 2 EMRK im Lichte der Terrorismusbekämpfung

I. Herleitung und dogmatische Begründung von Schutzpflichten

1. Die Schutzpflichten der EMRK im Allgemeinen

Zur Begründung von Schutzpflichten aus der EMRK werden verschiedene dogmatische Ansätze vertreten. Der EGMR hat in seiner Rechtsprechung positive Verpflichtungen zwar anerkannt, distanziert sich aber selbst davon, eine umfassende Dogmatik zur Lehre von den positiven Verpflichtungen zu begründen[270]. Seiner Rechtsprechung lassen sich allerdings mehrere Argumentationsstränge entnehmen: Zum Teil wird in Artikel 1 EMRK eine allgemeine Gewährleistungspflicht der Vertragsstaaten erkannt aus der sich positive Pflichten des Staates gegenüber seinen Bürgern ergeben sollen[271]. Nach dieser Auffassung begreift die Generalklausel den Staat grundsätzlich nicht nur als Verletzenden, sondern auch als Beschützer der Grundrechte. In Artikel 1 EMRK dürfte aber nur ein zusätzlicher, verstärkender Begründungsstrang zur Entstehung einer solchen Schutzpflicht zu sehen sein, da die Norm aufgrund ihres Wortlauts und mangels eigenen materiellen Gehalts nur in Verbindung mit den einzelnen Grundrechten der EMRK Wirkung entfaltet[272]. Zum Teil können die positiven Verpflichtungen einzelnen Menschenrechten immanent sein, denn einige wenige Konventionsrechte enthalten explizit positive Verpflichtungen. Der EGMR zieht häufig Artikel 1 EMRK in Verbindung mit dem jeweiligen Grundrecht zur Begründung der Schutzpflicht heran[273]. Zur Herleitung positiver Pflichten

---

270 *Szczekalla*, Die sog. grundrechtlichen Schutzpflichten, S. 712 wonach die Weigerung des EGMR, abstrakte Aussagen zu machen und generelle Theorien zu entwickeln, ein allgemeines Kennzeichen der Rechtsprechung des EGMR darstellt und nicht auf die Schutzpflichten beschränkt ist; *Streuer*, Positive Verpflichtungen, S. 191; *Blau*, ZeuS 2005, 397, 400.

271 So wurden die Entscheidungen des EGMR teilweise verstanden; vgl. dazu *Streuer*, Positive Verpflichtungen, S. 199; *Szczekalla*, Die sog. grundrechtlichen Schutzpflichten, S. 727 mit weiteren Nachweisen.

272 *Streuer*, Positive Verpflichtungen, S. 207; *Szczekalla*, Die sog. grundrechtlichen Schutzpflichten, S. 894.

273 EGMR, Urt. v. 19.02.1998, Nr. 158/1996/777/978, *Kaya*/Türkei, Z. 86; EGMR, Urt. v. 28.07.1998, Nr. 66/1997/850/1057, *Ergi*/Türkei, Z. 79. Die parallele Anwendung beider Begründungsstränge ist in der Literatur auf Kritik gestoßen, da unklar bleibe, welche Funktion der „allgemeinen Pflicht" aus Artikel 1 EMRK zukomme und

kann letztlich auch die vom EGMR praktizierte dynamische Auslegung und das Effektivitätsprinzip dienen[274].

2. *Die Schutzpflicht aus Artikel 2 Absatz 1 Satz 1 EMRK*

Die Lehre von den grundrechtlichen Schutzpflichten des Staates zentriert sich von ihren Ursprüngen bis heute in geradezu auffälliger Weise um die Frage des Schutzes von Leben[275]. Dies ergibt sich nicht zuletzt daraus, dass die Wahrung der Integrität des Lebens als selbstverständliche Voraussetzung für das Zusammenleben in der staatlichen Gemeinschaft und als allgemeinverbindliches Gebot, auch im Verhältnis der Bürger zueinander, traditionell tief im Bewusstsein nahezu jeder Rechtsordnung verwurzelt ist[276]. Zur Auslegung von Artikel 2 EMRK und damit zur Herleitung einer Schutzpflicht, kommt es in erster Linie auf den Wortlaut der Vorschrift an. Artikel 2 Absatz 1 Satz 1 EMRK lautet:

> „Das Recht jedes Menschen auf Leben wird gesetzlich geschützt."[277]

Diese Formulierung setzt, mittlerweile fast unstreitig[278], eine Pflicht des Staates zum Schutz des Lebens seiner Bürger fest. Damit ist die Herleitung einer Schutzpflicht aus Artikel 2 EMRK wenig problematisch[279]. Artikel 2 Absatz 1 Satz 1

---

dadurch ein schwer aufzulösendes Gemengelage entstehe (*Szczekalla*, Die sog. grundrechtlichen Schutzpflichten, S. 728).

274 Vgl. zu der Herleitung positiver Pflichten aus der EMRK in der Literatur *Blau*, ZeuS 2005, 397, 407 ff., *Szczekalla*, Die sog. grundrechtlichen Schutzpflichten, S. 890 ff.

275 *Dietlein*, Die Lehre von den grundrechtlichen Schutzpflichten, S. 74.

276 *Dietlein*, Die Lehre von den grundrechtlichen Schutzpflichten, S. 76 mit Verweis auf BVerfGE 49, 304, 319.

277 Die englischen und französischen Fassungen lauten: „Everyone's life should be protected by law"/"Le droit de toute personne à la vie est protégé par la loi".

278 So auch *Frowein*, in: Frowein/Peukert, EMRK, Art. 2 Rn. 7; *Lagodny*, in: Golsong u. a., IntKomm EMRK, Art. 2 Rn. 9; *Meyer-Ladewig*, EMRK, Art. 2 Rn. 7; *Alleweldt*, in: Grote/Marauhn, EMRK/GG, Kap. 10 Rn. 83; *Kopetzki*, in: Korinek, Österreichisches Bundesverfassungsrecht, EMRK, Art. 2 Rn. 64; *Grabenwarter*, EMRK, § 20 Rn. 1; *Villiger*, Handbuch EMRK, § 14 Rn. 264; *Schilling*, Internationaler Menschenrechtsschutz, § 8 Rn. 83; *Bleckmann*, in: Beyerlin u. a., FS Bernhardt, S. 310; a.A. *Partsch*, in: Bettermann u. a., Die Grundrechte I/1, S. 298.

279 Die Bedeutung der in Artikel 2 Absatz 1 Satz 1 EMRK enthaltenden Schutzpflicht kann gar nicht hoch genug bewertet werden, was sich auch daraus ergibt, dass eine Herleitung der Schutzpflichten für andere Konventionsrechte teilweise auf Artikel 2 EMRK als allgemeines Rechtsprinzip, welches sich auf die nachfolgenden Freiheiten erstreckt, gestützt wird. Aus der systematischen Stellung der Vorschrift

EMRK verlangt vom Staat, angemessene Schritte zu unternehmen, um das Leben seiner Bürger zu schützen. Der Staat muss für den Fall, dass das Individuum zur Durchsetzung seines Rechts auf Leben nicht selbstständig in der Lage ist, als Garant der Konventionsrechte, Eingriffe in den Schutzbereich durch Dritte abwehren[280]. Gerade diese Aufgabe übt ein Staat bei der Bekämpfung von Terrorismus aus, da er hier seiner allgemeinen Schutzpflicht der gesamten Bevölkerung gegenüber vor terroristischen Angriffen und damit vor Verletzungen des Rechts auf Leben als festen Bestandteil der Gewährleistung innerer Sicherheit nachkommt.

Aus dieser allgemeinen Schutzpflicht hat der EGMR eine Reihe von Pflichten herausgearbeitet, die der Staat gegenüber seinen Bürgern innehat. Insbesondere in Fällen von Terrorismusbekämpfung hatte der Gerichtshof Gelegenheit, sich über Umfang und Grenzen der sich aus Artikel 2 Absatz 1 Satz 1 EMRK ergebenden positiven Pflichten zu äußern. Hierbei ist zwischen dem primären Schutz durch gesetzliche Ge- und Verbote[281], deren (präventiv-polizeilicher) Durchsetzung als sekundären Schutz[282] und effektiver nachfolgender Untersuchung und Aufklärung bei letztlich erfolglosem oder gänzlich unterlassenem Schutz[283] zu unterscheiden.

II. Inhalt der staatlichen Schutzpflichten

Artikel 2 EMRK verpflichtet die Konventionsstaaten dazu, das Recht auf Leben aller ihrer Hoheitsgewalt unterstehenden Personen zu schützen. Wie diese Schutzpflicht im Laufe der Jahre von EKMR und EGMR ausgestaltet worden ist, wird im Folgenden dargestellt.

---

und der überragenden Bedeutung dieses Grundrechts ergebe sich ein allgemeines Rechtsprinzip (vgl. dazu *Szczekalla*, Die sog. grundrechtlichen Schutzpflichten, S. 892 mit Verweis auf *Bleckmann*, in: Beyerlin u. a., FS Bernhardt, S. 309 ff.).

280 *Bleckmann*, Beyerlin u. a., FS Bernhardt, S. 312.

281 EGMR, Urt. v. 28.10.1998, Nr. 87/1997/871/1083, *Osman*/Vereinigtes Königreich, Z. 115.

282 EGMR, Urt. v. 28.10.1998, Nr. 87/1997/871/1083, *Osman*/Vereinigtes Königreich, Z. 115: „It is common ground that the State's obligation in this respect extends beyond its primary duty to secure the right to life by putting in place effective criminal-law provisions to deter the commission of offences against the person backed up by law-enforcement machinery for the prevention, suppression and sanctioning of breaches of such provisions".

283 EGMR, Urt. v. 19.02.1998, Nr. 158/1996/777/978, *Kaya*/Türkei, Z. 92; EGMR, Urt. v. 28.07.1998, Nr. 66/1997/850/1057, *Ergi*/Türkei, Z. 82; EGMR, Urt. v. 27.07.1998, Nr. 21593/93, *Güleç*/Türkei, Z. 77; EGMR, Urt. v. 02.09.1998, Nr. 22495/93, *Yasa*/Türkei, Z. 98.

1. *Primärer Schutz: Die gesetzgeberische Schutzpflicht*

Die Pflicht des Staates, wirksame Gesetze zum Schutze des Lebens zu erlassen, ergibt sich bereits aus dem Wortlaut von Artikel 2 Absatz 1 Satz 1 EMRK. Unter dem Begriff „gesetzlich" (englisch: „by law"; französisch: „par la loi") ist dabei nicht das formelle Gesetz gemeint, sondern die Rechtsordnung im Allgemeinen[284]. Zentraler Bestandteil des Lebensschutzes nach Artikel 2 Absatz 1 Satz 1 EMRK ist die Aufstellung eines allgemeinen Tötungsverbotes durch die Konventionsstaaten[285]. Der Staat ist verpflichtet, Eingriffe Dritter in das Leben gesetzlich zu verbieten. Sich selbst braucht der Staat den Eingriff nicht erst zu verbieten, da er selbst schon unmittelbar an die EMRK gebunden ist[286].

Der Schutz des Lebens durch das Gesetz setzt eine entsprechende nationale Gesetzgebung voraus. Diese muss ein Verbot der Tötung bereits verfassungsrechtlich normieren oder – wie im Vereinigten Königreich – durch gleichwertiges Gewohnheitsrecht[287], insbesondere aber auch durch Errichtung eines funktionierenden effektiven Strafrechtssystems mit abschreckender Wirkung[288], gewährleisten[289]. Ein solcher Schutz des Lebens kann dabei nur durch eine Einschränkung der Handlungsfreiheit anderer Rechtssubjekte erreicht werden[290]. Der Gesetzgeber würde seiner Pflicht zum Lebensschutz nicht nachkommen, wenn er sich passiv auf die Gewissensbildung seiner Bürger verlassen würde oder bloß ein Beratungsangebot für mögliche Täter anböte[291]. Die gesetzgeberische Schutzpflicht ist beispielsweise verletzt, wenn Sonderregeln für die Strafverfolgung gelten, sofern die Beschuldigten Staatsorgane sind[292]. Eine Schutzpflichtverletzung ist insbesondere dann gegeben, wenn Sonderregeln vorsehen, dass

---

284 *Machacek*, EuGRZ 1983, 453, 459 f.

285 *Dröge*, Positive Verpflichtungen, S. 44; § 20 Rn. 13; *Harris*, MJ 1994, 122; *Kneihs*, in: Grabenwarter/Thiele, Kontinuität und Wandel der EMRK, S. 35; *Schilling*, Internationaler Menschenrechtsschutz, § 8 Rn. 78; *Warbrick*, ICLQ 1983, 82, 101; *Murswiek*, in: Konrad, Grundrechtsschutz, S. 217.

286 *Murswiek*, in: Konrad, Grundrechtsschutz, S. 217.

287 *Opsahl*, in: McDonald u. a., The European System for the Protection of Human Rights, S. 211.

288 *Meyer-Ladewig*, EMRK, Art. 2 Rn. 7b; *Schilling*, Internationaler Menschenrechtsschutz, § 8 Rn. 83.

289 *Dröge*, Positive Verpflichtungen, S. 70.

290 So *Opsahl*, in: McDonald u. a., The European System for the Protection of Human Rights, S. 211.

291 Beispiele nach *Lewisch*, in: Fuchs/Brandstetter, FS Platzgummer, S. 385.

292 EGMR, Urt. v. 28.03.2000, Nr. 22492/93, *Kiliç*/Türkei, Z. 72.

die Ermittlungen nicht von der Staatsanwaltschaft, sondern von Kammern weisungsabhängiger Beamter durchgeführt werden und mit der praktischen Ermittlung Polizisten betraut werden, die mit den Beschuldigten hierarchisch verbunden sind[293]. Die gesetzgeberische Schutzpflicht ist auch dann verletzt, wenn die Ermittlungsbehörden bei Anzeigen gegen Sicherheitskräfte untätig bleiben[294], weil dadurch die Wirksamkeit des Strafrechtsschutzes untergraben wird[295].

Der Staat hat somit die Pflicht, ein allgemeines Tötungsverbot aufzustellen und einen effektiven und verhältnismäßigen Schutz des Lebens zu verwirklichen, wobei der konkrete Umfang seinem Beurteilungsspielraum unterliegt. Jedenfalls muss die Verbotsnorm bestimmt genug formuliert sein, um es den Bürgern möglich zu machen, ihr Verhalten danach auszurichten[296]. Die sich aus Artikel 2 Absatz 1 Satz 1 EMRK ergebende gesetzgeberische Schutzpflicht trifft damit in erster Linie den nationalen Gesetzgeber, denn er muss ein effektives Strafrechtssystem zur Sanktionierung von Tötungen schaffen. Die Exekutive hat dabei die Pflicht, im Rahmen einer konventionskonformen Interpretation der von der Legislative begründeten Rechtsordnung aktiv für einen Schutz des Lebensrechts einzutreten[297].

2. Sekundärer Schutz: Die Verpflichtung zum effektiven Gesetzesvollzug

Zur effektiven Durchsetzung der erlassenen Rechtsnormen, gebietet es die Schutzpflicht für das Leben, nicht nur den Erlass rechtlicher Regelungen, sondern auch das Ergreifen tatsächlicher Schutzmaßnahmen gegenüber lebensbedrohenden Handlungen zu gewährleisten[298].

a) Die strafrechtliche Verfolgung von Verletzungen des Rechts auf Leben

Im Rahmen der Terrorismusbekämpfung spielt die Pflicht zur strafrechtlichen Verfolgung von Verletzungen des Rechts auf Leben eine bedeutende Rolle. Die Pflicht zur Verfolgung von Eingriffen in das Leben ergibt sich insbesondere

293 EGMR, Urt. v. 28.03.2000, Nr. 22492/93, *Kiliç*/Türkei, Z. 72.
294 EGMR, Urt. v. 28.03.2000, Nr. 22492/93, *Kiliç*/Türkei, Z. 73.
295 So EGMR, Urt. v. 28.03.2000, Nr. 22492/93, *Kiliç*/Türkei, Z. 75.
296 *Harris*, MJ 1994, 122, 123.
297 *Kneihs*, JBl 1999, 76, 82.
298 EGMR, Urt. v. 28.10.1998, Nr. 87/1997/871/1083, *Osman*/Vereinigtes Königreich, Z. 115; EGMR, Urt.v. 28.03.2000, Nr. 22492/93, *Kiliç*/Türkei, Z. 62.

aus der Pflicht, zukünftige Tötungen zu verhindern[299]. Der vom innerstaatlichen Recht gebotene Schutz muss in der Praxis wirksam umgesetzt werden und darf nicht nur in der Theorie bestehen[300]. Zu einer effektiven Durchsetzung des Rechts auf Leben gehört das Bestehen von Polizei- und Justizeinrichtungen, die sicherstellen, dass Straftaten gegen das Leben nach Möglichkeit verhütet, unterbunden und gegebenenfalls verfolgt und bestraft werden[301]. Der EGMR hat in seinem *Edwards*-Urteil entschieden, dass Artikel 2 EMRK jedenfalls ein Strafverfahren erfordere und eine nur zivilrechtliche Beurteilung des Falles der Schutzpflicht nicht gerecht werde[302]. Der EGMR hat wiederholt die Mängel des Justizsystems der Südosttürkei als nicht mit der Schutzpflicht aus Artikel 2 Absatz 1 Satz 1 EMRK in Einklang stehend kritisiert[303]. Dabei handelte es sich meist um Fälle die mit der Bekämpfung von *PKK*-Rebellen in Zusammenhang standen. Die Gerichte sind nach Ansicht des Gerichtshofes aufgrund der Einsetzung von Militärrichtern nicht unabhängig im Sinne von Artikel 6 EMRK[304]. Auch die Ermittlungsbehörden seien nicht von den Sicherheitskräften unabhängig, was sich beispielsweise darin äußere, dass der Staatsanwalt den Sicherheitskräften unkritisch Glauben schenkt[305].

Neben der Verbotspflicht wird in der Literatur teilweise eine Bestrafungspflicht aus Artikel 2 Absatz 1 Satz 1 EMRK abgeleitet[306]. Eine Rechtsordnung

---

299 *Seibert-Fohr*, in: Walter u. a., Terrorism as a Challenge for National and International Law, S. 135.

300 EGMR, Urt. v. 17.01.2002, Nr. 32967/96, *Calvelli und Ciglio*/Italien, Z. 53.

301 EGMR, Urt. v. 28.10.1998, Nr. 87/1997/871/1083, *Osman*/Vereinigtes Königreich, Z. 115; EGMR, Urt. v. 09.05.2003, Nr. 27244/95, *Tepe*/Türkei, Z. 177: „(...) as aminimum a State is under an obligation to provide a framework of law (...) to ensure the necessary structures to enforce these prohibitions, including the provision of a police force with responsibility for investigating and suppressing infringements".

302 EGMR, Urt. v. 14.03.2000, Nr. 46477/99, *Paul and Audrey Edwards*/Vereinigtes Königreich, Z. 74: „Civil proceedings, assuming that such were available to the applicants (...) which lie at the initiative of the victim's relatives, would not satisfy the State's obligation in this regard".

303 Vgl. dazu insbesondere die Fälle EGMR, Urt. v. 28.03.2000, Nr. 22535/93, *Kaya*/Türkei; EGMR, Urt. v. 28.03.2000, Nr. 22492/93, *Kiliç*/Türkei; EGMR, Urt. v. 10.10.2000, Nr. 22947/93 und 22948/93, *Akkoç*/Türkei.

304 EGMR, Urt. v. 28.03.2000, Nr. 22535/93, *Kaya*/Türkei, Z. 97.

305 EGMR, Urt. v. 28.03.2000, Nr. 22535/93, *Kaya*/Türkei, Z. 95 f.; EGMR, Urt. v. 28.03.2000, Nr. 22492/93, *Kiliç*/Türkei, Z. 72 f.; EGMR, Urt. v. 10.10.2000, Nr. 22947/93 und 22948/93, *Akkoç*/Türkei, Z. 88 f.

306 So *Lewisch*, in: Fuchs/Brandstetter, FS Platzgummer, S. 386.

ohne Strafbestimmungen gegen Totschlag und Mord sei kaum vorstellbar und das Strafrecht habe sich bis heute als wirksames Mittel zur Verhütung von Angriffen auf das Leben bewährt[307]. Gerade nach den Erfahrungen mit dem Nationalsozialismus, der den strafrechtlichen Rechtsschutz bestimmter Gruppen geradezu aufgehoben hat, erscheine eine strafrechtliche Bewehrung des Lebensschutzes geboten[308]. In Erfüllung seiner Verbotspflicht steht dem Konventionsstaat ein Beurteilungsspielraum zu, der durch das Gebot der Effektivität und durch den Grundsatz der Verhältnismäßigkeit bestimmt wird[309]. Wie dieser effektive Schutz durchzusetzen ist, sollte weitestgehend den Konventionsstaaten in ihren nationalen Rechtsordnungen überlassen werden. Die Strafgesetzgebung ist das Produkt verschiedenster Abwägungsfragen und (auch) außerrechtlicher Faktoren, wie der politischen Überzeugung und dem rechtspolitischen Anliegen des jeweiligen Konventionsstaates oder auch der Finanzlage[310]. Eine auf einen Menschenrechtsvertrag gestützte staatliche Strafpflicht kann nach *Schilling* nur bestehen, wenn sie der Erfüllung der Schutzpflicht dient, also zu diesem Zweck geeignet und erforderlich ist[311]. Der Staat wird damit zum „Sozialprognostiker"[312]. *Schilling* bejaht eine solche Erforderlichkeit in stabilen politischen Systemen, da hier die Bestrafung vergangener Taten „zur Abschreckung künftiger Taten erforderlich" sei[313].

Eine absolute Bestrafungspflicht wäre nur zu rechtfertigen, wenn sie auf einen gefestigten gemeinsamen Konsens aller Konventionsstaaten, dass bestimmten Verhaltensweisen nur mit dem Strafgesetz, nicht aber mit anderen rechtlichen Mitteln, begegnet werden kann, zurückgeführt werden könnte[314]. Eine gemeinsame Rechtskultur aller Konventionsstaaten in dieser Absolutheit wird aber nur

---

307 *Kneihs*, JBl 1999, 76, 80 der auch auf den Fall *X und Y*/Niederlande (EGMR, Urt. v. 26.03.1985, Nr. 8978/80) verweist, aus dem abzuleiten sei, dass sich grundrechtliche Schutzpflichten zu einer Verpflichtung verdichten können, mit den Mitteln des Strafrechts gegen den Störer vorgehen zu müssen, wenn sich Schutzlücken aus dem Fehlen einer spezifischen Strafbestimmung, vor dem Hintergrund eines ansonsten dicht geflochtenen Strafrechtssystems, ergeben.

308 *Lewisch*, in: Fuchs/Brandstetter, FS Platzgummer, S. 386.

309 EGMR, Urt. v. 04.05.2001, Nr. 24746/94, *Hugh Jordan*/Vereinigtes Königreich, Z. 104; *Harris*, MJ 1994, 122 f.

310 *Tretter*, in: Ermacora u. a., EMRK, Art. 2, S. 114; *Machacek*, EuGRZ 1983, 453, 462.

311 *Schilling*, Internationaler Menschenrechtsschutz, § 8 Rn. 85.

312 So *Grimm*, JBl 1976, 74, 79.

313 *Schilling*, Internationaler Menschenrechtsschutz, § 8 Rn. 85.

314 *Machacek*, EuGRZ 1983, 453, 463.

schwer zu finden sein[315]. Dass die Konventionsstaaten nicht dazu verpflichtet sein können, jede Tötung unter Strafe zu stellen, zeigt auch Artikel 2 Absatz 2 EMRK, der erlaubte Ausnahmen vom Tötungsverbot normiert. Es macht in Hinblick auf den Grundsatz der Verhältnismäßigkeit einen Unterschied, ob beispielsweise eine fahrlässige Tötung im Straßenverkehr oder ein vorsätzlicher Mord zu beurteilen ist[316]. Vorsätzliche Tötungen müssen, es sei denn sie sind ausnahmsweise nach Artikel 2 Absatz 2 EMRK erlaubt, für strafbar erklärt werden[317] und mit angemessenen Strafen belegt werden[318]. Das bedeutet, dass terroristische Taten mit dem Vorsatz zur Verletzung des Lebens[319], eine Bestrafungspflicht des Konventionsstaates aus Artikel 2 Absatz 1 Satz 1 EMRK auslösen. Die Bestrafung von fahrlässigen Tötungen hingegen wird von Artikel 2 EMRK zwar nicht in jedem Fall gefordert sein, wohl aber in den Fällen, in denen die behördliche Missachtung deutlich erkennbarer Gefahren zu schwerwiegenden Folgen geführt hat[320]. Der Gerichtshof hat im Jahre 2002 in zwei Urteilen bestätigt, dass die Verfolgung von Todesfällen im Rahmen von Zivil- oder Disziplinarverfahren ausreichend ist, wenn es sich um fahrlässige Tötungen handelt[321]. Diese Entscheidungen wurden in einem abweichenden Sondervotum[322] zur *Calvelli und Ciglio*-Entscheidung der Richter *Rozakis*, *Bonello* und *Straznicka* stark kritisiert. In dem Sondervotum wird vorgetragen, dass strafrechtliche Ermittlungen in der Regel zu umfassenderen Ermittlungen führten. Zudem sei es oft erst nach Aufnahme strafrechtlicher Ermittlungen möglich, festzustellen, ob eine Tötung fahrlässig oder vorsätzlich erfolgt sei. Ferner bestehe die Gefahr, dass es durch die bloße Durchführung von Zivilverfahren zu einer „Privatisierung" des Lebensrechts aus Artikel 2 EMRK komme. Diese Kritik ist nicht ganz von der Hand zu weisen. Im deutschen Zivilverfahren beispielsweise gilt nicht der Amtsermittlungsgrundsatz, so dass die Sachverhaltsermittlung nicht im selben Maße gewährleistet wird, wie

315 *Opsahl*, in: McDonald u. a., The European System for the Protection of Human Rights, S. 211.

316 *Harris*, MJ 1994, 122, 123.

317 So u.a. *Grabenwarter*, EMRK, § 20 Rn. 13; Harris, MJ 1994, 122, 123.

318 EGMR, Urt. v. 28.10.1998, Nr. 87/1997/871/1083, *Osman*/Vereinigtes Königreich, Z. 115.

319 Vgl. Kapitel 2 A. IV. 1.

320 EGMR, Urt. v. 17.01.2002, Nr. 32967/96, *Calvelli und Ciglio*/Italien, Z. 51.

321 EGMR, Urt. v. 17.01.2002, Nr. 32967/96, *Calvelli und Ciglio*/Italien, Z. 51; EGMR, Urt. v. 24.10.2002, Nr. 37703/97, *Mastromatteo*/Italien, Z. 90.

322 Das Sondervotum ist im Anschluss an die Entscheidung EGMR, Urt. v. 17.01.2002, Nr. 32967/96, *Calvelli und Ciglio*/Italien abgedruckt.

sie das in einem Strafverfahren würde. Trotzdem sind Abstufungen nach dem Grad der Verwerflichkeit und die Schaffung von Fahrlässigkeitsvarianten und Vorsatz-Fahrlässigkeitskombinationen durchaus zulässig[323]. Bei der Erörterung der Frage, ob Artikel 2 EMRK eine generelle Bestrafungspflicht beinhaltet, darf auch nicht der Zweck internationaler Menschenrechte verkannt werden. Dieser besteht nämlich nicht in der Bestrafung der Täter, sondern in dem Schutz der Opfer und dem Ersatz ihrer Schäden[324]. Eine Strafpflicht des Staates wird sich deswegen wohl nur in bestimmten Fällen, wie die terroristischer Attentate, die aufgrund der Schwere der Taten in jedem Fall strafrechtlich zu sanktionieren sind, begründen lassen können[325]. Schwieriger ist die Beurteilung der Strafpflicht von Tötungen durch den Staat im Rahmen der Terrorismusbekämpfung. Die konkrete Ausgestaltung bleibt ihm insoweit jedoch überlassen.

Die Konvention schreibt nicht generell vor, ob das Tötungsverbot strafrechtlich oder zivilrechtlich abzusichern ist, oder welche konkreten Handlungen straf- oder zivilrechtlich zu sanktionieren sind. Dieser Meinung ist auch die EKMR, die sogar eine Amnestie als gerechtfertigt anerkannt hat, wenn diese auf besonderen Gründen beruht und keine Praxis darstellt, welche die Bestrafung von Mord generell zu verhindern versucht[326]. In so genannten „Dissappearance“-Fällen, die beispielsweise regelmäßig bei der Terrorismusbekämpfung im Kaukasus stattfinden, ist eine Beschränkung auf den Zivilrechtsweg allerdings ungenügend. Ein Zivilgericht ist nach Ansicht des EGMR nicht im gleichen Maße dazu in der Lage wie ein Strafgericht, unabhängige Untersuchungen vorzunehmen und bedeutende Erkenntnisse über die Umstände einer Entführung oder eines sonstigen Verschwindens zu gewinnen[327]. Entscheidend ist letztlich, dass der nationale Gesetzgeber eine sachgemäße Regelung findet, die dem zentralen Wert des Lebens in angemessener Weise Rechnung trägt.

---

323 *Lewisch*, in: Fuchs/Brandstetter, FS Platzgummer, S. 387.

324 AGMR, Urt. v. 29.07.1988, Ser. C, *Velàsquez Rodriguez*/Honduras, Z. 134: „ The objective of international human rights law is not to punish those individuals who are guilty of violations, but rather to protect the victims and to provide for the reparation of damages resulting from the acts of the States responsible.“ Diese Rechtsprechung lässt sich auf Art. 2 EMRK übertragen.

325 So auch *Kneihs*, in: Grabenwarter/Thienel, Kontinuität und Wandel der EMRK, S. 35.

326 EKMR, Ents. v. 02.09.1991, Nr. 16734/90, *Dujardin u. a.*/Frankreich.

327 EGMR, Urt. v. 24.02.2005, Nrn. 57942/00 und 57945/00, *Khashiyev und Akayeva*/Russland, Z. 119-121; EGMR, Urt. v. 12.10.2006, Nr. 60272/00, *Estamirov u. a.*/Russland, Z. 77; EGMR, Urt. v. 18.09.2008, Nr. 23286/04, *Takhayeva u. a.*/Russland, Z. 60.

Besonders bei terroristischen Attentaten kommt der strafrechtlichen Verfolgung eine besondere Bedeutung zu. Bei der Verfolgung von terroristischen Organisationen ist der Staat in seiner elementaren friedensstiftenden Funktion gefragt, da ansonsten Selbstjustiz droht[328]. Das bedeutet, dass nicht nur der Rechtsweg zu den Strafgerichten eröffnet sein muss, sondern, dass die Gerichte die Verfahren auch tatsächlich betreiben müssen. So wurden speziell in Spanien immer wieder Vorwürfe gegen Richter erhoben, sie würden aus Angst vor Terrororganisationen Prozesse verschleppen und vergleichsweise milde Strafen verhängen[329].

b) Die präventiven Schutzmaßnahmen

Aus Artikel 2 EMRK kann sich zudem die Verpflichtung ergeben, vorbeugende Schutzmaßnahmen für Personen, dessen Leben durch Straftaten anderer bedroht ist, zu ergreifen. Allerdings kann angesichts der Schwierigkeiten, moderne Gesellschaften polizeilich zu schützen, der Unvorhersehbarkeit menschlichen Verhaltens und der Ressourcenknappheit der Sicherheitsbehörden kein bedingungsloser Schutz des Lebens gewährleistet werden, der die Bürger vor jeder möglichen Gefahrenlage schützt. Dies haben die EKMR und der EGMR auch für den Schutz der Bürger vor terroristischen Akten festgestellt.

Im Fall *X./Irland*[330] war der Beschwerdeführer Überlebender eines Mordanschlags der *IRA* im Jahr 1969. Aufgrund seiner Zeugenaussagen konnte es zur Verhaftung einer der Täter kommen, zwei weitere Täter konnten allerdings nicht ermittelt werden. Er erhielt für die folgenden drei Jahre Personenschutz durch die irische Polizei. Nach Beendigung der Sicherheitsmaßnahme 1973 befand sich der Beschwerdeführer in großer Angst um sein Leben. Diese Angst wurde ihm auch durch Aussagen von Verwaltungsbehörden bestätigt, woraufhin er sich dazu entschied, vorsorglich von seiner Familie getrennt zu leben. Der Beschwerdeführer war der Ansicht, dass die Verweigerung weiteren Personenschutzes durch die Polizei eine Verletzung von Artikel 2 Absatz 1 EMRK darstellt. Anlässlich dieses Falles hat die EKMR deutlich gemacht, dass Artikel 2 EMRK nicht dahingehend interpretiert werden kann, dass ein solcher Personenschutz auf unbestimmte Zeit gewährt werden muss[331]. Vielmehr dürfe dem

---

328 *Szczekalla*, Die sog. grundrechtlichen Schutzpflichten, S. 947.

329 *Bernecker*, in: Spillmann/Wenger, Zeitgeschichtliche Hintergründe aktueller Konflikte VIII, S. 230.

330 EKMR, Ents. v. 20.07.1973, Nr. 6040/73, *X.*/Irland.

331 EKMR, Ents. v. 20.07.1973, Nr. 6040/73, *X.*/Irland, Z. 1.

Staat keine unmögliche oder unverhältnismäßige Last auferlegt werden. Hierin liegt ein zentrales Problem des Menschenrechtsschutzes: Der Staat kann nicht jeden Einzelnen vor allen existierenden Lebensgefahren schützen. Würde man jedem bedrohten Bürger individuellen Schutz zukommen lassen, stieße der Staat schnell an die Grenzen seiner logistischen Kapazitäten[332].

Zahlreiche Hinterbliebene der Opfer terroristischer Anschläge aus Nordirland machten 1981 vor der EKMR das Vereinigte Königreich für Morde durch Terroristen mit der Begründung verantwortlich, die staatlichen Maßnahmen zum Schutze des Lebens seien unzureichend gewesen[333]. Die EKMR verwies darauf, dass die Zahl der Streitkräfte in Nordirland von 4000 auf 10000 Mann erhöht wurde und bereits Hunderte von Angehörigen der Streit- und Sicherheitskräfte in den letzten zwölf Jahren im Kampf gegen den Terrorismus zu Tode gekommen seien. Damit habe das Vereinigte Königreich alles nach Artikel 2 Absatz 1 EMRK Erforderliche zum Schutze des Lebens getan. Artikel 2 EMRK stellt keine durch den Staat gewährleistete Lebensversicherung dar[334]. Für eine Verpflichtung des Staates zu präventiven Maßnahmen ist es erforderlich, dass die Behörden das Bestehen eines von einer bestimmten Person oder Personengruppe ausgehenden realen und unmittelbaren Risikos für das Leben durch strafbare Handlungen Dritter kannten oder kennen mussten[335]. Grobe Fahrlässigkeit ist zur Begründung der Pflicht des Lebensschutzes seitens des Staates allerdings nicht erforderlich[336]. Besteht ein solches Risiko, ist der Staat unverzüglich dazu verpflichtet, alle Schritte im Rahmen seiner Befugnisse zum Lebensschutz zu unternehmen, die vernünftigerweise von ihm erwartet werden können[337].

Diese Rechtsprechung macht deutlich, dass auch potenzielle Lebensgefährdungen die Schutzpflicht aus Artikel 2 Absatz 1 EMRK auslösen können, sofern eine Bedrohung des Lebens mit Wahrscheinlichkeit erwartet werden kann[338]. In

---

332 *Klugmann*, EMRK und antiterroristische Maßnahmen, S. 78.

333 EKMR, Ents. v. 28.02.1983, Nr. 9348/81, *W.*/Vereinigtes Königreich; EKMR, Ents. v. 04.03.1985, *M.*/Vereinigtes Königreich.

334 So die Formulierung von *Opsahl*, in: McDonald u. a., The European System for the Protection of Human Rights, S. 211.

335 EGMR, Urt. v. 28.10.1998, Nr. 87/1997/871/1083, *Osman*/Vereinigtes Königreich, Z. 115 f.; *Alleweldt*, in: Grote/Maurahn, EMRK/GG, Kap. 10 Rn. 93; *Meyer-Ladewig*, EMRK, Art. 2 Rn. 7c.

336 EGMR, Urt. v. 28.10.1998, Nr. 87/1997/871/1083, *Osman*/Vereinigtes Königreich, Z. 116.

337 EGMR, Urt. v. 28.10.1998, Nr. 87/1997/871/1083, *Osman*/Vereinigtes Königreich, Z. 116; EGMR, Urt. v. 19.02.1998, Nr. 158/1996/777/978, *Kaya*/Türkei, Z. 86.

338 So auch *Kneihs*, JBl 1999, 76, 81.

einer anderen Entscheidung stellte der Gerichtshof explizit fest, dass der Staat dazu verpflichtet ist, vermeidbare Lebensgefährdungen zu verhindern[339]. Dass es in diesem Urteil um eine nach Ansicht der Beschwerdeführer durch nukleare Strahlen hervorgerufene Leukämieerkrankung ging, macht deutlich, dass es auf die Intentionalität der Lebensgefährdung nicht ankommt, sondern, dass der Staat auch Schutz vor ungewollten Bedrohungen des Lebens gewähren muss. Nicht erfasst sind dagegen Bedrohungen der körperlichen Unversehrtheit oder Gesundheit, die keine Lebensgefährdung verursachen[340].

Im Fall *Ali und Achmet Osman* war ein minderjähriger Schüler von seinem Lehrer bedrängt und belästigt worden. Als der Junge seine Annäherungen nicht erwiderte, sprach der Lehrer vereinzelte Drohungen gegen ihn und ihm nahe stehende Personen aus. Die Familie beschwerte sich bei der Polizei über die Besessenheit des Lehrers von ihrem Sohn. Der Lehrer wurde von einem Psychologen zunächst als arbeitsfähig eingestuft, später wurde er aber entlassen. Nach Ansicht der Polizei lagen keine ausreichenden Beweise gegen den Lehrer vor, so dass keine präventiven Schritte gegen diesen unternommen wurden. Später eskalierte die Situation und der Lehrer schoss auf seinen Schüler und dessen Vater, wobei der Vater tödlich verletzt wurde und der Sohn schwere Verletzungen davontrug. Trotz einiger tätlicher Angriffe vandalistischer Art gegen die Familie *Osman* wurde der Lehrer vor der Tat nicht als gefährlich eingestuft, zumindest nicht als so gefährlich, dass er *Achmet Osman* gewalttätig oder gar lebensgefährlich angreifen könnte[341]. Die vom Gerichtshof geforderte ernsthafte und unmittelbare Gefahr, die den staatlichen Behörden bekannt war oder bekannt sein musste, wurde hier abgelehnt. Es konnte nicht nachgewiesen werden, ob und ab welchem Zeitpunkt die Polizei hätte wissen müssen, dass eine akute Lebensgefahr für die Opfer bestand. Damit ging die Schutzpflicht des britischen Staates in diesem Fall nicht so weit, dass eine Verpflichtung zu präventiven Schutzmaßnahmen entstanden ist, so dass auch keine Verletzung von Artikel 2 EMRK durch den EGMR festgestellt werden konnte. Der Gerichtshof wies in diesem Zusammenhang erneut darauf hin, dass von den Behörden keine unmöglichen oder unverhältnismäßigen Maßnahmen verlangt werden dürften[342].

339 EGMR, Urt. v. 09.06.1998, Nr. 14/1997/798/1001, *L.C.B.*/Vereinigtes Königreich, Z. 36.

340 So *Kneihs*, JBl 1999, 76, 81.

341 EGMR, Urt. v. 28.10.1998, Nr. 87/1997/871/1083, *Osman*/Vereinigtes Königreich, Z. 119.

342 EGMR, Urt. v. 28.10.1998, Nr. 87/1997/871/1083, *Osman*/Vereinigtes Königreich, Z. 116.

Zudem argumentierte der EGMR, die Polizei müsse ihrer Pflicht zu präventiven Maßnahmen in einer solchen Weise nachkommen, die mit den Rechten und Freiheiten Anderer vereinbar sei[343]. In diesem Fall konnte der Polizei nach Auffassung des Gerichtshofes kein Vorwurf gemacht werden, dass sie der Unschuldsvermutung Vorrang gegeben und den späteren Täter deswegen nicht in Haft genommen hatte[344]. Damit haben sich die staatlichen Stellen nach Ansicht des EGMR auf der Grundlage ihres Kenntnisstandes angemessen verhalten.

In der Entscheidung zu *Mahmut Kaya*[345] war der Beschwerdeführer der Bruder eines Arztes, der im Verdacht stand, verwundete Kämpfer der *PKK* zu behandeln. Dieser war entführt und getötet worden, wobei zumindest Indizien dafür vorlagen, dass die Tötung durch türkische Staatsorgane begangen wurde. Dies konnte der EGMR jedoch anhand der Aktenlage nicht für eindeutig erwiesen ansehen. Allerdings hatten Zeugen ausgesagt, dass die Entführer mit *Mahmut Kaya* eine weite Strecke im Auto zurückgelegt und dabei mehrere Polizeikontrollen passiert hatten, so dass es erkennbare Anzeichen dafür gab, dass die Tötung zumindest mit Wissen oder Billigung der türkischen Sicherheitskräfte stattgefunden hat. Hinzu kam, dass es in diesem Zeitraum (1992 bis 1994) zu einer Reihe ungeklärter Tötungen von Personen gekommen war, bei denen vermutet wurde, dass sie die *PKK* unterstützten. In diesem Fall hat der EGMR eine Verletzung von Artikel 2 EMRK festgestellt, weil keine hinreichenden Maßnahmen zum Schutz des Betroffenen unternommen wurden, obwohl ein reales und unmittelbares Risiko den Behörden zumindest hätte bekannt sein müssen[346].

Ähnlich lag der Fall des Journalisten einer prokurdischen Zeitung *Kemal Kiliç*. Dieser hatte aufgrund seiner beruflichen Tätigkeit nach eigenen Angaben Todesdrohungen erhalten und sich daraufhin – erfolglos – an den Gouverneur von Sanliurfa mit der Bitte um persönlichen Schutz gewandt. Zwei Monate später wurde *Kemal Kiliç* Opfer eines Mordes. Das Argument der Regierung, der Staat habe keinerlei Möglichkeiten gehabt, diesen Mord zu verhindern, konnte den Gerichtshof nicht überzeugen[347]. Hier lag nach Ansicht des EGMR vielmehr eine ernsthafte und unmittelbare Gefahr für den Betroffenen vor, die dem Staat

---

343 EGMR, Urt. v. 28.10.1998, Nr. 87/1997/871/1083, *Osman*/Vereinigtes Königreich, Z. 121.

344 EGMR, Urt. v. 28.10.1998, Nr. 87/1997/871/1083, *Osman*/Vereinigtes Königreich, Z. 121.

345 EGMR, Urt. v. 28.03.2000, Nr. 22535/93, *Kaya*/Türkei.

346 EGMR, Urt. v. 28.03.2000, Nr. 22535/93, *Kaya*/Türkei, Z. 86.

347 EGMR, Urt.v. 28.03.2000, Nr. 22492/93, *Kiliç*/Türkei, Z. 76.

unzweifelhaft bekannt war[348]. Unabhängig von dem Antrag von *Kemal Kiliç* auf Personenschutz, war es den zahlreichen Sicherheitskräften, die sich zu diesem Zeitpunkt im Südosten der Türkei aufhielten, bewusst, dass die Mitarbeiter der prokurdischen Zeitung *Özgür Gündem*, zu denen der Betroffene zählte, bereits mehrere Male attackiert worden waren. Sie waren Opfer einer Kampagne, die vom Staat toleriert wurde und damit einer besonderen Gefährdung ausgesetzt[349]. Nach Ansicht des EGMR ist der mangelnde präventive Schutz des Lebens im Südosten der Türkei nicht mehr mit den Anforderungen an einen demokratischen Rechtsstaat, in dem Menschenrechte und Freiheiten der EMRK Verbindlichkeit haben, zu vereinbaren[350]. Hier bestünde dringender Bedarf den präventiven Lebensschutz ernst zu nehmen und effektiv zu gewährleisten.

Gemeinsam ist diesen Fällen, dass trotz einer Verpflichtung der staatlichen Stellen keine Schutzmaßnahmen ergriffen wurden und der an sich vorhandene strafrechtliche Schutz in der Praxis nicht greifen konnte. Damit ist zwar der primäre Schutz in Form von Gesetzen gegeben, der sekundäre Schutz, der gewährleisten soll, dass diese Gesetze wirksam umgesetzt werden, versagt allerdings. Dies stellt eine Verletzung von Artikel 2 Absatz 1 Satz 1 EMRK dar. In der Rechtsprechung des EGMR wird die Tendenz deutlich, dass dem Staat hinsichtlich des präventiven Schutzes des Lebens nicht zu weit reichende Maßnahmen aufgebürdet werden können. Daher sind die Anforderungen an die Voraussetzungen für die Entstehung einer präventiven Schutzpflicht, insbesondere die Einschätzung und Vorhersehbarkeit der Verletzung, besonders streng.

Die Verpflichtung, Schutzmaßnahmen für Personen zu treffen, kann insbesondere bei Gefangenen bestehen[351]. Bei Personen, die sich im Gewahrsam des Staates befinden, gilt stets ein besonders hohes Maß an Sorgfaltspflichten[352]. Die besondere Verantwortung des Staates resultiert aus der verletzlichen Lage der Gefangenen, die möglichen Lebensgefahren nicht ausweichen können[353]. Im Fall *Paul und Audrey Edwards* wurde der Sohn der Beschwerdeführer in Haft von einem gefährlichen psychisch-kranken Mithäftling getötet. Die Verletzung von Artikel 2 EMRK ergab sich hier nach Ansicht des EGMR daraus, dass die zuständigen Polizei- und Justizbehörden der Gefängnisverwaltung nicht die hohe

---

348 EGMR, Urt.v. 28.03.2000, Nr. 22492/93, *Kiliç*/Türkei, Z. 66.
349 EGMR, Urt.v. 28.03.2000, Nr. 22492/93, *Kiliç*/Türkei, Z. 66.
350 EGMR, Urt.v. 28.03.2000, Nr. 22492/93, *Kiliç*/Türkei, Z. 75.
351 *Meyer-Ladewig*, EMRK, Art. 2 Rn. 7d.
352 *Heintschel von Heinegg*, Casebook Völkerrecht Rn. 1075.
353 EGMR, Urt. v. 14.03.2002, Nr. 46477/99, *Paul and Audrey Edwards*/Vereinigtes Königreich, Z. 56.

Gefährlichkeit des Gefangenen mitgeteilt hatten und die Eingangsuntersuchung im Gefängnis zu oberflächlich abgelaufen war[354]. Damit hat der Gerichtshof eine umfassende präventive Schutzpflicht des Staates gegenüber inhaftierten Personen statuiert, tödliche Angriffe durch Dritte zu verhindern.

c) Die Organisationspflichten

Zu den präventiven Schutzpflichten des Staates zählen auch die Organisationspflichten. Bereits im Vorfeld der eine Schutzpflicht begründenden Situation müssen sich die verantwortlichen Staatsorgane bei der Organisation, Planung, Beurteilung und Bewertung an den Maßstab der im Verkehr erforderlichen Sorgfalt halten, da auf dieser Grundlage Entscheidungen bezüglich Inhalt und Umfang der konkreten Pflichten getroffen werden.

Wegweisend für die Entwicklung von präventiven Organisationspflichten war die Entscheidung *Daniel McCann u.a.*/Vereinigtes Königreich[355]. Die Beschwerdeführer waren die Vertreter von *Daniel McCann*, *Mairead Farell* und *Sean Savage*, die von Angehörigen der britischen Eliteeinheit *Special Air Services* (*SAS*), einem Regiment der britischen Streitkräfte, erschossen worden waren. Bei den drei Opfern handelte es sich um aktive Mitglieder der *IRA*, die allesamt wegen diverser terroristischer Akte vorbestraft waren. Mit der Entsendung einer derartigen Spezialtruppe verfolgte das Vereinigte Königreich das politische Ziel, allen am Terror beteiligten Gruppierungen seine Entschlossenheit zu demonstrieren, mit aller Härte gegen Terrorismus vorzugehen[356]. Dem britischen Geheimdienst lagen in diesem Fall konkrete Informationen vor, welche diesen zu der Annahme führten, dass eine *IRA*-Einheit ein Attentat mit einer Autobombe, möglicherweise mit Fernzündung, gegen ein militärisches Ziel in Gibraltar plane. Die Behörden in Spanien und Gibraltar waren ebenfalls über diesen Verdacht informiert. Am 6. März 1988 überschritten die drei *IRA*-Mitglieder *McCann, Farrell* und *Savage* die Grenze zwischen Spanien und Gibraltar und wurden seitdem von Sicherheitskräften, darunter Soldaten der *SAS*, überwacht. Während dieser Observation wurde *Savage* dabei beobachtet, wie er ein Auto an einem Platz in Gibraltar parkte. *Farrell* und *McCann* wurden später mit *Savage* gesehen, wie sie diesen Platz beobachteten. Ein Bombenexperte erklärte nach einer kursorischen visuellen Überprüfung, nachdem die drei *IRA*-Mitglieder den Platz verlassen

---

354 EGMR, Urt. v. 14.03.2002, Nr. 46477/99, *Paul and Audrey Edwards*/Vereinigtes Königreich, Z. 59 ff.

355 EGMR Urt. v. 27.09.1995, Nr. 17/1994/464/545, *McCann u.a.*/Vereinigtes Königreich.

356 *Klugmann*, Antiterroristische Maßnahmen und EMRK, S. 59.

hatten, es könne sich in dem geparkten Kraftfahrzeug eine Bombe befinden. Daraufhin wurde entschieden, die drei Personen festzunehmen. Zu diesem Zweck wurde die Leitung der Operation von der Polizei von Gibraltar an den Kommandanten der *SAS* Soldaten übergeben. In der Folge trennte sich *Savage* von *Farrell* und *McCann*. Als *Farrell* und *McCann* von einem der Soldaten mit vorgehaltener Pistole dazu aufgefordert wurden, stehen zu bleiben, eskalierte die Situation: In der Annahme, die beiden wollten eine Fernzündung zur Detonation der Bombe betätigen, feuerten die Soldaten mehrere Schüsse aus kurzer Entfernung ab und töteten beide. *Savage* starb kurze Zeit später unter ähnlichen Umständen. Die spätere Untersuchung ergab, dass sich an den Leichen der drei Verdächtigen keine Waffen oder Zündvorrichtungen befanden. Auch das Auto enthielt keinerlei Zündvorrichtungen und keine Bombe. Kurze Zeit später fand die spanische Polizei in Marbella allerdings ein von *Farrell* unter falschem Namen gemietetes Auto mit 64 kg Semtex Sprengstoff und zwei angebrachten Zeitzündern.

Zwar ging es in diesem Fall nicht unmittelbar um eine positive Verpflichtung des Staates, da staatliche Sicherheitskräfte und nicht private Dritte die Betroffenen getötet haben. Doch auch wenn sich dieses Urteil in erster Linie mit der Frage der Verhältnismäßigkeit der Tötung und weniger mit einer Schutzpflicht beschäftigte, ist an dieser Stelle näher auf dieses Urteil einzugehen, da die Frage der Verhältnismäßigkeit und damit der Rechtmäßigkeit der Tötung von den präventiven Schutzmaßnahmen und der Organisation der gesamten Operation abhängt.

Der EGMR[357] beanstandete die unzureichende Organisation und Planung der Operation, insbesondere die Tatsache, dass die tödlichen Schüsse angesichts der Ausbildung der *SAS*, deren Training auf den Einsatz von Gewalt und den finalen Todesschuss gerichtet sei, eine Gewaltanwendung quasi unvermeidlich machte[358]. Die mangelnde Sorgfalt bei der Kontrolle und Organisation der Festnahmeoperation wird nach Ansicht des Gerichtshofes auch daran deutlich, dass den Soldaten das Maß an Vorsicht beim Gebrauch der Schusswaffen fehlte, das von Exekutivorganen in einer demokratischen Gesellschaft selbst gegenüber mutmaßlichen Terroristen erwartet werden könnte[359]. Das Verhalten steht nach Ansicht des EGMR im augenfälligen Gegensatz zu dem Sorgfaltsmaßstab, der sich

---

357 Im Gegensatz zur Entscheidung der Kommission, vgl. EKMR, Ents. v. 03.09.1993, Nr. 18984/91, *McCann u. a.*/Vereinigtes Königreich.

358 EGMR Urt. v. 27.09.1995, Nr. 17/1994/464/545, *McCann u.a.*/Vereinigtes Königreich, Z. 205 und 211.

359 EGMR Urt. v. 27.09.1995, Nr. 17/1994/464/545, *McCann u.a.*/Vereinigtes Königreich, Z. 212.

aus den Regeln für den Gebrauch von Feuerwaffen durch die Polizei ergebe, die den beteiligten Staatsorganen zur Kenntnis gebracht worden seien und welche die Verantwortung des einzelnen Beamten im Lichte der im Augenblick des Einsatzes herrschenden Bedingungen betone. Zudem stellten sich einige der Einschätzungen und Bewertungen der Sicherheitsbehörden als falsch heraus, auch wenn sich die Situation hypothetisch durchaus im Sinne dieser Vorstellungen hätte ereignen können. Denn die Tatsache, dass das Fahrzeug zwei Tage vor dem angenommenen Datum des Anschlags an der erwarteten Stelle abgestellt worden war, bewirkte keine neue Einschätzung der Gefahr, geschweige denn, dass der Verdacht auf eine Autobombe eine Evakuierung des Platzes ausgelöst hätte. Die Behörden hatten es unterlassen, einen ausreichenden Spielraum für die Möglichkeit einzuräumen, dass ihre nachrichtendienstlichen Einschätzungen in verschiedener Hinsicht zumindest irrig sein könnten, so wie es letztendlich auch der Fall war. Bei der Planung der gesamten behördlichen Aktion sei die Möglichkeit, dass auf Seiten der Zivilbevölkerung keine unmittelbare Gefahr für das Leben bestand, nicht hinreichend in Erwägung gezogen worden[360]. Die Annahme eines „worst-case-scenarios" entsprach möglicherweise dem maximalen Schutz der Bevölkerung, stellte aber eine Missachtung des Rechts auf Leben der vermeintlichen Täter dar. Der Gerichtshof stellte damit fest, dass der präventive Schutz nicht in dem Sinne maximal sein könne, dass er auf der einen Seite zwar jedes Risiko (für die Bevölkerung) ausschalte, auf der anderen Seite aber auch zwingend zu einer Verletzung des Rechts auf Leben der Verdächtigen führe. Der positiven Verpflichtung des Staates zur vorherigen Sachverhaltsaufklärung ist nach Ansicht des EGMR in diesem Fall nicht nachgekommen worden, da bei einer besseren Planung und Organisation der Maßnahme für das Vereinigte Königreich erkennbar gewesen wäre, dass die Verdächtigen in dem entscheidenden Moment keinen Anschlag verüben wollten. Der Gerichtshof kritisierte auch, dass die drei Opfer, obwohl sie von den Behörden als gefährliche Terroristen eingestuft wurden, nicht schon an der Einreise nach Gibraltar gehindert worden waren, obwohl dies den Behörden ohne weiteres möglich gewesen wäre[361]. Dies verwundert insbesondere vor dem Hintergrund, dass die Behörden offensichtlich ein „worst-case-scenario" angenommen haben. Das Gewähren der Einreise wurde damit begründet, dass ansonsten die Gefahr bestanden hätte, keine hinreichenden Beweise für eine Festnahme der Verdächtigen und der

360 EGMR Urt. v. 27.09.1995, Nr. 17/1994/464/545, *McCann u.a.*/Vereinigtes Königreich, Z. 213.

361 EGMR Urt. v. 27.09.1995, Nr. 17/1994/464/545, *McCann u.a.*/Vereinigtes Königreich, Z. 205.

Durchführung eines Strafverfahrens sicherstellen zu können. Der Gerichtshof wies diese Argumentation zurück, weil der Schutz des Lebens der Bevölkerung von Gibraltar höherrangig gewesen sei als das Ziel, die Terroristen festzunehmen[362]. Die Behörden hätten demnach trotz des Risikos, dass eine Festnahme am Mangel tauglicher Beweise gescheitert wäre, schon im Vorfeld die Einreise der drei Verdächtigen nach Gibraltar verhindern müssen, um ihrer Pflicht aus Artikel 2 Absatz 1 EMRK nachzukommen. Insgesamt erkannte der EGMR mit einer knappen Mehrheit von zehn zu neun Stimmen in dieser Vorgehensweise, sowohl in Hinblick auf den Schutz der Zivilbevölkerung, als auch hinsichtlich des Schutzes der Verdächtigen selbst, eine den Vorgaben des Artikel 2 EMRK nicht mehr entsprechende Vorgehensweise[363].

Diese Entscheidung stellt eine Abkehr von der bis dato gängigen Praxis von EKMR und EGMR dar. Noch im Fall *John Kelly*[364] gegen das Vereinigte Königreich war die Tatsachenfrage, ob sich die Soldaten sicher sein konnten, dass sie es mit Terroristen zu tun haben, kaum Gegenstand der Prüfung. Die Bewertung der Planung und Organisation durch den Gerichtshof ist allerdings nicht nur auf Zustimmung gestoßen. Kritisiert wurde insbesondere, dass die Möglichkeiten der Behörden, eine solche Operation nahezu perfekt zu planen, nicht überschätzt werden dürften, da die Sicherheitsbehörden zum Zeitpunkt der Planung ihre Entscheidungen nur aufgrund unvollständiger Informationen treffen konnten[365].

Eine präventive Organisationspflicht wurde in der Folgezeit erstmals explizit im Fall *Andronicou und Constantinou*/Zypern[366] angenommen, wobei sich der Gerichtshof hier im Gegensatz zur EKMR[367] gegen eine Verletzung von Artikel 2 EMRK entschied, da die Behörden nach seiner Ansicht die notwendigen Sicherheitsvorkehrungen getroffen hatten[368]. Zwar ging es in diesem Fall nicht

---

362 EGMR Urt. v. 27.09.1995, Nr. 17/1994/464/545, *McCann u.a.*/Vereinigtes Königreich, Z. 205.

363 EGMR Urt. v. 27.09.1995, Nr. 17/1994/464/545, *McCann u.a.*/Vereinigtes Königreich, Z. 214.

364 EKMR, Ents. v. 13.01.1993, Nr. 17579/90, *Kelly*/Vereinigtes Königreich.

365 So die abweichende Meinung von neun Richtern des EGMR, siehe EGMR Urt. v. 27.09.1995, Nr. 17/1994/464/545, *McCann u.a.*/Vereinigtes Königreich, Z. 8.

366 EGMR, Urt. v. 09.10.1997, Nr. 86/1996/705/897, *Andronicou und Constantinou*/Zypern.

367 EKMR, Ents. v. 05.07.1995, Nr. 25052/94, *Andronicou und Constantinou*/Zypern.

368 EGMR, Urt. v. 09.10.1997, Nr. 86/1996/705/897, *Andronicou und Constantinou*/Zypern, Z. 194.

um die Abwehr terroristischer Gewaltakte, sondern um eine Geiselnahme ohne terroristischen Hintergrund. Die Beschwerdeführer beriefen sich aber, in Anlehnung an das *McCann*-Urteil, auf eine mangelhafte Planung und Durchführung der Geiselbefreiung. Schaulustige wurden trotz mehrmaliger Aufforderung durch den Geiselnehmer nicht vom Schauplatz entfernt. Zudem verhinderte die Polizei nicht, dass der Geiselnehmer telefonischen Kontakt zu anderen Personen als den Verhandelnden aufnahm und sich so einen Überblick über die Lage außerhalb der umstellten Wohnung verschaffen konnte. Zudem war hier problematisch, dass die Verhandlungen von einem im Umgang mit Geiselnahmen unerfahrenen Polizeibeamten geführt wurden, und nicht von einer geschulten Spezialkraft. Dazu kam, dass dem Geiselnehmer mit Schlafmitteln versehene Lebensmittel verabreicht wurden, die Wirkung der Schlafmittel aber nicht abgewartet wurde. Aufgrund dieser Umstände kamen erhebliche Zweifel an der Professionalität der Befreiungsaktion auf.

Die unterschiedliche Bewertung im Verhältnis zum *McCann*-Fall ist wie folgt zu erklären: Die zypriotischen Behörden hatten im Gegensatz zu den britischen Behörden, die bereits wochenlang über einen möglichen Anschlag informiert waren und somit ganz andere Voraussetzungen zur Planung der Operation hatten und beispielsweise Spezialeinheiten einsetzen konnten, keine Zeit, sich auf die Geiselnahme vorzubereiten. Die Geiselnahme ereignete sich am 24. Dezember, so dass es für die Behörden äußerst schwierig war, Verhandlungspsychologen oder geeignete Schlafmittel zu finden. Ein weiterer bedeutender Unterschied lag darin, dass die zypriotischen Behörden die Befreiungsaktion bis zuletzt hinauszögern wollten, um eine Lösung im Verhandlungswege zu erreichen und sich eingehend mit alternativen Szenarien befasst haben. Den britischen Behörden wurde im *McCann*-Fall vorgeworfen, dass sie der Möglichkeit, dass keine Lebensbedrohung besteht, nicht genug Bedeutung zugemessen hätten und nicht alle denkbaren Strategien ausreichend abgewogen hätten. Daher stellt dieses Urteil keine Abkehr von der *McCann*-Rechtsprechung dar, vielmehr wählte der EGMR hier denselben dogmatischen Ansatz wie im *McCann*-Urteil, verneinte allerdings ein Organisationsverschulden der zypriotischen Behörden.

Im Fall *Havva Ergi*[369] kam die Betroffene während einer Auseinandersetzung zwischen türkischen Sicherheitskräften und *PKK*-Terroristen durch einen Schuss ums Leben. Auch hier rügte der EGMR die Organisation und Planung der staatlichen Sicherheitskräfte massiv. Die Polizei stellte sich im Verhältnis zu den Terroristen derart auf, dass die Dorfbewohner zwangsläufig in eine

369 EGMR, Urt. v. 28.07.1998, Nr. 66/1997/850/1057, *Ergi*/Türkei.

lebensgefährliche Situation gerieten, was den Sicherheitskräften auch hätte bewusst sein müssen. Nach Ansicht des Gerichtshofes gehört zur Organisations- und Planungspflicht des Staates auch, dass die Risiken, die von ihren Gegnern ausgehen, hier der *PKK*, zu berücksichtigen und in ihre Planung mit einzubeziehen sind[370]. In diesem Urteil hat der EGMR erstmals die Sorgfaltspflicht eines Staates nicht nur zum Schutz vor staatlichen Exzessen sondern auch zum Schutz vor Exzessen nichtstaatlicher Akteure ausgedehnt. Die staatliche Organisation muss also so ausgerichtet sein, dass auch die Risiken, die von ihren eigenen Gegnern ausgehen, mit in Betracht gezogen werden. Hätten die türkischen Sicherheitskräfte ihre präventive Organisationspflicht erfüllt, hätten sie alle ihnen möglichen Maßnahmen zum Schutze der Zivilbevölkerung bei der Wahl der Mittel und Modalitäten ergreifen müssen[371]. Dies ist hier nicht geschehen, so dass der EGMR eine Verletzung von Artikel 2 Absatz 1 EMRK festgestellt hat.

Der EGMR hatte im *Isayeva*-Urteil[372] einen Fall zu beurteilen, in dem die zuvor zur zivilen Schutzzone erklärte Ortschaft Katyr-Yurt für die Bevölkerung völlig überraschend russischen Luftangriffen ausgesetzt wurde. Zwar erkannte der Gerichtshof an, dass die besondere Situation in Tschetschenien außergewöhnliche Maßnahmen zur Wiedererlangung der Kontrolle der Republik erforderlich machte[373]. Allerdings hatte Russland zu diesem Zeitpunkt weder Kriegsrecht verhängt, noch den Notstand ausgerufen, so dass die Geschehnisse in Tschetschenien nach 1999 in Abgrenzung zum ersten Tschetschenienkrieg eindeutig als Operation gegen Terroristen und nicht als Militäraktionen bezeichnet wurden[374]. Aufgrund dessen musste der Gerichtshof den Fall nach den für Friedenszeiten geltenden rechtlichen Maßstäben messen. Der Gerichtshof stellte fest, dass die staatlichen Sicherheitskräfte Gefahren, welche mit dem Einsatz voll ausgerüsteter Kampfflugzeuge in einem Wohngebiet verbunden sind, in einem besonders hohen Maße berücksichtigen müssen[375]. Der Staat hätte zur Erfüllung seiner Organisationspflicht ernsthafte Überlegungen zur Evakuierung der Zivilbevölkerung, vor allem zur vorherigen Information der Bevölkerung, zur Dauer der Evakuierung, zu benutzbaren Wegen, zu Vorsichts- und Sicherheitsmaßnahmen sowie zu besonderen Hilfsmaßnahmen für kranke oder gebrechliche

---

370 EGMR, Urt. v. 28.07.1998, Nr. 66/1997/850/1057, *Ergi*/Türkei, Z. 80.

371 EGMR, Urt. v. 28.07.1998, Nr. 66/1997/850/1057, *Ergi*/Türkei, Z. 79.

372 EGMR, Urt. v. 24.02.2005, Nr. 57950/00, *Isayeva*/Russland.

373 EGMR, Urt. v. 24.02.2005, Nr. 57950/00, *Isayeva*/Russland, Z. 180.

374 *Heller* in: Hasse u. a., Menschenrechte, S. 105.

375 EGMR, Urt. v. 24.02.2005, Nr. 57950/00, *Isayeva*/Russland, Z. 189.

Personen anstellen müssen[376]. Insbesondere sei der massive und unterschiedslose[377] Einsatz von Waffen nicht mit der Sorgfalt vereinbar, die bei einer Operation unter Einsatz lebensgefährdender Gewalt durch Bedienstete des Staates gelten müsste[378].Die wenigen Maßnahmen, die staatlicherseits veranlasst wurden, waren nach Ansicht des EGMR völlig ungeeignet, so dass der erforderliche Sorgfaltsmaßstab zum Schutz des Lebens der zivilen Bevölkerung nicht erfüllt wurde und der Gerichtshof Artikel 2 EMRK als verletzt ansah[379].

Eine weitere maßgebliche Entscheidung des EGMR zu den staatlichen Organisationspflichten aus Artikel 2 EMRK war der Fall *Finegenov*[380]. In dieser Entscheidung beschäftigte sich der Gerichtshof mit der Geiselbefreiung eines Moskauer Theaters durch den Einsatz von Gas. Mehr als 900 Personen wurden drei Tage lang von 40 Terroristen mit Waffengewalt festgehalten und das Gebäude war mit Sprengstofffallen versehen. Zudem befanden sich 18 Selbstmordattentäter im Theater. Ziel der Geiselnahme war der Rückzug der russischen Truppen aus Tschetschenien sowie die Aufnahme von Verhandlungen zwischen der politischen Führung der tschetschenischen Separatisten und dem russischen Staat. Bei der Geiselbefreiung durch die russischen Sicherheitskräfte wurden 40 Terroristen getötet und 125 Geiseln kamen ums Leben. Zwar verneinte der Gerichtshof eine Verletzung von Artikel 2 EMRK aufgrund der Entscheidung der russischen Behörden, das Theater zur Befreiung der Geiseln zu stürmen. Auch der Einsatz von Gas bei der Erstürmung des Theaters stellte nach Ansicht des EGMR keine Konventionsverletzung dar[381]. Jedoch nahm der Gerichtshof eine Verletzung der Organisationspflicht der russischen Behörden an, weil die Sicherheitsoperationen nicht ausreichend vorbereitet waren und insbesondere der Informationsaustausch zwischen den verschiedenen beteiligten Stellen unzulänglich war[382]. Hinzu kam eine unangemessene medizinische Behandlung der Geiseln. Auch wenn es dem Gerichtshof nicht möglich war, das individuelle

---

376 EGMR, Urt. v. 24.02.2005, Nr. 57950/00, *Isayeva*/Russland, Z. 189.

377 Der Begriff unterschiedslos meint hier ohne Unterscheidung der Gewaltanwendung gegenüber Terroristen und gegenüber unbeteiligter Zivilisten.

378 EGMR, Urt. v. 24.02.2005, Nr. 57950/00, *Isayeva*/Russland, Z. 191; so auch EGMR, Urt. v. 20.12.2011, Nr. 18299/03 und 27311/03, *Finogenov*/Russland, Z. 231.

379 EGMR, Urt. v. 24.02.2005, Nr. 57950/00, *Isayeva*/Russland, Z. 194; 201.

380 EGMR, Urt. v. 20.12.2011, Nr. 18299/03 und 27311/03, *Finogenov*/Russland.

381 EGMR, Urt. v. 20.12.2011, Nr. 18299/03 und 27311/03, *Finogenov*/Russland, Z. 227 ff.

382 EGMR, Urt. v. 20.12.2011, Nr. 18299/03 und 27311/03, *Finogenov*/Russland, Z. 243 ff.

Schicksal der getöteten Geiseln aufzuklären, stellte er fest, dass die Behörden ihre Pflicht bei der Wahl der Mittel und Methoden der Sicherheitsoperation alle denkbaren Vorsichtsmaßnahmen zu ergreifen, um Todesfälle von Zivilisten zu vermeiden oder die Gefahr zumindest zu mindern, verletzt haben[383]. Insbesondere aufgrund des mangelnden Informationsaustauschs und fehlender Koordinierung zwischen den beteiligten Stellen, dem verspäteten Beginn der Evakuierung und des Fehlens einer angemessenen medizinischen Behandlung vor Ort, hat der EGMR eine Verletzung der Organisationspflicht aus Artikel 2 EMRK festgestellt[384].

Die ordnungsgemäße Planung und Organisation einer Aktion, die möglicherweise Gefahren für Menschenleben bedeutet, fällt nach alledem in den Pflichtenkreis der Konventionsstaaten im Rahmen ihrer in Artikel 2 Absatz 1 EMRK statuierten Schutzpflicht des Lebens. Auch die Maßnahmen, die im Anschluss an einen Sicherheitseinsatz der Behörden vorgenommen werden, müssen hinreichend geplant werden, um die Gefährdung von Menschenleben auf ein minimales Risiko zu drosseln. Die organisationsrechtlichen Schutzpflichten[385] sind nicht speziell den positiven Verpflichtungen immanent, auch bei abwehrrechtlichen Garantien ist ein organisationsrechtliches Element zu beachten, wodurch der Minimalinhalt und die Garantie der jeweiligen Rechte sichergestellt werden[386]. Die organisationsrechtlichen präventiv-polizeilichen Pflichten stellen damit positive Verpflichtungen dar, die aus den materiell-rechtlichen Garantien abgeleitet werden und deren Umsetzung dienen.

3. *Die Untersuchungs- und Aufklärungspflicht*

Der EGMR hat in seiner Rechtsprechung aus der positiven Verpflichtung zum Schutz des Lebens eine prozedurale Verpflichtung des Staates, die Umstände eines Todesfalles aufzuklären, entwickelt[387]. Hierbei ging es in der Regel um Fälle, in denen der Jurisdiktion eines der Konventionsstaaten unterstehende Bürger, auf ungeklärte Weise zu Tode gekommen sind, sei es durch militärische oder

383 EGMR, Urt. v. 20.12.2011, Nr. 18299/03 und 27311/03, *Finogenov*/Russland, Z. 265.
384 EGMR, Urt. v. 20.12.2011, Nr. 18299/03 und 27311/03, *Finogenov*/Russland, Z. 266.
385 In der Literatur wird zum Teil der Begriff der prozeduralen Schutzpflicht benutzt, vgl. z.B. *Streuer*, Positive Verpflichtungen, S. 193 ff.
386 *Dröge*, Positive Verpflichtungen, S. 6.
387 EGMR Urt. v. 27.09.1995, Nr. 17/1994/464/545, *McCann u.a.*/Vereinigtes Königreich, Z. 161; EGMR, Urt. v. 19.02.1998, Nr. 158/1996/777/978, *Kaya*/Türkei, Z. 86; EGMR, Urt. v. 28.07.1998, Nr. 66/1997/850/1057, *Ergi*/Türkei, Z. 82.

polizeiliche Einsätze, paramilitärische oder terroristische Gruppierungen oder Einzelpersonen.

Exemplarisch ist in diesem Zusammenhang der Fall *Kaya*[388]. Bei einem Schusswechsel mit türkischen Sicherheitskräften kam *Abdülmenaf Kaya*, der Bruder des Beschwerdeführers, unter ungeklärten Umständen ums Leben. Hier fand eine umfassende Untersuchung mangels ordnungsgemäßer Anhörung der Beteiligten, Spurensicherung und Obduktion der Leiche nicht statt. Zudem wurden keine Strafverfahren gegen die beteiligten Sicherheitskräfte eingeleitet. Der Gerichtshof hat anlässlich dieser Entscheidung die mangelhafte Aufklärungsarbeit der türkischen Behörden, insbesondere der Staatsanwaltschaft, grundsätzlich kritisiert und eine Verletzung von Artikel 2 EMRK aufgrund mangelhafter Untersuchungen zur Aufklärung des Todesfalles festgestellt[389].

Die mangelhaften Untersuchungen zur Aufklärung der Umstände, die zum Tode geführt haben können demnach für sich genommen eine Verletzung von Artikel 2 EMRK darstellen, selbst dann, wenn die genauen Umstände der Tötung nicht nachgewiesen werden können[390].

a) Allgemeines

Gerade bei staatlichen Eingriffen ist eine Untersuchungspflicht für die Effektivität des Lebensschutzes eine zwingend erforderliche Ergänzung des Abwehrrechts aus Artikel 2 EMRK[391]. Ein allgemeines Tötungsverbot ist ineffektiv, wenn in der Praxis kein Verfahren zur Überprüfung der Rechtmäßigkeit tödlicher Gewaltanwendung besteht bzw. dieses nicht ordnungsgemäß durchgeführt wird[392]. Hinzu kommt, dass in Fällen von Tötungen durch staatliche Organe, der genaue Geschehensablauf und die Gründe für die Gewaltanwendung häufig nur den Behörden selbst bekannt sind, so dass eine unabhängige Untersuchung sowohl im

388 EGMR, Urt. v. 19.02.1998, Nr. 158/1996/777/978, *Kaya*/Türkei.

389 EGMR, Urt. v. 19.02.1998, Nr. 158/1996/777/978, *Kaya*/Türkei, Z. 92.

390 EGMR Urt. v. 19.02.1998, Nr. 158/1996/777/978, *Kaya*/Türkei, Z. 86; EGMR, Urt. v. 28.07.1998, Nr. 66/1997/850/1057, *Ergi*/Türkei, Z. 82; EGMR, Urt. v. 27.07.1998, Nr. 21593/93, *Güleç*/Türkei, Z. 77; EGMR, Urt. v. 02.09.1998, Nr. 22495/93, *Yasa*/Türkei, Z. 98.

391 EGMR Urt. v. 27.09.1995, Nr. 17/1994/464/545, *McCann u.a.*/Vereinigtes Königreich, Z. 161; EGMR, Urt. v. 19.02.1998, Nr. 158/1996/777/978, *Kaya*/Türkei, Z. 86.

392 EGMR Urt. v. 27.09.1995, Nr. 17/1994/464/545, *McCann u.a.*/Vereinigtes Königreich, Z. 161.

Interesse der Angehörigen als auch für das öffentliche Vertrauen in die Rechtmäßigkeit staatlichen Handelns notwendig ist[393].

Im *McCann*-Fall hat der Gerichtshof erstmals ausdrücklich eine Untersuchungs- und Aufklärungspflicht für Fälle, in denen Personen durch staatliche Agenten getötet werden, anerkannt. Der Gerichtshof spezifizierte die Anforderungen an die Untersuchungs- und Aufklärungspflicht in dieser Entscheidung jedoch noch nicht, da die in Gibraltar durchgeführten Ermittlungen nach der Tötung der *IRA*-Anhänger trotz Mangelhaftigkeit doch in der Weise stattgefunden hatten, dass dieser Mangel nach Ansicht des Gerichtshofes nicht zu einer Verletzung von Artikel 2 EMRK führte[394]. So stellten die spanischen Behörden teilweise Beweismaterial nicht zur Verfügung, einige der Zeugen wurden nicht geladen und den Beschwerdeführern der Untersuchung in Gibraltar („Coroner's Inquest") wurde keine Kostenunterstützung gewährt[395]. In der *Salman*-Entscheidung[396] hingegen stellte der Gerichtshof wegen mangelnder bzw. schleppender Untersuchung des Todesfalles eine Verletzung der Untersuchungspflicht aus Artikel 2 EMRK fest. Der Ehemann der Beschwerdeführerin war während einer Personenüberprüfung in der örtlichen Polizeistation gefoltert und später getötet worden.

In nachfolgenden Urteilen, insbesondere im Rahmen von Verfahren gegen die Türkei, in jüngerer Zeit auch gegen Russland[397], hat der EGMR die Verpflichtung effektiver Untersuchungen zur Aufklärung von Todesfällen dahingehend erweitert, dass diese Pflicht auch entsteht, wenn nicht feststeht, ob die Tötungen durch staatliche Organe selbst oder durch private Dritte vorgenommen worden sind[398].

Im Fall *Hasim Yasa*[399] war der Vater des Beschwerdeführers wegen des Verkaufes der kurdischen Zeitung *Özgür Gündem* von staatlichen Sicherheitskräften schwer verletzt, sein Onkel sogar getötet worden. Zwar konnten weder die Kommission noch der Gerichtshof den genauen Tathergang rekonstruieren, jeden-

---

393 EKMR, Ents. v. 03.09.1993, Nr. 18984/91, *McCann u.a.*/Vereinigtes Königreich, Z. 191-193.

394 EGMR Urt. v. 27.09.1995, Nr. 17/1994/464/545, *McCann u.a.*/Vereinigtes Königreich, Z. 162-164.

395 Vgl. *Klugmann*, Antiterroristische Maßnahmen, S. 70 der von Mängeln der Untersuchung „unter der Oberfläche" spricht.

396 EGMR, Urt. v. 27.06.2000, Nr. 21986/93, *Salman*/Türkei.

397 Vgl. EGMR Urt. v. 24.02.2005, Nrn. 57942/00 und 57945/00, *Khashiyev und Akayeva*/Russland.

398 EGMR, Urt. v. 28.07.1998, Nr. 66/1997/850/1057, *Ergi*/Türkei, Z. 82.

399 EGMR, Urt. v. 02.09.1998, Nr. 22495/93, *Yasa*/Türkei.

falls konnte der Gerichtshof nicht mit einem hinreichenden Grad an Sicherheit ermitteln, ob die Tötung durch staatliche Stellen erfolgt war[400]. Dennoch stellte der Gerichtshof ausdrücklich eine Verletzung von Artikel 2 EMRK fest, indem er erklärte, dass sich die Aufklärungs- und Untersuchungspflicht nicht auf die Fälle beschränke, in denen erwiesen sei, dass die Tötung durch staatliche Organe eingetreten sei[401]. Der EGMR erkennt in Fällen, in denen der Vorgang der Geschehnisse zwischen Beschwerdeführern und der Regierung streitig ist, das Vorbringen als wahr an, an denen es seiner Ansicht nach keine vernünftigen Zweifel („beyond reasonable doubt“) gibt[402].

Behauptungen einer Verletzung von Artikel 2 EMRK muss der Gerichtshof besonders intensiv prüfen, selbst dann, wenn bereits innerstaatliche Ermittlungen stattgefunden haben[403]. Die Zurückhaltung wichtiger Dokumente durch die jeweilige Regierung, die der Aufklärung von Fällen dienen würden, in denen nicht klar ist, ob die Tötung auf staatliches oder nicht-staatliches Verhalten zurückzuführen ist und der Verzicht auf die Abgabe einer schlüssigen Erklärung für den Vorfall auf der einen Seite wie auch eine plausible Darstellung der Ereignisse durch die Beschwerdeführer und Zeugen auf der anderen Seite, haben den Gerichtshof davon überzeugt, eine staatliche Verantwortung des Todesfalles anzunehmen[404]. Damit besteht die Untersuchungspflicht, sobald der Staat von einer Tötung aufgrund einer Gewaltanwendung erfährt, sowohl in den Fällen in denen die Tötung durch private Handlungen, als auch in den Fällen, in denen die Tötung durch staatliche Repräsentanten erfolgt ist. Dies gilt auch dann, wenn eine Person auf vertretbare Weise geltend macht (so genannte „arguable claim“), dass jemand, der sich zuletzt in Gewahrsam staatlicher Organe befand, unter lebensbedrohenden Umständen verschwunden ist (so genannte Disappearance-Fälle)[405].

Unklar ist, ob die Untersuchungspflicht überhaupt erst ausgelöst wird, wenn zumindest die Möglichkeit einer staatlichen Verantwortung besteht. Dies ist im

---

400 EGMR, Urt. v. 02.09.1998, Nr. 22495/93, *Yasa*/Türkei, Z. 93.

401 EGMR, Urt. v. 02.09.1998, Nr. 22495/93, *Yasa*/Türkei, Z. 100.

402 EGMR, Urt. v. 20.12.2011, Nr. 18299/03 und 27311/03, *Finogenov*/Russland, Z. 199; EGMR, Urt. v. 03.07.2008, Nr. 12712/02, *Ruslan Umarov*/Russland, Z. 83; EGMR, Urt. v. 18.09.2008, Nr. 23286/04, *Takhayeva u. a.*/Russland, Z. 66.

403 EGMR, Urt. v. 20.12.2011, Nr. 18299/03 und 27311/03, *Finogenov*/Russland, Z. 199.

404 EGMR, Urt. v. 03.07.2008, Nr. 12712/02, *Ruslan Umarov*/Russland, Z. 82 und 93; EGMR, Urt. v. 18.09.2008, Nr. 23286/04, *Takhayeva u. a.*/Russland, Z. 58, 65 und 77.

405 EGMR, Urt. v. 18.07.2000, Nr. 25625/95, *Ekinci*/Türkei, Z. 78; EGMR, Urt. v. 10.05.2001, Nr. 25781/94, Zypern/Türkei, Z. 132.

Ergebnis abzulehnen. Es liegt in der Natur der Untersuchungspflicht, dass sie sich auf eine Situation bezieht, in welcher der Ursprung der Grundrechtsverletzung noch ungeklärt ist, so dass es keinen Grund gibt, weshalb der Schutz des Lebens nicht auch verlangen sollte, dass der Staat die (strafrechtliche) Verantwortlichkeit von Dritten feststellt[406]. Es gibt keinen Anlass, unterschiedliche Schutzstandards anzunehmen je nachdem, ob es sich um staatliches oder privates Unrecht handelt.

b) Die Herleitung der Untersuchungspflicht

Der Gerichtshof beschreibt die Untersuchungspflicht der Konventionsstaaten als verfahrensrechtliche Handlungspflicht aus Artikel 2 EMRK[407]. Die Untersuchungs- und Aufklärungspflicht wird aus Artikel 2 EMRK in Verbindung mit der allgemeinen Verpflichtung der Konventionsstaaten aus Artikel 1 EMRK, allen seiner Hoheitsgewalt unterstehenden Personen die in Abschnitt I der EMRK bestimmten Rechte und Freiheiten zu sichern, hergeleitet[408]. Die Herleitung der Untersuchungspflicht aus Artikel 2 EMRK in Verbindung mit Artikel 1 EMRK beruht vermutlich auf tatsächlichen Schwierigkeiten der Wahrheitsfindung des Gerichts, wenn klare Beweise für den Tod eines Menschen fehlen, dieser aber hinreichend wahrscheinlich ist. Der EGMR behilft sich in diesem Zusammenhang mit dem Verweis auf die allgemeine Pflicht nach Artikel 1 EMRK und dem Hinweis darauf, dass allgemeine Verbote bestimmter Verhalten wie das „Verschwindenlassen" von Personen nicht ausreichen, wenn sie praktisch nicht durchgesetzt werden. Im Hinblick auf den Grundsatz der effektiven Auslegung verleiht der Gerichtshof der Konvention durch die Herleitung einer Verletzung des Rechts auf Leben aus Artikel 2 EMRK in Verbindung mit Artikel 1 EMRK in Fällen, in denen eine Verletzung des Rechts auf Leben für sich genommen aufgrund mangelnder Nachweisbarkeit nicht besteht, eine effektive Durchsetzung[409].

c) Die Ausgestaltung der Untersuchungspflicht

Den Konventionsstaaten stehen im Hinblick auf die Ausgestaltung und den Umfang der Untersuchungspflicht verschiedenste Maßnahmen im Rahmen ihres

406 So im Ergebnis auch *Meyer-Ladewig*, EMRK, Art. 2 Rn. 13; *Dröge*, Positive Verpflichtungen, S. 64; *Ovey/White*, ECHR, Art. 2, S. 51.

407 EGMR, Urt. v. 20.12.2011, Nr. 18299/03 und 27311/03, *Finogenov*/Russland, Z. 268.

408 EGMR Urt. v. 27.09.1995, Nr. 17/1994/464/545, *McCann u.a.*/Vereinigtes Königreich, Z. 161.

409 *Blau*, ZEuS 2005, 397, 407.

rechtspolitischen Gestaltungsspielraums zu. Um den Schutz der Substanz der Konvention zu gewährleisten, hat der Gerichtshof im Laufe der Zeit einige Mindeststandards hinsichtlich der Ausgestaltung der staatlichen Untersuchungs- und Aufklärungspflicht bei Todesfällen herausgearbeitet.

Zunächst ist festzuhalten, dass Sinn und Zweck der Untersuchungspflicht zum einen die wirksame Durchsetzung des innerstaatlichen Rechts zum Schutz des Lebens und zum anderen die Sicherstellung der Haftung der an der Tötung beteiligten Staatsorgane oder Privatpersonen ist[410]. Die einzelnen Erfordernisse, die sich aus der Untersuchungs- und Aufklärungspflicht ergeben, sind an diesem Sinn und Zweck zu messen. Das heißt, dass der jeweilige Staat die Effektivität seiner Ermittlungen sicherstellen muss[411]. Die Behörden müssen die Ermittlungen von Amts wegen aufnehmen und dürfen nicht auf Anträge oder sonstige Initiativen von Angehörigen warten[412]. Daraus, dass die Ermittlungsbehörden *ex officio* tätig werden müssen, ergibt sich, dass sie nach eigenem Antrieb Hinweisen auf mögliche Täter nachgehen müssen[413]. Grundsätzlich reicht es nicht aus, wenn den hinterbliebenen Familienmitgliedern nur zivilrechtliche Mittel zur Verfügung gestellt werden[414]. Maßgeblich ist dabei, ob die zur Verfügung stehenden Rechtsmittel zur Tataufklärung und Identifizierung der Verantwortlichen geeignet sind, was beispielsweise im Falle einer Beschränkung auf zivilrechtliche Klagemöglichkeiten nach Ansicht des EGMR in der Regel zu verneinen ist[415]. Zwar müssen die Ermittlungen nicht immer erfolgreich sein oder Ergebnisse zeigen, sie müssen jedoch grundsätzlich dazu geeignet sein, die Tatumstände festzustellen und für den Fall, dass sich die Behauptungen als wahr herausstellen, die Verantwortlichen festzustellen und zu bestrafen[416]. Das Erfordernis einer gründlichen Ermittlung beinhaltet, dass die Behörden ernsthaft versuchen herauszufinden, was geschehen ist und alle angemessenen ihnen zur Verfügung

410 EGMR, Urt. v. 24.02.2005, Nrn. 57947/00, 57948/00 und 57949/00, *Isayeva u.a.*/Russland, Z. 211.

411 EGMR, Urt. v. 27.09.1995, Nr. 17/1994/464/545, *McCann u.a.*/Vereinigtes Königreich, Z. 161; EGMR, Urt. v. 19.02.1998, Nr. 158/1996/777/978, *Kaya*/Türkei, Z. 86; EGMR, Urt. v. 27.07.1998, Nr. 21593/93, *Güleç*/Türkei, Z. 77.

412 EGMR, Urt. v. 28.07.1998, Nr. 66/1997/850/1057, *Ergi*/Türkei, Z. 82.

413 EGMR, Urt. v. 28.03.2000, Nr. 22535/93, *Kaya*/Türkei, Z. 105.

414 EGMR, Urt. v. 04.05.2001, Nr. 24746/94, *Hugh Jordan*/Vereinigtes Königreich, Z. 141; EGMR, Urt. v. 18.09.2008, Nr. 23286/04, *Takhayeva u. a.*/Russland, Z. 60.

415 EGMR, Urt. v. 19.02.1998, Nr. 158/1996/777/978, *Kaya*/Türkei, Z. 105; EGMR, Urt. v. 02.09.1998, Nr. 22495/93, *Yasa*/Türkei, Z. 74; EGMR, Urt. v. 24.02.2005, Nr. 57947-57949/00, *Isayeva, Yusupova und Bazayeva*/Russland, Z. 149.

416 EGMR, Urt. v. 20.12.2011, Nr. 18299/03 und 27311/03, *Finogenov*/Russland, Z. 269.

stehenden Maßnahmen ergreifen, um die Beweise über den Vorfall zu sichern, einschließlich Augenzeugenberichten und gerichtsmedizinischer Beweise[417].

Die Ermittlungen müssen unverzüglich nachdem die Behörden Kenntnis vom Tod bzw. Verschwinden einer Person erlangt haben angestellt und angemessen schnell durchgeführt werden[418]. Nicht ausreichend ist es, wenn die Ermittlungen erst acht Tage nach der Anzeige einer Entführung aufgenommen werden[419]. Die sofortige Aufnahme der Ermittlungen durch die Behörden bei Fällen (mutmaßlich) tödlicher Gewalt ist unerlässlich, um das Vertrauen der Bevölkerung in die Rechtsinstitutionen zu erhalten und nicht den Anschein einer Toleranz für oder gar Kollusion mit rechtswidrigen Handlungen zu erwecken[420]. Es reicht damit keinesfalls aus, wenn die Ermittlungen erst Jahre später aufgenommen werden[421].

Zudem müssen die Ermittlungen umfassend, unvoreingenommen und gründlich durchgeführt werden[422]. Hierzu zählt im Wesentlichen, dass sie dazu geeignet sein müssen, festzustellen, ob die angewandte Gewalt unter den gegebenen Umständen gerechtfertigt war, um den Anforderungen von Artikel 2 EMRK zu genügen[423]. Um eine vollumfängliche und gründliche Untersuchung sicherzustellen, darf sich diese nicht auf die „minimum formalities" beschränken[424]. Die ermittelnden Behörden, in der Regel die Polizei und die Staatsanwaltschaft, müssen rechtlich und faktisch von denjenigen Organen unabhängig sein, die an den Todesfällen beteiligt waren[425]. Praktisch bedeutet dies, dass keine hierarchische oder institutionelle Beziehung zwischen den an dem streitigen Ereignis Beteiligten

---

417 EGMR, Urt. v. 20.12.2011, Nr. 18299/03 und 27311/03, *Finogenov*/Russland, Z. 271.

418 EGMR, Urt. v. 28.03.2000, Nr. 22535/93, *Kaya*/Türkei, Z. 106 f.; EGMR, Urt. v. 02.09.1998, Nr. 22495/93, *Yasa*/Türkei, Z. 102-104; EGMR, Urt. v. 04.05.2001, Nr. 24746/94, *Hugh Jordan*/Vereinigtes Königreich, Z. 108.

419 EGMR, Urt. v. 18.09.2008, Nr. 23286/04, *Takhayeva u. a.*/Russland, Z. 90.

420 EGMR, Urt. v. 04.05.2001, Nr. 24746/94, *Hugh Jordan*/Vereinigtes Königreich, Z. 108.

421 EGMR, Urt. v. 27.02.2001, Nr. 25704/94, *Çiçek*/Türkei, Z. 148 ff.; EGMR, Urt. v. 13.01.2005, Nr. 34491/97, *Demir u.a.*/Türkei, Z. 111: in diesem Fall hatte der Beginn der Ermittlungen fast fünf Jahre gedauert, was der Gerichtshof stark kritisierte und für absolut verspätet befand.

422 EGMR, Urt. v. 20.12.2011, Nr. 18299/03 und 27311/03, *Finogenov*/Russland, Z. 270; EGMR, Urt. v. 19.02.1998, Nr. 158/1996/777/978, *Kaya*/Türkei, Z. 88.

423 EGMR, Urt. v. 04.05.2001, Nr. 24746/94, *Hugh Jordan*/Vereinigtes Königreich, Z. 107.

424 EGMR, Urt. v. 19.02.1998, Nr. 158/1996/777/978, *Kaya*/Türkei, Z. 88.

425 EGMR, Urt. v. 20.12.2011, Nr. 18299/03 und 27311/03, *Finogenov*/Russland, Z. 281; EGMR, Urt. v. 19.02.1998, Nr. 158/1996/777/978, *Kaya*/Türkei, Z. 89; EGMR, Urt. v. 04.05.2001, Nr. 30054/96, *Kelly u.a.*/Vereinigtes Königreich, Z. 95.

und den ermittelnden Personen bestehen darf[426]. Eine fehlende institutionelle Unabhängigkeit hat der Gerichtshof im Fall *Güleç*[427] angenommen. Hier waren Ermittlungen zu der Tötung eines 15-jährigen Kindes durch eine Kugel türkischer Sicherheitskräfte bei der Auflösung einer gewalttätigen Demonstration durch den Provinzgouverneur durchgeführt worden. Der Gerichtshof kritisierte, dass der Gouverneur aber gerade für die Sicherheitsbeamten, deren Verhalten untersucht werden sollte, verantwortlich gewesen sei, so dass eine hierarchische Beziehung bestand, aufgrund derer eine Unabhängigkeit des Provinzgouverneurs nicht gewährleistet war[428]. Im Fall *Finogenov* waren an den Ermittlungen sogar diejenigen Stellen beteiligt, die für die Planung der Befreiungsoperation unmittelbar zuständig gewesen waren, so dass die Ermittlungen eindeutig nicht unabhängig waren[429]. Neben der institutionellen Unabhängigkeit verlangt der EGMR auch eine tatsächliche Unabhängigkeit der Ermittlungsbehörden[430]. Ziel der Untersuchungen soll die Ermittlung und Bestrafung der Verantwortlichen sein[431]. Um dieses Ziel zu erreichen, müssen die Behörden allen Hinweisen auf etwaige Täter nachgehen und dürfen nicht von vornherein die Beteiligung staatlicher Organe ausschließen[432]. Zu den Anforderungen an eine rechtmäßige Aufklärungsarbeit gehört es auch, die beteiligten Soldaten zu vernehmen und die Aussagen des Militärs nicht einfach unkritisch zu übernehmen[433].

Im *Kaya*-Urteil betont der Gerichtshof das Erfordernis einer unabhängigen und öffentlichen Untersuchung[434]. Die Ermittlungen müssen ausreichend durch die

---

426 EGMR, Urt. v. 20.05.1999, Nr. 21594/93, *Ogur*/Türkei, Z. 91.

427 EGMR, Urt. v. 27.07.1998, Nr. 54/1997/838/1044, *Güleç*/Türkei.

428 EGMR, Urt. v. 27.07.1998, Nr. 54/1997/838/1044, *Güleç*/Türkei, Z. 80 und 82.

429 EGMR, Urt. v. 20.12.2011, Nr. 18299/03 und 27311/03, *Finogenov*/Russland, Z. 281.

430 EGMR, Urt. v. 04.05.2001, Nr. 30054/96, *Kelly u.a.*/Vereinigtes Königreich, Z. 95.

431 EGMR Urt. v. 27.09.1995, Nr. 17/1994/464/545, *McCann u.a.*/Vereinigtes Königreich, Z. 161; EGMR, Urt. v. 19.02.1998, Nr. 158/1996/777/978, *Kaya*/Türkei, Z. 86; EGMR, Urt. v. 02.09.1998, Nr. 22495/93, *Yasa*/Türkei, Z. 98.

432 EGMR, Urt. v. 27.07.1998, Nr. 21593/93, *Güleç*/Türkei, Z. 79; EGMR, Urt. v. 28.07.1998, Nr. 66/1997/850/1057, *Ergi*/Türkei, Z. 105; EGMR, Urt. v. 02.09.1998, Nr. 22495/93 *Yasa*/Türkei; EGMR, Urt. v. 28.03.2000, Nr. 22535/93, *Kaya*/Türkei, Z. 96; EGMR, Urt. v. 28.03.2000, Nr. 22492/93, *Kiliç*/Türkei, Z. 73.

433 EGMR, Urt. v. 19.02.1998, Nr. 158/1996/777/978, *Kaya*/Türkei, Z. 89.

434 EGMR, Urt. v. 19.02.1998, Nr. 158/1996/777/978, *Kaya*/Türkei, Z. 87: Während der Gerichtshof im *McCann*-Urteil noch eine „effective official investigation" forderte, verlangte er im *Kaya*-Urteil eine „independent and public scrutiny". Der jeweiligen Wortwahl des Gerichtshofes, ist dabei wegen der bekannten Begründungsarmut des Gerichtshofes eine große Bedeutung zuzumessen. Der englische Begriff „scrutiny"

Öffentlichkeit geprüft werden können[435]. Die Beschwerdeführer und die Angehörigen sind in den Aufklärungsprozess mit einzubeziehen[436]. Den Angehörigen ist freier Zugang zu den maßgeblichen Dokumenten wie Zeugenaussagen und anderen wichtigen Informationen zu gewähren[437]. Zwar ergibt sich aus Artikel 2 EMRK kein allgemeines Recht auf Einsicht in Ermittlungsakten, da solche Akten oftmals sensible Informationen beinhalten, deren Veröffentlichung die Ermittlungen insgesamt erschweren würden[438]. Die Angehörigen haben jedoch in einem solchen Fall, ein Recht darauf zu erfahren aus welchen Gründen ein Strafverfahren nicht eingeleitet bzw. eingestellt wurde, insbesondere, wenn keine anderweitige Möglichkeit besteht, eine Begründung hierfür zu erlangen[439]. Die Entscheidung, einen Fall nicht strafrechtlich zu verfolgen, muss auch für die Öffentlichkeit begründet werden[440]. Zudem müssen die Angehörigen im Wege einer begründeten Entscheidung über die Umstände des Falles, beispielsweise warum eine Gewaltanwendung nicht als strafbare Handlung qualifiziert worden ist, informiert werden[441]. Durch Beifügung einer Begründung zur Entscheidung wird nach Ansicht des Gerichtshofes die Unabhängigkeit der Ermittlungsbehörde auch nach außen manifestiert und damit das Erfordernis einer öffentlichen Kontrolle erfüllt[442].

Der Gerichtshof prüft regelmäßig, ob die Strafverfahren[443] angemessen und fair verlaufen, da es die Aufgabe der staatlichen Justizbehörden ist, die von

---

impliziert eine größere Sorgfältigkeit als der Begriff „investigation". Dazu kommt, dass das Erfordernis der Öffentlichkeitsinformation in der Südosttürkei, angesichts der Tatsache das oftmals allein Militärbehörden und -staatsanwälte ermitteln, nicht zu unterschätzen ist (vgl. dazu *Klugmann*, Antiterroristische Maßnahmen und EMRK, S. 74).

435 EGMR, Urt. v. 04.05.2001, Nr. 24746/94, *Hugh Jordan*/Vereinigtes Königreich, Z. 106.

436 EGMR, Urt. v. 27.07.1998, Nr. 54/1997/838/1044, *Güleç*/Türkei, Z. 82; EGMR, Urt. v. 20.05.1999, Nr. 21594/93, *Ogur*/Türkei, Z. 92.

437 EGMR, Urt. v. 04.05.2001, Nr. 24746/94, *Hugh Jordan*/Vereinigtes Königreich, Z. 133.

438 EGMR, Urt. v. 04.05.2001, Nr. 30054/96, *Kelly u.a.*/Vereinigtes Königreich, Z. 115.

439 EGMR, Urt. v. 04.05.2001, Nr. 30054/96, *Kelly u.a.*/Vereinigtes Königreich, Z. 118; EGMR, Urt. v. 27.07.1998, Nr. 21593/93, *Güleç*/Türkei, Z. 82.

440 EGMR, Urt. v. 04.05.2001, Nr. 24746/94, *Hugh Jordan*/Vereinigtes Königreich, Z. 122; EGMR, Urt. v. 04.05.2001, Nr. 28883/95, *McKerr*/Vereinigtes Königreich, Z. 145; EGMR, Urt. v. 04.05.2001, Nr. 30054/96, *Kelly u.a.*/Vereinigtes Königreich, Z. 116 ff.

441 EGMR, Urt. v. 04.05.2001, Nr. 24746/94, *Hugh Jordan*/Vereinigtes Königreich, Z. 124.

442 EGMR, Urt. v. 04.05.2001, Nr. 30054/96, *Kelly u.a.*/Vereinigtes Königreich, Z. 117.

443 Hier sind die Strafverfahren gemeint, die sich aus dem Anspruch auf Strafverfolgung gegen Dritte aus Artikel 2 EMRK in Verbindung mit Artikel 1 EMRK ergeben, also die Strafverfahren gegen Personen die (möglicherweise) tödliche Gewalthandlungen begangen haben.

Ihnen erhobenen Beweise richtig zu würdigen. Soweit der Gerichtshof zu der Überzeugung kommt, dass eine der Konvention widersprechende Beweiswürdigung stattgefunden hat, kann er jedoch auf die von den staatlichen Behörden einzuhaltenden Mindeststandards hinweisen. Die Behörden müssen angemessene Schritte unternehmen, die Beweismittel zu sichern. Das heißt, der Tatort ist kriminalistisch aufzunehmen, die Ballistik ist zu untersuchen, Patronenhülsen und Fingerabdrücke sind zu sichern und Augenzeugen – und zwar von allen Seiten – sind so schnell wie möglich zu hören[444]. Die erstmalige Befragung einer Hauptzeugin, in diesem Fall handelte es sich um die Beschwerdeführerin selbst, über ein Jahr nach dem zu untersuchenden Vorfall, stellt ein wesentliches Defizit der Ermittlungen dar[445]. Im Fall *Takhayeva u. a.* fanden die ersten Zeugenbefragungen sogar erst fünf Jahre nach der zu untersuchenden Entführung statt[446]. Daneben kritisierte der EGMR massiv, dass die ermittelnde Behörde eine Befragung der russischen Militärangehörigen, die nach Ansicht der Beschwerdeführer an der Entführung beteiligt gewesen sind, gänzlich unterlassen hat[447]. Im *Gül*-Urteil bemängelt der EGMR das Vorgehen der Sicherheitsbehörden bei der forensischen Untersuchung[448]. Im Zuge einer Durchsuchungsaktion zur Terrorismusbekämpfung in Bozova wurde *Mehmet Gül* durch die verschlossene Haustür von türkischen Sicherheitsbeamten erschossen, wobei im Nachhinein nicht mehr geklärt werden konnte, unter welchen Umständen es zu diesem tödlichen Schuss gekommen war. Seitens der Ermittlungsbehörden wurde weder der Versuch unternommen, die Kugel aufzufinden, mit welcher die Sicherheitsbeamten angeblich von *Gül* beschossen worden waren, noch wurden Fotos von der am Tatort gefundenen Waffe gemacht. Der EGMR erklärte in diesem Zusammenhang, dass alle Todesopfer in einer Autopsie mit vollständigem und genauem Bericht über Anzeichen von Gewaltanwendungen und Misshandlungen und einer objektiven Analyse der Todesursache, rechtsmedizinisch zu begutachten sind[449]. Die Nichtbestimmung des Todeszeitpunktes durch das Fehlen geeigneter rechtsmedizinischer Fotografien sowie das Unterlassen einer gewebepathologischen

444 EGMR, Urt. v. 19.02.1998, Nr. 158/1996/777/978, *Kaya*/Türkei, Z. 89; EGMR, Urt. v. 18.09.2008, Nr. 23286/04, *Takhayeva u. a.*/Russland, Z. 92.

445 EGMR, Urt. v. 08.07.1999, Nr. 23763/94, *Tanrikulu*/Türkei, Z. 109 f.

446 EGMR, Urt. v. 18.09.2008, Nr. 23286/04, *Takhayeva u. a.*/Russland, Z. 92.

447 EGMR, Urt. v. 18.09.2008, Nr. 23286/04, *Takhayeva u. a.*/Russland, Z. 92.

448 EGMR, Urt. v. 14.12.2000, Nr. 22676/93, *Gül*/Türkei, Z. 88 ff.

449 EGMR, Urt. v. 27.06.2000, Nr. 21986/93, *Salman*/Türkei, Z. 105;EGMR, Urt. v. 10.04.2001, Nr. 26129/95, *Tanli*/Türkei, Z. 149.

Untersuchung von Wunden und sonstigen Verletzungen stellen gravierende Lücken in der Aufklärung von Todesfällen dar[450].

Der Gerichtshof bemängelte in seinem *Kaya*-Urteil insbesondere die Tatsache, dass der ermittelnde Staatsanwalt ohne eine nähere Untersuchung annahm, dass es sich bei dem Getöteten um einen *PKK*-Terroristen handelte[451]. In diesem Fall trug der Betroffene eine für einen Landwirt gewöhnliche Kleidung, so dass sein äußeres Erscheinungsbild zunächst keinen Anlass zu dieser Vermutung gab. Der Staatsanwalt hätte nach Auffassung des Gerichtshofes *post mortem* beweisen müssen, dass es sich bei dem verdächtigen Getöteten um einen Terroristen handelte, etwa durch Belege, dass dieser aktives Mitglied der *PKK* ist oder durch Zeugenbefragungen im Ort Dolunay[452]. Von dieser Feststellung hing unter anderem auch die Glaubwürdigkeit der Aussage des Militärs ab, *Abdülmenaf Kaya* sei während der Beteiligung an einem Schusswaffengefecht zwischen *PKK*-Terroristen und staatlichen Sicherheitskräften ums Leben gekommen, so dass die Klärung dieser Frage sich dem Staatsanwalt hätte aufdrängen müssen[453].

Der Gerichtshof hat wiederholt deutlich gemacht, dass weder das relativ häufige Auftreten bewaffneter Kämpfe, noch die hohe Zahl der Todesopfer – gerade in südosttürkischen Gebieten – den Staat von der Pflicht befreien, unabhängige Ermittlungen bei Todesfällen durchzuführen[454]. Auch wenn der Gerichtshof anerkennt, dass teilweise bürgerkriegsähnliche Zustände die Ermittlungen behindern, muss die oben getroffene Aussage umso mehr gelten, wenn die Todesfälle durch staatliche Sicherheitskräfte verursacht werden[455]. Ansonsten besteht die verheerende Gefahr der Entstehung eines Klimas der Unsicherheit und Straflosigkeit in der betroffenen Region, die einen Teufelskreis der Gewalt nach sich ziehen könnte[456].

d) Dogmatische Konsequenzen der Untersuchungspflicht

Der Gerichtshof hat in Fällen wie *Kaya*, *Ergi* und *Yasa* aus Artikel 2 EMRK in Verbindung mit Artikel 1 EMRK nicht nur einen allgemeinen Anspruch auf

---

450 EGMR, Urt. v. 27.06.2000, Nr. 21986/93, *Salman*/Türkei, Z. 106.

451 EGMR, Urt. v. 19.02.1998, Nr. 158/1996/777/978, *Kaya*/Türkei, Z. 89.

452 EGMR, Urt. v. 19.02.1998, Nr. 158/1996/777/978, *Kaya*/Türkei, Z. 90.

453 EGMR, Urt. v. 19.02.1998, Nr. 158/1996/777/978, *Kaya*/Türkei, Z. 90.

454 EGMR, Urt. v. 19.02.1998, Nr. 158/1996/777/978, *Kaya*/Türkei, Z. 91; EGMR, Urt. v. 28.07.1998, Nr. 66/1997/850/1057, *Ergi*/Türkei, Z. 85; EGMR, Urt. v. 29.07.2004, Nr. 35875/95, *Yilmaz*/Türkei, Z. 85.

455 EGMR, Urt. v. 19.02.1998, Nr. 158/1996/777/978, *Kaya*/Türkei, Z. 91; EGMR, Urt. v. 24.02.2005, Nr. 57950/00, *Isayeva*/Russland,Z. 215 ff.

456 EGMR, Urt. v. 02.09.1998, Nr. 63/1997/847/1054, *Yasa*/Türkei, Z. 104.

Durchführung einer Untersuchung bei Tötungsdelikten hergeleitet und diesen mit der Zeit im Detail konkretisiert. Der EGMR hat in seiner Rechtsprechung auch deutlich gemacht, dass sich die zeitliche Komponente von Artikel 2 EMRK nach der Einbeziehung der Vorbereitungshandlungen[457] auch auf die postmortale Zeit erstreckt, so dass Mängel im Vorfeld sowie in der Nachbereitung von Tötungsfällen, als Verstoß gegen Artikel 2 EMRK zu werten sind. Diese Urteile scheinen das Ende der bisherigen Rücksichtnahme des Gerichtshofes auf die speziellen Probleme der Terrorismusbekämpfung einzuläuten. Sie stellen ein deutliches Signal an die Konventionsstaaten dar, auch im Rahmen der Terrorismusbekämpfung die Grundrechte der EMRK zu achten und erinnern daran, dass die jeweiligen Staaten sich nicht von ihren rechtsstaatlichen Verpflichtungen lösen können, sondern im Einklang mit diesen handeln müssen.

Der Rechtsprechung des EGMR ist nicht nur Zustimmung entgegengebracht worden. Die Behauptung, dass die Rechtsprechung des EGMR zur Ermittlungspflicht des Staates aus der Not heraus geboren sei, ist nicht ganz von der Hand zu weisen. Fälle aus der Südosttürkei, in denen noch nicht einmal ermittelt worden war, ob die betroffene Person überhaupt zu Tode gekommen ist oder in denen jedenfalls die Todesumstände völlig ungeklärt blieben, stellen den Ausgangspunkt dieser Rechtsprechungsentwicklung dar. Der Wegfall der EKMR als ermittelndes Organ und die mangelnde Bereitschaft der türkischen Behörden zur Kooperation mit dem EGMR haben die Arbeit des Gerichts deutlich erschwert. Kritische Stimmen werfen dem EGMR vor, dass die Entwicklung der Untersuchungspflicht die Gefahr begründet, die schwerwiegende Feststellung einer Verletzung von Artikel 2 EMRK durch die Absenkung auf eine nur verfahrensrechtliche Verpflichtung zu verwässern[458]. Dies ist jedoch nicht überzeugend. Zum einen würde sich das in Artikel 2 EMRK verankerte Tötungsverbot als ineffektiv erweisen, wenn keine Ermittlungs- und Aufklärungspflicht der Konventionsstaaten bestehen würde. Der Gerichtshof muss die Konvention so auslegen, dass die Konventionsrechte ihre größtmögliche Wirkung entfalten. Um eine Verletzung von Artikel 2 EMRK zu vermeiden, könnten die Sicherheitsbehörden „Disappearance"- und Todesfälle bewusst ungeklärt lassen, um eine mögliche Verwicklung staatlicher Sicherheitskräfte zu verbergen. Eine Behinderung der Ermittlungen und eine mangelnde Kooperation der staatlichen Stellen mit dem Gerichtshof sind in der Praxis keine Seltenheit. Das Erfordernis einer

457 Vgl. EGMR Urt. v. 27.09.1995, Nr. 17/1994/464/545, *McCann u. a.*/Vereinigtes Königreich.

458 So *Meyer-Ladewig*, EMRK, Art. 2 Rn. 14.

effektiven Untersuchung, stellt eine erhebliche Stärkung des grundrechtlichen Lebensschutzes dar und ist damit als grundrechtliche Errungenschaft des EGMR anzuerkennen. Zum anderen wird durch die Verpflichtung des Staates, zum Schutz der Allgemeinheit die Aufklärung von Todesfällen zu gewährleisten, die prozessuale Situation der Beschwerdeführer deutlich gestärkt. In den Fällen, in denen es den Beschwerdeführern nicht gelingt, eine vom Staat zu verantwortende Tötung zu beweisen, haben sie die Möglichkeit, sich in dem Verfahren auf die Ineffektivität der Untersuchung zu stützen. Somit entspricht die Annahme einer Untersuchungs- und Aufklärungspflicht dem Effektivitätsgrundsatz, den der EGMR bei der Auslegung der Konventionsrechte anzuwenden hat. Es liegt in der Natur des EGMR als Rechtsprechungsorgan des Europarates, dessen Pflicht die Überprüfung der Einhaltung der Menschenrechte ist, Signale an die Konventionsstaaten zu senden, dass eine Umgehung der Menschenrechte, insbesondere eines so elementaren Menschenrechts wie das des Rechts auf Leben, unter keinen Umständen geduldet werden kann.

e) Der Umfang der Untersuchungspflicht

Zur Feststellung, ob der Staat seine Schutzpflicht erfüllt hat, ist der Umfang der Schutzpflicht zu bestimmen. In diesem Zusammenhang stellt sich die Frage, ob der Staat seine Pflicht durch eine bloße Leistungserbringung erfüllt oder, ob er darüber hinaus zur Erreichung eines konkreten Resultates verpflichtet ist. Zur Abgrenzung dieser beiden Pflichten werden in der französischsprachigen Literatur die Begriffe „obligations de moyen“[459] und „obligations de résultat“[460] verwendet[461]. Diese Begriffe lassen sich am besten mit „Bemühenspflicht“ oder „Handlungspflicht“ und „Erfolgspflicht“ in die deutsche Sprache übersetzen. In der Literatur werden beide Auffassungen vertreten, jedoch fehlt es oftmals an einer näheren Begründung für die jeweilige Auffassung[462].

Für die Klärung des Umfangs der Untersuchungspflicht durch den EGMR war der Fall *Hugh Jordan*[463] wegweisend. Hier hat der EGMR die staatliche Untersuchungspflicht als „Bemühenspflicht“ („obligation of means“) eingeordnet[464].

---

459 Unter „obligation de moyen“ (englisch: „obligation of means“) wird die Pflicht verstanden, unter Einsatz aller Fähigkeiten, auf das angestrebte Ziel hinzuwirken.

460 Unter „obligation de résultat“ (englisch: „obligation of results“) wird dagegen die Pflicht verstanden, die Herbeiführung eines Erfolges zu gewährleisten.

461 *Streuer*, Positive Verpflichtungen, S. 267.

462 *Streuer*, Positive Verpflichtungen, S. 268 mit weiteren Nachweisen.

463 EGMR, Urt. v. 04.05.2001, Nr. 24746/94, *Hugh Jordan*/Vereinigtes Königreich.

464 EGMR, Urt. v. 04.05.2001, Nr. 24746/94, *Hugh Jordan*/Vereinigtes Königreich, Z. 107.

Die Rechtsprechung zollt damit der Tatsache Rechnung, dass der Staat einen effektiven Menschenrechtsschutz nur in dem Maße gewährleisten kann, in dem er Einfluss auf Situationen, Ereignisse und Personen auszuüben vermag[465]. Den Konventionsstaaten kann keine unverhältnismäßige oder sogar zum Teil unmögliche Last aufgebürdet werden, die sie nicht imstande sind zu erfüllen. Anders als beispielsweise bei echten Verfahrenspflichten der Konvention[466] kann der Staat im Rahmen der Untersuchungspflicht aus Artikel 2 EMRK in Verbindung mit Artikel 1 EMRK nicht den Geschehensablauf beherrschen. Vielmehr ist die Situation von einer Vielzahl von Unsicherheitsfaktoren geprägt, so dass sich die staatliche Pflicht darauf begrenzt, solche Mittel einzusetzen, die nach Kenntnisstand und Vorhersehbarkeit der Fortentwicklung der Situation den Eintritt einer Rechtsverletzung zu verhindern vermögen[467]. Deshalb besteht hinsichtlich der Untersuchungspflicht des Staates bei ungeklärten Todesfällen lediglich eine Bemühens-, aber keine Erfolgspflicht[468]. Der Staat erfüllt seine Untersuchungspflicht also bereits dann, wenn er unter Einsatz all seiner Fähigkeiten und ihm zur Verfügung stehenden Mittel auf die Aufklärung des Todesfalles hinwirkt.

f) Exkurs: Die Untersuchungspflicht nach Artikel 13 EMRK

Neben der Untersuchungspflicht aus Artikel 2 EMRK in Verbindung mit Artikel 1 EMRK beinhaltet auch Artikel 13 EMRK eine Untersuchungspflicht der Konventionsstaaten. Bei einem Vergleich beider Untersuchungspflichten fällt auf, dass beide Pflichten inhaltlich nahezu identisch sind. Die Untersuchungspflicht aus Artikel 2 EMRK in Verbindung mit Artikel 1 EMRK bezieht sich nicht nur auf Tötungen durch staatliche Organe, sondern auch auf Tötungen durch Privatpersonen, so dass die materiell-rechtliche Untersuchungspflicht in diesem Punkt umfassender ist. Auf der anderen Seite gewährt die prozessrechtliche Untersuchungspflicht aus Artikel 13 EMRK, anders als die materiell-rechtliche Pflicht, den Betroffenen eine Entschädigung und ist in diesem Sinne wiederum weitergehender[469]. Im Ergebnis ergänzen sich die beiden Untersuchungspflichten und sind nebeneinander anwendbar.

---

465 *Streuer*, Positive Verpflichtungen, S. 272.

466 Beispielsweise die Gestaltung gerichtlicher oder behördlicher Verfahren.

467 *Streuer*, Positive Verpflichtungen, S. 272.

468 So auch *Szczekalla*, Die sog. grundrechtlichen Schutzpflichten, S. 740 mit weiteren Nachweisen.

469 EGMR, Urt. v. 19.02.1998, Nr. 158/1996/777/978, *Kaya*/Türkei, Z. 107; EGMR, Urt. v. 02.09.1998,Nr. 22495/93, *Yasa*/Türkei, Z. 112.

4. *Die gesteigerte Verantwortung des Staates für Personen in Haft*

Es sind immer wieder Fälle bekannt geworden, in denen Personen, die sich in Staatsgewahrsam befanden, „verschwunden" sind. Vor allem im Südosten der Türkei kam es im Rahmen von Konflikten zwischen der türkischen Regierung bzw. dem türkischen Militär und *PKK*-Kämpfern zu Vorfällen, in deren Folge der türkische Staat nicht in der Lage war, über den Verbleib einer Person Auskunft zu geben oder eine Erklärung zwar abgegeben wurde, das Geschehen den Angehörigen aber nicht plausibel erschien und von den Behörden auch nicht belegt werden konnte. Das besondere an diesen Fällen ist die Unsicherheit des Todeseintritts, so dass eine materielle Verletzung von Artikel 2 EMRK, vielfach nicht festzustellen ist. Die Feststellung einer Verletzung von Artikel 2 EMRK scheiterte in diesen Fällen oft daran, dass es den Angehörigen der Verschwundenen nicht möglich war, den Tod, geschweige denn die Todesursache ihres Familienangehörigen überhaupt festzustellen. Aufgrund dieser unbefriedigenden Situation gilt für Personen, die sich in staatlichem Gewahrsam befinden, ein besonderes Maß an Sorgfaltspflichten und Verantwortung[470]. So hat der Staat gerade bei Untersuchungs- und Strafgefangenen durch Vorschriften und Kontrollen den Lebensschutz, der für sie weiterhin uneingeschränkt gilt, zu gewährleisten und mögliche Verstöße zu ahnden[471]. Zudem muss der Staat den Schutz des Lebens durch eine angemessene Gestaltung der Lebensbedingungen Gefangener sicherstellen[472]. Die besondere Verantwortung des Staates resultiert aus der verletzlichen Lage der Gefangenen, die möglichen Lebensgefahren nicht ausweichen können[473].

Für inhaftierte Personen besteht zudem eine Dokumentationspflicht des Staates, so dass z. B. Aufzeichnungen über die Behandlung einer Person in Haft und über die Umstände, unter welchen es zum Tod der Person gekommen ist, geführt werden müssen[474]. Im Allgemeinen kennen bei Todesfällen in Gewahrsam allein die staatlichen Behörden den genauen Ablauf der Ereignisse. Der Staat muss deshalb eine plausible Erklärung für den Verbleib einer inhaftierten Person

470 *Heintschel von Heinegg*, Casebook Völkerrecht Rn. 1075; *Gollwitzer*, EMRK und IPBPR, Art. 2 Rn. 12.

471 *Gollwitzer*, EMRK und IPBPR, Art. 2 Rn. 12 mit weiteren Nachweisen.

472 *Gollwitzer*, EMRK und IPBPR, Art. 2 Rn. 12.

473 EGMR, Urt. v. 27.06.2000, Nr. 21986/93, *Salman*/Türkei, Z. 99; EGMR, Urt. v. 14.03.2002, Nr. 46477/99, *Paul and AudreyEdwards*/Vereinigtes Königreich, Z. 56.

474 EGMR, Urt. v. 27.02.2001, Nr. 25704/94, *Çiçek*/Türkei, Z. 147; EGMR, Urt. v. 13.06.2000, Nr. 23531/94, *Timurtas*/Türkei, Z. 82 ff.; EGMR, Urt. v. 03.07.2008, Nr. 12712/02, *Ruslan Umarov*, Z. 94; s. a. *Meyer-Ladewig*, EMRK, Art. 2 Rn. 19.

abgeben[475]. Dies gilt erst recht, wenn die betroffene Person bei Ingewahrsamnahme keine offensichtlichen gesundheitlichen Probleme oder Verletzungen aufwies und in Gewahrsam verstirbt[476]. Unterlässt der Staat dies, weil keine Dokumentation des Falles stattgefunden hat, liegt ein besonders gravierender Fehler vor und es kann in diesem Unterlassen bereits eine prozedurale Verletzung von Artikel 2 EMRK erkannt werden[477]. Der EGMR gewährt den Beschwerdeführern damit Beweiserleichterungen für Fälle, in denen eine Person in staatlichem Gewahrsam stirbt und bürdet dem Staat die Beweislast für den Verbleib der Person auf[478].

Im Fall *Çiçek*[479] wurden die Brüder *Tahsin* und *Ali Çiçek* im Mai 1994 von türkischen Soldaten festgenommen und seitdem nicht mehr gesehen. Der Gerichtshof entschied, dass unter Berücksichtigung der Tatsache, dass über den Verbleib der Brüder auch sechseinhalb Jahre nach ihrer Festnahme keinerlei Informationen abgegeben wurden, davon auszugehen ist, dass die beiden infolge der ungeklärten Entführung verstorben sind und der türkische Staat die Verantwortung dafür trägt[480]. Hinsichtlich des Verschwindens von *Ayub Takhayev* nach einer nächtlichen Entführung durch russische Sicherheitskräfte hat der Gerichtshof ebenfalls einen Verstoß gegen die Untersuchungspflicht des Staates aus Artikel 2 Absatz 1 Satz 1 in Verbindung mit Artikel 1 EMRK festgestellt[481]. Angesichts fehlender Aufklärungsbemühungen der zuständigen Behörden über einen Zeitraum von mehr als fünf Jahren musste der Gerichtshof eine prozedurale Verletzung von Artikel 2 EMRK feststellen[482]. Diese Entscheidungen machen deutlich, dass es für die Vermutung des Todes einer Person entscheidend auf den Zeitraum, der vergangen ist, seitdem diese verschwunden ist, ankommt.

Der EGMR betont in seiner *Kurt*-Entscheidung, eine Verletzung der Aufklärungspflicht aus Artikel 2 EMRK setze voraus, dass es konkrete Hinweise auf einen möglichen Todesfall gibt[483], so dass der Schluss nahe liegt, dass in Fällen „verschwundener Personen" hinreichende Beweise für den Eintritt des Todes

---

475 EGMR, Urt. v. 27.06.2000, Nr. 21986/93, *Salman*/Türkei, Z. 110 ff.

476 EGMR, Urt. v. 13.06.2000, Nr. 23531/94, *Timurtas*/Türkei, Z. 82.

477 EGMR, Urt. v. 13.06.2000, Nr. 23531/94, *Tas*/Türkei, Z. 63 ff.

478 EGMR, Urt. v. 03.07.2008, Nr. 12712/02, *Ruslan Umarov*/Russland, Z. 85; EGMR, Urt. v. 18.09.2008, Nr. 23286/04, *Takhayeva u. a.*/Russland, Z. 68.

479 EGMR, Urt. v. 27.02.2001, Nr. 25704/94, *Çiçek*/Türkei.

480 EGMR, Urt v. 27.02.2001, Nr. 25704/94, *Çiçek*/Türkei, Z. 147.

481 EGMR, Urt. v. 18.09.2008, Nr. 23286/04, *Takhayeva u. a.*/Russland, Z. 96.

482 EGMR, Urt. v. 18.09.2008, Nr. 23286/04, *Takhayeva u. a.*/Russland, Z. 90.

483 EGMR, Urt. v. 25.05.1998, Nr. 24276/94, *Kurt*/Türkei, 107 f.

erforderlich sind. In seinem späteren Urteil in der Sache Zypern/Türkei macht der Gerichtshof allerdings deutlich, dass es zur Begründung einer Aufklärungspflicht ausreichend ist, wenn eine Person unter lebensbedrohlichen Umständen verschwunden ist, selbst wenn es nicht genügend Beweise gibt, dass diese Person unrechtmäßig getötet worden ist[484].

5. *Die Beweislastumkehr durch den Gerichtshof*

Die Tatsachenfeststellung zur Kenntniserlangung, ob eine der oben genannten Schutzpflichten verletzt worden ist, stellt eine der größten Herausforderungen für den EGMR dar. Oftmals liegen die Handlungen lange zurück, wenn die jeweiligen Fälle dem Gerichtshof vorliegen. Aufgrund der hohen Arbeitsbelastung kann der Gerichtshof keine eigenen Ermittlungen anstellen, zumal die Staaten häufig – trotz Mitwirkungspflicht gemäß Artikel 34 EMRK – nicht bereit zu einer ernsthaften Kooperation sind. Unter Bezugnahme auf ein besonderes Geheimhaltungsinteresse werden Akten und Dokumente vorsätzlich zurückgehalten[485]. Um die Rechtsfindung nicht zu gefährden hat der EGMR in der Vergangenheit aus der Verweigerung der Mitwirkung immer wieder Schlüsse zu Ungunsten der Staaten gezogen[486]. Anhand der Erbringung eines Anscheinsbeweises durch die Beschwerdeführer hat der Gerichtshof eine Beweislastumkehr entwickelt[487]. Gelingt die Erbringung eines Anscheinsbeweises geht die Beweislast auf die jeweilige Regierung über. Ein solcher Anscheinsbeweis ist nach Ansicht des Gerichtshofes beispielsweise dann anzunehmen, wenn die Beschwerdeführer ihre Darstellung durch schriftliche Zeugenaussagen belegen können, wenn das Verhalten der Täter dem von staatlichen Sicherheitskräften typischerweise ähnelte oder die Täter mit Militärfahrzeugen unterwegs waren. Ein Anscheinsbeweis ist nach Ansicht des EGMR auch dann erbracht, wenn zur Zeit der Verhaftung – in diesem Fall russische – Sicherheitskräfte die ausschließliche Kontrolle über ein bestimmtes Gebiet haben, so dass nach lebensnaher Betrachtung nur staatliche Sicherheitskräfte für die Tat in Betracht kommen[488]. Insbesondere dann, wenn

484 EGMR, Urt. v. 10.05.2001, Nr. 25781/94, Zypern/Türkei, Z. 132.

485 *Meyer-Ladewig*, NVwZ 2009, 1531, 1534.

486 EGMR, Urt. v. 20.12.2011, Nr. 18299/03 und 27311/03, *Finogenov*/Russland, Z. 237; EGMR, Urt. v. 12.02.2009, Nr. 7654/02, *Ayubov*/Russland, Z. 64; EGMR, Urt. v. 08.01.2009, Nr. 20583/04, *Zakriyeva*/Russland, Z. 59; EGMR, Urt. v. 02.04.2009, Nr. 6704/03, *Dokuyev u. a.*/Russland, Z. 105.

487 EGMR, Urt. v. 12.02.2009, Nr. 7654/02, *Ayubov*/Russland, Z. 99 ff.; EGMR, Urt. v. 08.01.2009, Nr. 20583/04, *Zakriyeva*/Russland, Z. 62.

488 EGMR, Urt. v. 08.01.2009, Nr. 20583/04, *Zakriyeva*/Russland, Z. 64.

Personen in einer Zone unter ausschließlicher Kontrolle der Behörden des Staates verwundet oder tot aufgefunden wurden und es Anhaltspunkte dafür gibt, dass der Staat hieran beteiligt war, geht die Beweislast auf die jeweilige Regierung über, weil die fraglichen Abläufe im Wesentlichen nur den Behörden bekannt sind[489].

Mit dieser aktuellen Neuausrichtung des EGMR hinsichtlich der Beweisgewinnung im Verfahren wird es für die von Terrorismus betroffenen Staaten schwieriger, sich der Feststellung von Verletzungen von Artikel 2 EMRK zu entziehen. Die Heranziehung einer Beweislastumkehr bei der Erbringung eines Anscheinsbeweises durch die Beschwerdeführer zeugt von einer positiven Entwicklung des Menschenrechtsschutzes. Der Gerichtshof zeigt sich angesichts der Kooperationsunwilligkeit von Staaten wie der Türkei oder Russland nicht hilflos, sondern erarbeitet Rechtskonstruktionen die der Wahrung und Durchsetzung der Menschenrechte dienen. Diese Vorgehensweise bezeugt wieder einmal die Abkehr des Gerichtshofes, Verständnis für von Terrorismus betroffene Staaten zu haben und hier einen niedrigeren Standard für den Schutz des Lebens anzulegen. Das Gewicht des Rechts auf Leben wiegt für alle Konventionsstaaten gleich schwer.

6. *Ergebnis*

Der Straßburger Gerichtshof hat aus der allgemeinen Gewährleistungspflicht in Artikel 1 EMKR in Verbindung mit Artikel 2 Absatz 1 Satz 1 EMRK unter Zugrundelegung einer dynamischen Konventionsauslegung Schutzpflichten der Konventionsstaaten hinsichtlich des Rechts auf Leben entwickelt. Die Konventionsstaaten sind gesetzlich dazu verpflichtet ihre Bürger vor tödlichen terroristischen Handlungen zu schützen. Dabei wird zwischen primären und sekundären Schutzpflichten differenziert.

Die primäre Schutzpflicht der Konventionsstaaten ist eine gesetzgeberische, die sich bereits aus dem Wortlaut von Artikel 2 Absatz 1 Satz 1 EMRK ergibt. Die Konventionsstaaten sind dazu verpflichtet, Eingriffe in das Leben zu verbieten. Das allgemeine Tötungsverbot findet sowohl gegenüber Privaten als auch gegenüber Staatsorganen Geltung. Im Rahmen der nationalen Gesetzgebung muss dieses Verbot in der Verfassung und im Strafrecht verankert sein. Dabei lässt ein effektives Strafrechtssystem keine Sonderregelungen für Staatsorgane

489 EGMR, Urt. v. 20.12.2011, Nr. 18299/03 und 27311/03, *Finogenov*/Russland, Z. 237.

zu. Tötungen durch terroristische Handlungen sind damit genauso zu sanktionieren wie ungerechtfertigte Tötungen von (mutmaßlichen) Terroristen durch Staatsorgane.

Die sekundäre Schutzebene betrifft die Verpflichtung der Konventionsstaaten zum effizienten Gesetzesvollzug. Tötungen müssen strafrechtlich verfolgt werden; eine zivilrechtliche Aufarbeitung ist nicht ausreichend. Zur strafrechtlichen Verfolgung ist das Bestehen von Polizei- und Justizeinrichtungen unerlässlich. Insbesondere in der Südosttürkei mangelt es den Gerichten und Ermittlungsbehörden an Unabhängigkeit. Eine Bestrafungspflicht, ist der EMRK allerdings unter Berücksichtigung des staatlichen Beurteilungsspielraums und des Sinn und Zwecks dieses Regelwerks nicht zu entnehmen. In Hinblick auf einen unterschiedlichen Verhältnismäßigkeitsmaßstab für vorsätzliche und fahrlässige Tötungen, wird bei Tötungen durch terroristische Handlungen eine (strafrechtliche) Bestrafungspflicht in Abweichung davon zu fordern sein.

Die Konventionsstaaten müssen präventive Schutzmaßnahmen gegen terroristische Akte ergreifen. Indes ist ein bedingungsloser Schutz nicht möglich. Dem Staat darf keine unmögliche oder unverhältnismäßige Last aufgebürdet werden, der ihn an die Grenzen seiner logistischen Kapazitäten bringt. Der Schutzanspruch wird ausgelöst, wenn die Behörden Kenntnis oder grob fahrlässige Unkenntnis vom Bestehen einer realen und unmittelbaren Gefahr für das Rechtsgut Leben haben. Dabei sind die Rechte und Freiheiten anderer zu berücksichtigen. Eine solche Kenntnis von der Gefahr, ist beispielsweise bei vorherigen Morddrohungen anzunehmen oder bei Berücksichtigung der äußeren tatsächlichen Lebensumstände kurdischer Aktivisten in der Südosttürkei sowie von Inhaftierten, die durch andere Gefangene gefährdet werden. Der Staat muss seine Bürger zwar vor Terroranschlägen bewahren, diese Pflicht obliegt ihm aber nur unter der Bedingung der oben genannten Kenntnis von der konkreten terroristischen Gefahr.

Die verantwortlichen Staatsorgane müssen sich bei der Organisation, Planung, Beurteilung und Bewertung von Anti-Terror-Maßnahmen an den Maßstab der im Verkehr erforderlichen Sorgfalt halten. Zu dieser Organisationspflicht zählen die vorherige Sachverhaltsaufklärung und eindeutige Identifizierung der Zielpersonen, ein angemessenes Maß an Vorsicht beim Schusswaffengebrauch, die Einbeziehung aller denkbaren Entwicklungsmöglichkeiten in der Situation des staatlichen Eingreifens ohne Festlegung auf ein „worst-case-scenario" sowie die vorherige Benachrichtigung oder Evakuierung der Zivilbevölkerung. Dabei ist auf die individuellen Fähigkeiten und Möglichkeiten der jeweiligen staatlichen Sicherheitskräfte Rücksicht zu nehmen. Indes sind auch die Risiken durch Exzesse privater Dritter, bei der Planung zu berücksichtigen.

Die Untersuchungs- und Aufklärungspflicht fordert von den Konventionsstaaten, die Umstände von Todesfällen zu untersuchen und aufzuklären. Sinn und Zweck dieser Pflicht sind die wirksame Durchsetzung des Lebensschutzes der Opfer sowie die Sicherstellung der Haftung staatlicher Organe. Die Untersuchungs- und Aufklärungspflicht besteht auch dann, wenn nicht feststeht, ob die Tötungshandlung von staatlichen Organen begangen wurde. Das Vorbringen der Beschwerdeführer wird vom EGMR als wahr unterstellt, wenn keine vernünftigen und begründeten Zweifel an ihrer Aussage bestehen. Relevanz hat diese Schutzpflicht insbesondere bei der Terrorismusbekämpfung in der Südosttürkei in Fällen „verschwundener Personen". Die Ermittlungen sind von Amts wegen einzuleiten sowie unverzüglich, umfassend, unvoreingenommen und gründlich zu führen. Dabei muss festgestellt werden, ob es sich bei den Opfern tatsächlich um Terroristen handelte. Die Ermittlungsbehörden müssen institutionell und tatsächlich unabhängig von den Beteiligten sein und die Ermittlungen öffentlich machen. Besondere politische Umstände in von Terrorismus betroffenen Staaten spielen bei der Bewertung richtigerweise keine Rolle. Bei der Untersuchungs- und Aufklärungspflicht handelt es sich um eine Bemühenspflicht („obligation de moyen") und nicht um eine Erfolgspflicht („obligation de résultat").

Für Personen die sich in staatlichem Gewahrsam befinden besteht eine gesteigerte Verantwortung und ein besonderes Maß an Sorgfaltspflichten. Problematisch sind die Fälle „verschwundener Personen" bei denen der Todeseintritt ungewiss ist. Hier besteht für die Konventionsstaaten eine Dokumentationspflicht in Form von Aufzeichnungen über die Behandlung der Person in Haft. Für die Feststellung einer Verletzung von Artikel 2 EMRK kommt es hierbei vor allem auf den vergangenen Zeitraum, seitdem die Person nicht mehr gesehen worden ist, an. Umso länger dieser Zeitraum ist, desto eher kann von der Tötung der Person ausgegangen werden.

Zur Erleichterung seiner Entscheidungsfindung hat der EGMR bei Erbringung eines Anscheinsbeweises durch die Beschwerdeführer eine Beweislastumkehr zu Lasten der Konventionsstaaten entwickelt.

Ein Unterlassen dieser Schutzpflichten stellt für sich schon eine Verletzung von Artikel 2 EMRK dar. Das Tötungsverbot der Konventionsstaaten wäre ohne die Geltung der Schutzpflichten weniger effektiv. Sie zeugen von einer Verstärkung des Lebensschutzes im europäischen Raum. Gerade im Rahmen der Terrorismusbekämpfung – vor deren Hintergrund die Mehrzahl der Schutzpflichten entwickelt worden sind – müssen sich die Konventionsstaaten an bestimmten Erfordernissen orientieren können. Dadurch wird ein Ausgleich für das Spannungsverhältnis zwischen Terrorismusbekämpfung und der Achtung des Rechts auf Leben gefunden. Dieser Ausgleich kommt sowohl den Konventionsstaaten bei der Erfüllung ihrer Aufgaben zugute als auch der betroffenen Zivilbevölkerung und den (mutmaßlichen) terroristischen Tätern. Der Straßburger Gerichtshof signalisiert den Konventionsstaaten, dass Terrorismus zwar häufig ein nationales Problem darstellt, der Europarat aber über seine Mitglieder wacht und bemüht ist, ein gleichläufiges Menschenrechtsschutzsystem für den gesamten europäischen Raum zu etablieren.

III. Die Adressaten der Schutzpflichten aus Artikel 2 Absatz 1 EMRK

1. *Der Staat*

Völkerrechtlich betrachtet ist Adressat der Schutzpflicht aus Artikel 2 Absatz 1 Satz 1 EMRK der jeweilige Konventionsstaat der EMRK[490]. Die EMRK folgt dem völkerrechtlichen Modell der Pflichtzuweisung der nationalen Rechtsordnungen, wonach es aus internationaler Perspektive der jeweils zuständigen Gewalt obliegt, die Pflichten des Staates aus einem internationalen Vertrag zu beachten[491]. Adressat der Schutzpflicht kann nur der Staat sein. Dies ergibt sich zum einen aus dem staatlichen Gewalt- und Rechtssetzungsmonopol sowie zum anderen daraus, dass nur der Staat mit seinen finanziellen und personellen Mitteln für diese Aufgabe in Betracht kommt[492].

Die konkrete Ausgestaltung der Erfüllung dieser Schutzpflichten richtet sich nach der nationalen Gewaltenteilung und der staatlichen Zuständigkeitsordnung[493]. Innerstaatlich sind alle drei Staatsgewalten an die Schutzpflichten gebunden und auf ihr funktionales Zusammenwirken angewiesen[494]. Bei der Wahl der Mittel zur Umsetzung seiner Pflichten ist der Staat grundsätzlich frei.

Für die Verantwortlichkeit des Konventionsstaates vor dem EGMR ist es irrelevant, welches Staatsorgan im einzelnen eine Pflichtverletzung begangen hat, da immer der Staat als Hohe Vertragsschließende Partei der EMRK haftbar gemacht

490 *Kopetzki*, in: Korinek, Österreichisches Verfassungsrecht, Art. 2 EMRK Rn. 68; *Dröge*, Positive Verpflichtungen, S. 79.

491 *Bleckmann*, in: Beyerlin u. a., FS Bernhardt, S. 313; *Dröge*, Positive Verpflichtungen, S. 79.

492 *Hermes*, Das Grundrecht auf Gesundheit und Leben, S. 39.

493 *Kopetzki*, in: Korinek, Österreichisches Verfassungsrecht, Art. 2 EMRK Rn. 68; *Bleckmann*, in: Beyerlin u. a., FS Bernhardt, S. 313

494 *Dröge*, Positive Verpflichtungen, S. 79.

wird[495]. So kann es der EGMR in seinen Entscheidungen offen lassen, welches Staatsorgan letztendlich hätte tätig werden müssen[496]. Insofern gelten die nationalen Zuweisungen; die Verletzung einer positiven Pflicht wird stets „durch den Staat" ausgeübt[497]. Primärer Adressat der Schutzpflichten aus Artikel 2 Absatz 1 Satz 1 EMRK ist der nationale Gesetzgeber, da nur er das rechtliche Gerüst für die Erfüllung der Schutzpflichten schaffen kann. Der nationale Gesetzgeber muss zur Pflichterfüllung Gesetze schaffen, die den Schutz des Lebens gewährleisten können[498]. Dazu zählen neben dem materiellen Recht auch Verfahrensrechte. Damit ist die Unterteilung in primäre Schutzpflichten der Legislative und sekundäre Schutzpflichten der Exekutive[499] relativ, da sich sekundäre Schutzpflichten nur aus entsprechenden gesetzlichen Vorgaben ergeben können[500]. Aufgabe der Exekutive ist es, die gesetzlichen Vorgaben inhaltlich umzusetzen bzw. zu vollziehen und gegebenenfalls Schutzmaßnahmen zu ergreifen[501]. Die Judikative erfüllt ihre Schutzpflichten in erster Linie durch die Anwendung von Kontrollnormen zur Überprüfung des Handelns der anderen staatlichen Gewalten[502].

2. *Unmittelbare Drittwirkung von Artikel 2 EMRK zwischen Privatpersonen?*

Die Lösung der Problematik nicht-staatlicher Eingriffe grundrechtlich geschützter Güter ist sowohl Ziel der Lehre der grundrechtlichen Schutzpflichten als auch der Drittwirkungslehre. Die überragende Bedeutung des Rechtsguts Leben und das grundsätzliche Verbot privater Tötungen in der europäischen Rechtskultur lässt eine direkte Grundrechtsbindung Privater durchaus möglich erscheinen. Fraglich ist, ob eine unmittelbare Drittwirkung von Artikel 2 Absatz 1 EMRK in dem Sinne besteht, dass neben den Vertragsstaaten auch Private im Geltungsbereich der EMRK zu Adressaten der Schutzpflichten gemacht werden. Dies wird mit Hinweis darauf, dass das Recht auf Leben nicht nur vor staatlichen Eingriffen, sondern auch vor Verletzungen durch private Dritte zu schützen ist,

495 *Streuer*, Die positiven Verpflichtungen, S. 231 mit weiteren Nachweisen.
496 *Streuer*, Die positiven Verpflichtungen, S. 231.
497 *Streuer*, Die positiven Verpflichtungen, S. 231.
498 *Malinverni*, in: Haller u. a., FS Schindler, S. 553.
499 Vgl. 4. Kap. C. II. 2.
500 So auch *Kopetzki*, in: Korinek, Österreichisches Verfassungsrecht, Art. 2 EMRK Rn. 68.
501 *Dröge*, Positive Verpflichtungen, S. 80.
502 *Dröge*, Positive Verpflichtungen, S. 80.

teilweise bejaht[503]. Bei der Annahme einer Schutzpflicht des Staates wird das Auseinanderfallen vom Staat, als Grundrechtsverpflichtetem und dem Verursacher der Beeinträchtigung als Drittem, durch Verschiebung der Beeinträchtigung zum Staat hin, beseitigt. Die Drittwirkungslehre verschiebt dagegen die grundrechtliche Verpflichtung auf den Dritten, beide Lösungsansätze gehen damit gewissermaßen den „umgekehrten Weg“[504].

Die Frage nach der unmittelbaren Drittwirkung von Artikel 2 Absatz 1 EMRK lässt sich durch Auslegung der Norm beantworten. Die Wortlautauslegung von Artikel 2 Absatz 1 EMRK, sowohl der Originalfassungen als auch der deutschen Fassung, führt diesbezüglich zu keinem Ergebnis; die Frage der Akteure bleibt offen[505]. In der Literatur wird deswegen der Versuch unternommen, eine unmittelbare Drittwirkung der Konventionsrechte allgemein aus dem Wortlaut von Artikel 1 EMRK herzuleiten[506]. *Nipperdey*[507] schließt aus dem Wortlaut „sichern die Hohen Vertragsschließenden Teile allen ihrer Herrschaft unterstehenden Personen die (…) niedergelegten Rechte und Freiheiten zu“, dass die Vertragsparteien neben der Staatsgewalt auch Private binden wollten[508]. Maßgeblich für eine Wortlautinterpretation ist aber der Konventionstext in den Originalsprachen englisch und französisch. Der englische Text lautet „The High Contracting Parties shall secure to everyone (…) the rights and freedoms (…)“. Der französische Text spricht dagegen nicht von sichern oder zusichern, sondern von „reconaissent“, also vom Anerkennen der Rechte und Freiheiten. Aufgrund der Abweichung des Wortlauts der Texte in den Originalsprachen und der mangelnden Eindeutigkeit des Wortlauts lässt sich auch aus Artikel 1 EMRK keine unmittelbare Drittwirkung ableiten[509]. Anhaltspunkte für die Annahme einer unmittelbaren Drittwirkung von Artikel 2 Absatz 1 EMRK ergeben sich auch nicht aus der Rechtsprechung des EGMR, wobei dieser keine Gelegenheit hat, sich zu dieser Frage zu äußern, da sich die Beschwerden nach Artikel 33 bis

503 *Frister*, GA 1985, 553, 556; *Wiesbrock*, Internationaler Schutz der Menschenrechte vor Verletzung durch Private, S. 162.

504 *Hermes*, Das Grundrecht auf Gesundheit und Leben, S. 100.

505 So auch *Alleweldt*, in: Grote/Marauhn, EMRK/GG, Kap. 10 Rn. 37; *Dröge*, Positive Verpflichtungen, S. 81 f.

506 *Nipperdey*, in: Neumann u. a., Grundrechte II, S. 21, Fn. 44.

507 *Nipperdey* gilt als Begründer der Drittwirkungslehre, vgl. *Guradze*, in: Dietz/Hübner, FS Nipperdey, Band II, S. 759; *Hermes*, Das Grundrecht auf Gesundheit und Leben, S. 100.

508 *Nipperdey*, in: Neumann u. a., Grundrechte II, S. 21, Fn. 44.

509 *Guradze*, in: Dietz/Hübner, FS Nipperdey, Band II, S. 762.

Artikel 35 EMRK nur gegen Staaten richten[510]. Beschwerden, die sich gegen Private richteten, wurden von der EKMR als unzulässig abgewiesen[511]. Zudem spricht die Formulierung von Artikel 19 EMRK „um die Einhaltung der Verpflichtungen sicherzustellen, welche die Hohen Vertragsparteien in dieser Konvention (…) übernommen haben (…)" dafür, dass nur Staaten Verletzungen der Konventionsrechte bewirken können.

Teilweise wird dennoch vertreten, dass sich aus der Ausgestaltung des Rechtsschutzsystems keine zwingenden Schlüsse auf die unmittelbar Verpflichteten der EMRK ziehen lassen[512]. So ist es nach dieser Auffassung vorstellbar, dass die EMRK gegenüber Dritten Pflichten begründet, diese zwar nicht vor den von ihr geschaffenen Organen, aber vor den jeweiligen nationalen Gerichten geltend gemacht werden können[513]. Die innerstaatlichen Gerichte sind hinsichtlich der Frage der Drittwirkung nämlich nicht an die Rechtsprechung der Straßburger Organe gebunden, es steht ihnen frei auf nationaler Ebene eine solche zu bejahen[514]. Aufgabe des EGMR ist es, wie bereits dargestellt wurde, durch die Feststellung des Bestehens einer Schutzpflicht für das Leben und der Bestimmung dessen Reichweite, eine staatliche Mitverantwortung für nichtstaatliche Tötungen darzulegen[515]. Völkerrechtlich verpflichtet, die Rechte der EMRK zu gewährleisten, sind nur die Konventionsstaaten, nur sie müssen sich vor dem EGMR verantworten. Es kann damit nur darauf ankommen, ob der Staat für Eingriffe privater Dritter verantwortlich gemacht werden kann[516]. Selbst wenn man eine unmittelbare Drittwirkung von Artikel 2 Absatz 1 EMRK anerkennen würde, wären die systematischen Bemühungen zur Begründung und zum Ausmaß der über die gesetzgeberische Schutzpflicht hinausgehenden Schutzpflichten erforderlich[517]. Zudem entsteht durch die Ablehnung einer unmittelbaren

---

510 *Alleweldt*, in: Grote/Marauhn, EMRK/GG, Kap. 10 Rn. 38; *Dröge*, Positive Verpflichtungen, S. 82.

511 EKMR, Ents. v. 19.09.1961, Nr. 852/60, *X.*/Deutschland; EKMR, Ents. v. 10.12.1976, Nr. 6956/75, *X.*/Vereinigtes Königreich; EKMR, Ents. v. 08.03.1985, Nr. 11002/84, *Van der Heijden*/Niederlande.

512 *Partsch*, in: Bettermann u. a., Die Grundrechte I1, S. 298 f.; *Guradze*, in: Dietz/Hübner, FS Nipperdey, Bd II, S. 761 f.

513 *Partsch*, in: Bettermann u. a., Die Grundrechte I1, S. 298 f.

514 *Guradze*, in: Dietz/Hübner, FS Nipperdey, Band II, S. 761.

515 *Kopetzki*, in: Korinek, Österreichisches Verfassungsrecht, Art. 2 EMRK Rn. 38.

516 *Murswiek*, in: Konrad, Die Pflicht des Staates zum Schutz vor Eingriffen Dritter, S. 216.

517 *Murswiek*, in: Konrad, Die Pflicht des Staates zum Schutz vor Eingriffen Dritter, S. 216.

Drittwirkung keine Regelungslücke im Grundrechtsschutz, denn der Vertragsstaat ist seinerseits verpflichtet, die Bürger vor Angriffen untereinander zu schützen. Die Problematik der unmittelbaren Drittwirkung von Artikel 2 EMRK geht in gewisser Weise in der Schutzpflichtenlehre auf[518]. Eine unmittelbare Drittwirkung lässt sich damit auch nicht durch das Prinzip der effektiven Auslegung herleiten. Gegen die Annahme einer unmittelbaren Drittwirkung und einer damit verbundenen unmittelbaren Verpflichtung privater Dritter aus Artikel 2 EMRK sprechen überdies die Probleme, die sich bei Fallkonstellationen ergeben, in denen der Dritte nicht genau zu benennen ist[519]. Hier ist ein umfassender Schutz nur gewährleistet, wenn der Staat als Schutzpflichtiger zur Verantwortung gezogen wird. Dazu kommt, dass eine Übertragung der Grundrechtsverpflichtung auf Private eine Herausnahme des Grundrechtsschutzes bedeutet, da der Grundrechtsverpflichtete nicht zugleich Grundrechtsberechtigter sein kann[520]. Unterstützen lässt sich dieses Ergebnis durch das Abstellen auf den Willen der Vertragsstaaten bei Abschluss der EMRK. Das Problem der Drittwirkung war bei Vertragsschluss außerhalb von Deutschland quasi unbekannt[521]. Die Vertragsstaaten hatten, geprägt durch die Verfassungstradition der westlichen Staaten, ausschließlich die Staaten als Adressaten der Konvention im Visier[522]. Sie hätten den Willen, Private unmittelbar zu verpflichten, im Vertragstext in jedem Fall deutlich gemacht[523].

Die Drittwirkungslehre wurde begründet, weil die Notwendigkeit der Ausdehnung grundrechtlichen Schutzes gegenüber Einzelnen erkannt wurde[524]. Die erforderliche grundrechtliche Ausdehnung zum Schutz vor Handlungen Dritter wird in der Rechtsprechung des EGMR durch die Entwicklung der Schutzpflichten ermöglicht. Der Drittwirkungslehre wurde mittelbar eine Absage erteilt, da insoweit kein Bedürfnis für sie besteht[525]. Angesichts der Tatsache, dass nur die Vertragsstaaten Pflichtsubjekte vor den Konventionsorganen sein können, bedarf es

---

518 So *Gebauer*, Parallele Grund- und Menschenrechtsschutzsysteme in Europa, S. 114.

519 *Hermes*, Das Grundrecht auf Gesundheit und Leben, S. 102.

520 *Isensee*, Das Grundrecht auf Sicherheit, S. 35; *Hermes*, Das Grundrecht auf Gesundheit und Leben, S. 103 f.

521 *Oestrich*, in: Bettermann u. a., Die Grundrechte I1, S. 64 f.

522 *Murswiek*, in: Konrad, Die Pflicht des Staates zum Schutz vor Eingriffen Dritter, S. 216.

523 *Murswiek*, in: Konrad, Die Pflicht des Staates zum Schutz vor Eingriffen Dritter, S. 216.

524 *Nipperdey*, in: Bettermann/Nipperdey, Die Grundrechte IV2, S. 749.

525 So auch *Grabenwarter*, EMRK, § 19 Rn. 15.

keines Rückgriffs auf private Dritte, wenn die Vertragsstaaten zur Verantwortung gezogen werden können[526]. Durch die Entwicklung der Schutzpflichtendogmatik des EGMR, welche keine Rechtsbeziehung zwischen Opfer und Täter begründet, wohl aber den Staat für die Handlungen privater Dritter zur Verantwortung zieht, wurde nach weit verbreiteter Ansicht die Ratio der Drittwirkungslehre übernommen[527]. Damit ist mit der herrschenden Meinung[528], eine unmittelbare Drittwirkung von Artikel 2 Absatz 1 EMRK abzulehnen[529]. Adressaten der Schutzpflicht aus Artikel 2 Absatz 1 EMRK sind nur die Konventionsstaaten.

3. *Ergebnis*

Adressat der Schutzpflicht aus Artikel 2 EMRK sind ausschließlich die Konventionsstaaten als Hohe Vertragsparteien der EMRK. Primärer Adressat ist der Gesetzgeber, wobei sowohl die Exekutive als auch die Judikative auf sekundärer Ebene Verpflichtete sind.

Eine unmittelbare Drittwirkung von Artikel 2 EMRK auf Private ist ausdrücklich abzulehnen und ergibt sich weder aus einer der anerkannten Auslegungsmöglichkeiten noch aus der Rechtsprechungspraxis des EGMR. Vielmehr wird das Problem des Eingriffs in das Recht auf Leben durch Private über die Konstruktion der Schutzpflichten gelöst.

IV. Die Schutzpflicht des Staates und der rechtspolitische Gestaltungsspielraum („margin of appreciation")

Der rechtspolitische Gestaltungsspielraum gibt den Staaten eine Einschätzungsprärogative bei der Bewertung von Risikosituationen, also der Beurteilung

---

526 So auch *Isensee*, Das Grundrecht auf Sicherheit, S. 36 nach dessen Ansicht die Drittwirkungslehre das Rechtssystem „sprengt".

527 *Grabenwarter*, EMRK, § 19 Rn. 15; *Hermes*, Das Grundrecht auf Gesundheit und Leben, S. 99; *Leisner*, in: Leisner/Goerlich, Das Recht auf Leben, S. 27; *Isensee*, Das Grundrecht auf Sicherheit, S. 36; *Isensee*, in: Franßen u. a., FS Sendler, S. 61.

528 *Gollwitzer*, EMRK und IPBPR, Art. 2 Rn. 14; *Peters*, Einführung in die EMRK, § 2, S. 15; *Hermes*, Das Grundrecht auf Gesundheit und Leben, S. 105; *Murswiek*, in: Konrad, Die Pflicht des Staates zum Schutz vor Eingriffen Dritter, S. 217; *Isensee*, in: Franßen u. a., FS Sendler, S. 61; *Guradze*, in: Dietz/Hübner, FS Nipperdey, Band II, S. 769.

529 Eine Drittwirkung der EMRK kann höchstens in Form einer „mittelbaren Drittwirkung" angenommen werden, da die EMRK, vermittelt über die Gesetze, zwischen Privaten wirkt, vgl. *Szczekalla*, Die sog. Grundrechtlichen Schutzpflichten, S. 900 ff.

sozialer Konflikte in Hinblick darauf, ob aus ihnen konkrete Lebensgefährdungen erwachsen können. Es ist daher zunächst Aufgabe der Konventionsstaaten, eine durch Terroristen ausgelöste Gefahrenlage zu bewerten und ihr entgegen zu treten. Dabei haben die Konventionsstaaten eine Einschätzungsprärogative hinsichtlich der Abwägung zwischen effektiver Terrorismusbekämpfung und dem Schutz des Lebens.

EKMR und EGMR haben schon früh einen gewissen Spielraum bei der Beurteilung der Notwendigkeit einer Maßnahme für die Umsetzung von Schutzpflichten festgestellt, da sie erkannt haben, dass sie sich nicht so nah wie die nationalen Kompetenzträger an den Umständen des Falles befinden[530]. Insbesondere in Fällen der Terrorismusbekämpfung müssen die Konventionsstaaten eine eigene Strategie erarbeiten dürfen, wie sie – aus ihrer Perspektive und den jeweils individuellen Gegebenheiten – konkret gegen terroristische Taten vorgehen wollen bzw. diese verhindern wollen. Nach der so genannten Lehre des Beurteilungsspielraums überprüfen die Straßburger Organe daher lediglich den Rahmen, den die jeweilige Schutzpflicht aus der EMRK gibt[531].

Der Beurteilungsspielraum beinhaltet zum einen den Bereich der Legislative, Exekutive und Judikative zur Einschätzung einer Situation oder eines Sachverhalts, das heißt, die Frage, ob die jeweilige Situation einen Schutzanspruch auslöst oder nicht. Im Rahmen der Terrorismusbekämpfung sind sie also dazu berufen, genau zu klären, ob tatsächlich eine terroristische Gefahr vorliegt, die der Bevölkerung gegenüber eine Schutzpflicht auslöst. Dem Beurteilungsspielraum kommt bei der Feststellung, ob der jeweilige Konventionsstaat Kenntnis bzw. grob fahrlässige Unkenntnis von einer (terroristischen) Gefahr für das Rechtsgut Leben hatte eine hervorgehobene Rolle zu. Zum anderen besteht ein Spielraum der nationalen Behörden zur Entscheidung über die anzuwendenden Maßnahmen[532]. Der Beurteilungsspielraum ist dann besonders weit, wenn kollidierende Rechte Privater miteinander in Einklang zu bringen sind. Dies ergibt sich bereits aus dem Konflikt der widerstreitenden Interessen und nicht zwangsläufig erst aus der positiven Verpflichtung selbst[533]. Übertragen auf das Recht auf Leben bedeutet dies, dass dem Staat sowohl ein gewisser Spielraum zusteht, zu entscheiden, welche Bedrohungssituation die Schutzpflicht des Staates zum Schutz des Lebens auslöst, ob z. B. bereits Bedrohungen der körperlichen Integrität oder Gesundheit eine staatliche Schutzpflicht begründen als auch welche

---

530 EGMR, Urt. v. 07.12.1976, Nr. 5493/72, *Handyside*/Vereinigtes Königreich, Z. 48.

531 *Dröge*, Positive Verpflichtungen, S. 357.

532 *Mosler*, in: Eichenberger, FS Huber, S. 601.

533 *Dröge*, Positive Verpflichtungen, S. 360.

Maßnahme zur Durchsetzung dieser Pflicht erforderlich ist, was im Rahmen des Strafrechts oder der präventiven Schutzmaßnahmen variieren kann.

Wegen des Gestaltungsspielraums der Staaten fordert Artikel 2 EMRK beispielsweise keine „flächendeckende oder uniforme" Strafandrohung und lückenlose Pönalisierung von Tötungen, da es dem nationalen Gesetzgeber überlassen bleibt, das Lebensrecht auszugestalten und auszudifferenzieren[534]. Zwar ist der rechtspolitische Gestaltungsspielraum des Gesetzgebers in Erfüllung seiner grundrechtlichen Schutzpflichten hinsichtlich des Rechts auf Leben nach weit verbreiteter Ansicht in Lehre und Rechtsprechung aufgrund seines allgemeinen Charakters weit zu fassen, der Schutz muss allerdings in jedem Fall auf Effektivität angelegt sein[535]. Insbesondere soll die Anerkennung eines staatlichen Beurteilungsspielraums den Konventionsstaaten keinen grenzenlosen Spielraum verleihen, aufgrund dessen sie sich der menschenrechtlichen Überwachung durch Straßburg entziehen können[536]. Die finale Entscheidungsbefugnis, ob tatsächlich eine Verletzung der Schutzpflicht gegeben ist, liegt beim EGMR. Innerhalb dieser Prämisse ist der Staat grundsätzlich frei in der Wahl seiner Mittel zur Verwirklichung der positiven Verpflichtung.

Der grundsätzlich gegebene (gesetzgeberische) Gestaltungsspielraum ist insofern eingeschränkt, dass es hinsichtlich einzelner Fragen des Lebensrechts nach Artikel 2 EMRK einen feststellbaren gemeinsamen europäischen Schutzstandard als Mindestanforderung gibt, der von den Konventionsstaaten nicht unterschritten werden darf[537]. Aus der Effektivitätsprämisse ergibt sich, dass sich der Gestaltungsspielraum in extremen Fällen auf ein einziges Mittel konkretisieren kann, wenn die Schutzpflicht auf andere Weise nicht mehr erfüllt werden kann[538]. Der Gestaltungsspielraum der Staaten kann damit massiven Einschränkungen unterliegen[539]. So sind sie Vertragsstaaten der EMRK, wie oben festgestellt wurde, dazu verpflichtet terroristische Handlungen, die eine Gefährdung des Lebens begründen, gesetzlich zu verbieten und strafrechtlich zu verfolgen

---

534 *Lewisch*, in: Fuchs/Brandstetter, FS Platzgummer, S. 387.

535 EGMR, Urt. v. 27.09.1995, *McCann u. a.*/Vereinigtes Königreich, Nr. 17/1994/464/545, Z. 146; *Kneihs*, in: Grabenwarter/Thienel, Kontinuität und Wandel der EMRK, S. 28; *Kneihs*, JBl 1999, 76, 77.

536 EGMR, Urt. v. 07.12.1976, *Handyside*/Vereinigtes Königreich, Nr. 5493/72, Z. 49.

537 *Kneihs*, JBl 1999, 76, 80; Der EGMR ist in seiner Beurteilung recht zurückhaltend, wenn über den Schutz des Rechts keine Einigkeit zwischen den Konventionsstaaten besteht, vgl. *Dröge*, Positive Verpflichtungen, S. 358.

538 *Bleckmann*, in: Beyerlin u. a., FS Bernhardt, S. 320 f.

539 *Kneihs*, in: Grabenwarter/Thienel, Kontinuität und Wandel der EMRK, S. 28.

und zu sanktionieren. Der Gestaltungsspielraum der Staaten begrenzt sich in diesem Beispiel auf die konkrete Strafandrohung bzw. das konkrete Strafmaß. Selbst in der Wahl der Mittel zur Aufklärung von Tötungen (mutmaßlicher) terroristischer Täter sind die Konventionsstaaten insofern in ihrem Gestaltungsspielraum eingeschränkt, dass der EGMR genaue Vorgaben entwickelt hat, wie solche Untersuchungen stattzufinden haben.

Die vom EGMR entwickelten Schutzpflichten einerseits und der der Grundsatz der „margin of appreciation" andererseits balancieren einen Mittelweg zwischen staatlicher Souveränität bei der Bewertung und Bekämpfung von Terrorismus und Kontrolle aus Straßburg aus.

D. Exkurs: Die staatlichen Schutzpflichten in Hinblick auf das Recht auf Leben und Terrorismusbekämpfung in der Rechtsprechung des Bundesverfassungsgerichts

Die Grundrechte im Grundgesetz sind in erster Linie als Abwehrrechte konzipiert. Dies erklärt sich aus dem geschichtlich erfahrenen totalitären Staat als „dauerhaftem Feindbild"[540]. Die Verfassung ist demnach auf die Abwehr, Bändigung und Kontrolle der Staatsgewalt angelegt[541].

Ebenso wie die Rechtsprechungsorgane des Europarates hat das BVerfG im Grundrecht auf Leben nach Artikel 2 Absatz 2 GG eine Schutzpflicht des Staates, „sich schützend und fördernd vor dieses Leben zu stellen" und somit auch vor Eingriffen Dritter zu sichern, herausgearbeitet[542]. Je höher der Rang eines Rechtsguts innerhalb der Werteordnung des Grundgesetzes, desto ernster ist die daraus resultierende staatliche Schutzpflicht zu nehmen, so dass die Anforderungen an die Schutzpflicht hinsichtlich des Rechts auf Leben als eines der „Höchstwerte" der grundgesetzlichen Ordnung besonders hoch anzusetzen sind[543].

Der Gesetzgeber hat in erster Linie zu entscheiden, wie der Staat seine Verpflichtung zum effektiven Schutz des Lebens erfüllt[544]. Der Grund für diesen Gestaltungsspielraum des Gesetzgebers liegt wohl darin, dass dieser unmittelbar und damit stärker demokratisch legitimiert ist als etwa die Verwaltung[545]. Ein effektives Mittel zur Durchsetzung des Schutzanspruchs kann nach Auffassung des

---

540 *Isensee*, Das Grundrecht auf Sicherheit, S. 27.
541 *Isensee*, Das Grundrecht auf Sicherheit, S. 27.
542 Erstmals in BVerGE 39, 1, 42 – Schwangerschaftsabbruch I.
543 BVerfGE 39, 1, 42.
544 BVerfGE 39, 1, 44.
545 *Bleckmann*, in: Beyerlin u. a., FS Bernhardt, S. 319.

Bundesverfassungsgerichts die Strafandrohung sein, welche dann unerlässlich ist, wenn andere Maßnahmen den tatsächlichen Schutz nicht zu gewährleisten vermögen[546]. In den Siebzigerjahren[547] hatte das BVerfG Gelegenheit, sich zu der Schutzkomponente des Rechts auf Leben nach Artikel 2 Absatz 2 Satz 1 GG in Zusammenhang mit Terrorismusbekämpfung zu äußern[548]. Der Arbeitgeberpräsident *Hanns-Martin Schleyer* war, nach Ermordung seiner Begleitpersonen, von Mitgliedern der *RAF* entführt worden. Diese forderten die Freilassung inhaftierter *RAF*-Mitglieder und drohten im Falle der Verweigerung mit der Hinrichtung *Schleyers*. Der Antragsteller verlangte in einer einstweiligen Anordnung, den Forderungen der Entführer zur Abwendung der drohenden und gegenwärtigen Gefahr für das Leben des Entführten nachzugeben. Das BVerfG entschied, dass die Schutzpflicht des Staates die Verpflichtung aller staatlichen Organe zum Schutze des Lebens der Geisel begründet[549]. Die Wahl der Mittel zur Gewährleistung eines wirksamen Lebensschutzes stehe den staatlichen Organen allerdings frei[550]. Zwar seien Fälle denkbar, in denen sich die Wahl auf ein bestimmtes Mittel verenge, ein solcher Fall sei hier aber aus mehreren Gründen abzulehnen[551]. Lebensbedrohende terroristische Erpressungen zeichnen sich nach Auffassung des BVerfG dadurch aus, dass „die gebotenen Maßnahmen der Vielfalt singulärer Lagen angepasst sein müssen“ und die staatlichen Organe in der Lage sein müssten „auf die Umstände des Einzelfalls angemessen zu reagieren“[552]. Dies schließe die Festlegung auf ein bestimmtes Mittel aus[553]. Der Schutzanspruch bestimmt also das Ziel, nicht aber den Weg zur Erreichung dieses Zieles. Im Grunde stand in dieser Entscheidung das Leben des Entführten gegen das Leben der potenziellen Opfer der freigepressten Terroristen, also Schutzpflicht gegen Schutzpflicht. Diesen Konflikt brauchte das BVerfG aber nicht zu lösen, da es lediglich feststellte, dass die Schutzpflicht des Staates sich nicht auf ein bestimmtes Verhalten hin verdichtet habe. Demzufolge konnte dem Staat kein bestimmtes

---

546 BVerfGE 39, 1, 45 f.

547 Im September und Oktober 1977 (so genannter Deutscher Herbst) kam es in der Bundesrepublik Deutschland vermehrt zu terroristischen Attentaten der *RAF*. Die Höhepunkte dieser Anschlagsserie bildeten die Entführung des Arbeitgeberpräsidenten *Schleyer* und die Entführung der Lufthansa Maschine *Landshut*.

548 BVerfGE 46, 160 – *Schleyer*; BVerfGE 49, 24 – *Kontaktsperre*.

549 BVerfGE 46, 160, 164.

550 BVerfGE 39, 1, 44; 49, 160, 164.

551 BVerfGE 46, 160, 165.

552 BVerfGE 46, 160, 165.

553 BVerfGE 46, 160, 165.

Verhalten vorgeschrieben werden. Weiter wies das BVerfG darauf hin, dass Artikel 2 Absatz 2 GG nicht nur einen Schutz für den Einzelnen, sondern auch für die „Gesamtheit aller Bürger“ begründet[554]. Aufgrund der Schutzpflicht gegenüber der „Gesamtheit aller Bürger“ kann der Schutz des Einzelnen im konkreten Fall zurückstehen. Der Staat würde zudem durch das Eingehen auf die Erpressung seine Reaktion auf derartige Erpressungen für Terroristen kalkulierbar machen, womit der Schutz seiner Bürger nicht mehr gewährleistet wäre[555]. Da der Staat in diesem Fall in der Wahl tauglicher Mittel frei ist, konnte das BVerfG keine Anweisungen geben, welche Maßnahmen zum Schutz des Lebens zu ergreifen sind. Der Antrag auf eine einstweilige Anordnung hatte somit keinen Erfolg.

Im Beschluss zur so genannten „Kontaktsperre“ wurde die gesetzliche Ermächtigung zur Unterbrechung jedweder Verbindung der Gefangenen untereinander sowie mit der Außenwelt mit der Pflicht zum Schutz des Lebens gerechtfertigt[556]. Der einschneidende Eingriff in die Grundrechte der Gefangenen wurde nach Ansicht des BVerfG durch die Erfüllung der staatlichen Pflicht zum Schutz des Lebens, welche Vorrang gegenüber der Wahrung der Grundrechte der Gefangenen habe, aufgewogen[557]. Das Bundesverfassungsgericht betonte einmal mehr die Hochwertigkeit des Rechts auf Leben und dessen Schutz durch die Verfassung.

Sowohl in der *Schleyer*-Entscheidung als auch im *Kontaktsperre*-Beschluss leitet das Bundesverfassungsgericht die Schutzpflicht des Staates aus Artikel 2 Absatz 2 Satz 1 GG in Verbindung mit Artikel 1 Absatz 1 Satz 2 GG ab, gibt dazu aber keine näheren Erläuterungen[558].

Im Jahr 2006 hatte das BVerfG wieder Gelegenheit, sich zu der Schutzpflicht aus Artikel 2 Absatz 2 Satz 1 GG und Terrorismusbekämpfung zu äußern[559]. Bei dem Urteil ging es um die Frage, ob der Staat ein Passagierflugzeug, das nach dem Muster des 11. Septembers 2001 von Terroristen entführt worden ist, zur Verhinderung einer weitergehenden Katastrophe, wie der Tötung unschuldiger

---

554 BVerfGE 46, 160, 165.

555 BVerfGE 46, 160, 165.

556 BVerfGE 49, 24, 56 f.

557 BVerfGE 49, 24, 56.

558 BVerfGE 46, 160, 164; 49, 24, 53. In weiteren Entscheidungen des BVerfG tritt Artikel 1 Absatz 1 Satz 2 GG in den Hintergrund (BVerfGE 49, 89, 141 – Kalkar I) bis in der zweiten atomrechtlichen Entscheidung der Hinweis auf Artikel 1 GG völlig verschwindet (BVerfGE 53, 30, 57).

559 BVerfG NJW 2006, 751.

Menschen auf dem Boden, nach § 14 Absatz 3 LuftSiG[560] abschießen darf. Auch in dieser Entscheidung stellte das BVerfG auf Artikel 2 Absatz 2 Satz 1 GG in Verbindung mit Artikel 1 Absatz 1 GG ab[561]. Hier legte das BVerfG zunächst dar, dass das menschliche Leben in Hinblick auf den Menschenwürdegehalt dieses Grundrechts „ohne Rücksicht auf die Dauer der physischen Existenz des einzelnen Menschen gleichen verfassungsrechtlichen Schutz" genießt, zumal „im Regelfall" keine verlässliche Aussage darüber getroffen werden könne, ob das Leben eines Menschen schon verloren sei[562]. Damit erteilte das Gericht der Argumentation, die Abschussregelung erfasse solche Situationen, in denen die Flugzeuginsassen ohnehin dem Tode geweiht seien, eine deutliche Absage. Hinsichtlich der materiellen Verfassungsmäßigkeit der Norm ging es in diesem Urteil um die Kollision der Schutzpflicht des Staates für die vom Angriff betroffenen Menschen am Boden und der aus der Abwehrfunktion des Grundrechts resultierenden Unterlassungspflicht im Hinblick auf die Insassen des Flugzeugs[563]. Das BVerfG entschied sich aufgrund des abwehrrechtlichen Grundverständnisses der Grundrechte für die Vorrangigkeit des Abwehrrechts[564].

Das Urteil des BVerfG zum LuftSiG wurde in der Literatur mit Hinweis auf die *Schleyer*-Entscheidung kritisiert. Die Betonung des Gerichts im Fall *Schleyer*, die Schutzpflicht des Staates bestehe der „Gesamtheit der Bürger" gegenüber und wesentlich sei die Handlungsfähigkeit des Staates, um die Friedensordnung aufrecht zu erhalten, widerspreche der Judikatur des Gerichts zum LuftSiG, die den Staat geradezu handlungsunfähig und wehrlos mache[565]. In Situationen, für die das LuftSiG vorgesehen sei, habe das BVerfG das Recht für unzuständig erklärt[566]. Diese Bewertung des Urteils ist nicht richtig. Dem Staat kann es nicht erlaubt sein, durch Erfüllung einer Schutzpflicht sein originäres Abwehrrecht

560 Luftsicherheitsgesetz vom 11. Januar 2005 (BGBl. I S. 78) zuletzt geändert durch Gesetz vom 29. Juli 2009 (BGBl. I S. 2424). § 14 Abs. 3 LuftSiG lautet: „Die unmittelbare Einwirkung mit Waffengewalt ist nur zulässig, wenn nach den Umständen davon auszugehen ist, dass das Luftfahrzeug gegen das Leben von Menschen eingesetzt werden soll, und sie das einzige Mittel zur Abwehr dieser gegenwärtigen Gefahr ist".

561 BVerfG NJW 2006, 751, 757.

562 BVerfG NJW 2006, 751, 759 f.

563 Zum Verhältnis der Schutzpflicht und des Abwehrrechts in Artikel 2 EMRK vgl. 4. Kap. C.

564 BVerfG NJW 2006, 751, 760; Daneben spielte Artikel 1 GG eine bedeutende Rolle. Durch die Tötung als Mittel zur Rettung Anderer, würden die Passagiere zum bloßen Objekt einer Rettungsaktion zu deren Schutze (BVerfG NJW 2006, 751, 758).

565 *Gramm*, DVBl 2006, 653, 659.

566 *Gramm*, DVBl 2006, 653, 659.

durch die Tötung unschuldiger Menschen zu umgehen[567]. Dies gilt umso mehr, weil die Situationen, die § 14 Absatz 3 LuftSiG erfassen soll, von einer großen Unsicherheit geprägt sind, da bis zuletzt die Möglichkeit besteht, dass es nicht zu der angenommenen Katastrophe – durch Einsetzen des Flugzeugs als Tatwaffe – kommt[568].

Anders fiel die Entscheidung des BVerfG für Konstellationen aus, in denen sich nur Terroristen an Bord des Flugzeuges befinden[569]. In einem solchen Fall könne nach Ansicht des Verfassungsgerichts der Schutzzweck des Rechts auf Leben einen staatlichen Eingriff in das Leben der Täter rechtfertigen[570]. Der Abschuss eines solchen Luftfahrzeugs stelle „nach dem Ergebnis der Gesamtabwägung zwischen der Schwere des damit verbundenen Grundrechtseingriffs und dem Gewicht der zu schützenden Rechtsgüter eine angemessene, den Betroffenen zumutbare Abwehrmaßnahme dar, wenn Gewissheit über die tatbestandlichen Voraussetzungen besteht"[571]. Der Unterschied liege darin, dass die Täter, im Gegensatz zu unbeteiligten Passagieren, es jederzeit in der Hand hätten, von der Verwirklichung der Tat Abstand zu nehmen und damit einem – aller Wahrscheinlichkeit nach – tödlichen Abschuss zu entgehen[572].

Damit hat sich das BVerfG in seiner Rechtsprechung im Laufe der Jahre zum einen klar über die Bedeutung der staatlichen Pflicht zum Schutz des Lebensrechts und zum anderen über das Verhältnis von Abwehrrechten und Schutzpflichten geäußert.

---

567 So im Ergebnis auch *Kersten*, NVwZ 2005, 661, 662 nach dessen Ansicht die Annahme einer Gleichgewichtung der Abwehrrechte und der Schutzpflichten zu einem „vollkommen neuen Zuschnitt des Freiheitsverständnisses des Grundgesetzes und des sozialen Zusammenlebens in der Bundesrepublik" führen würde.

568 Diesen Punkt hat auch das BVerfG in seinem Urteil besonders betont, vgl. BVerfG NJW 2006, 751, 758.

569 BVerfG NJW 2006, 751, 760.

570 BVerfG NJW 2006, 751, 760.

571 BVerfG NJW 2006, 751, 761.

572 BVerfG NJW 2006, 751, 761.

5. Kapitel: Der Eingriff in das Recht auf Leben

Der Begriff des Eingriffs wird weder in der Konvention selbst noch vom Gerichtshof ausdrücklich definiert. In Anlehnung an die Anforderungen von Artikel 34 EMRK zur Erhebung einer Individualbeschwerde, verlangt ein Eingriff die Verletzung eines Konventionsrechts durch einen Mitgliedsstaat[573]. Das Einwirken des Staates auf die Verhaltensfreiheiten in Form von Geboten oder Verboten ist charakteristisch für den konventionsrechtlichen Eingriffsbegriff[574]. Zudem erstreckt sich der Eingriffsbegriff auch auf schlicht-hoheitliches Handeln beispielsweise durch Realakte[575]. Festzustellen ist, dass der Begriff des Eingriffs im Laufe der Zeit durch die Rechtsprechung ausgedehnt worden ist. Dies verdeutlicht sich etwa in der Rechtsprechung des EGMR zu den staatlichen Schutzpflichten, wonach ein Eingriff auch in einem Unterlassen liegen kann. Der Grundrechtseingriff steht mit der Bestimmung des Schutzbereichs insoweit in engem Zusammenhang, als dass der Schutzbereich häufig schon in Hinblick auf mögliche Eingriffe bestimmt wird[576]. Es ist zunehmend auf die Wirkung des Handelnden und die Einschränkung der individuellen Freiheit abzustellen und nicht mehr auf die Herkunft des Handelns. Unter einem Eingriff wird heute jedes staatliche Handeln verstanden, das dem Einzelnen ein Verhalten, das in den Schutzbereich eines Grundrechts fällt, ganz oder teilweise unmöglich macht, gleichgültig ob diese Wirkung final oder unbeabsichtigt, unmittelbar oder mittelbar, rechtlich oder tatsächlich, mit oder ohne Befehl oder Zwang erfolgt[577].

Liegt beispielsweise eine gezielte Tötung im Rahmen eines Polizeieinsatzes vor, ist ein Eingriff in Artikel 2 EMRK unproblematisch zu bejahen. Es kommt dann nur noch darauf an, ob dieser Eingriff durch die Rechtfertigungsgründe von Artikel 2 Absatz 2 EMRK gerechtfertigt sein kann. Wie die oben genannte

---

573 Artikel 34 Satz 1 EMRK lautet: „Der Gerichtshof kann von jeder natürlichen Person, nichtstaatlichen Organisation oder Personengruppe, die behauptet durch eine der Hohen Vertragsparteien in einem der in dieser Konvention oder den Protokollen dazu anerkannten Rechten verletzt zu sein, mit einer Beschwerde befasst werden."

574 Vgl. *Stieglitz*, Allgemeine Lehren im Grundrechtsverständnis nach der EMRK und der Grundrechtsjudikatur des EuGH, S. 43 mit Verweis auf *Wildhaber/Breitenmoser*, Internationaler Kommentar zur EMRK, Art. 8 Rn. 42 ff. insb. 45.

575 So beispielsweise in EGMR, Urt. v. 27.09.1995, Nr. 17/1994/464/545, *McCann u. a./* Vereinigtes Königreich.

576 *Stieglitz*, Allgemeine Lehren im Grundrechtsverständnis nach der EMRK, S. 44.

577 *Pieroth/Schlink*, Grundrechte Rn. 240.

Definition des Eingriffsbegriffs zeigt, sind aber weit mehr Fälle als der unmittelbare und finale Eingriff[578] unter Artikel 2 Absatz 1 EMRK zu subsumieren. Hier sollen zunächst einige Fallgruppen, in denen die Eingriffsqualität – zumindest auf den ersten Blick – nicht eindeutig zu bestimmen ist, dargestellt und diskutiert werden.

A. Verneinung eines Eingriffs durch Einwilligung der Betroffenen?

Im Zusammenhang mit der Entscheidung des Bundesverfassungsgerichts zum LuftSiG[579] ist die Frage aufgeworfen worden, ob nicht bereits der Eingriff in das Lebensrecht zu verneinen ist, wenn von einer mutmaßlichen Einwilligung der Flugzeugpassagiere in den Abschuss der Maschine und damit in die eigene Tötung ausgegangen werden kann. Diese Überlegungen lassen sich durchaus auch auf einen Eingriff in Artikel 2 EMRK übertragen. Kann durch mutmaßliche Einwilligungen der Passagiere in die eigene Tötung ein Eingriff in Artikel 2 Absatz 1 EMRK durch den Abschuss eines Passagierflugzeugs nach § 14 Absatz 3 LuftSiG negiert werden? Es wird im Folgenden aufgezeigt, dass sich eine solche Vermutung der Einwilligung im Rahmen von Artikel 2 EMRK nicht begründen lässt.

Zwar ist der Gedanke nicht von der Hand weisen, dass sich Passagiere angesichts der heute bekannten Gefahren, die mit einer Flugreise verbunden sind, freiwillig einem gesteigerten Lebensrisiko aussetzen. Ein Flugzeugpassagier wird sich aber allenfalls freiwillig dem Risiko eines Flugzeugabsturzes aussetzen, nicht aber einer gezielten staatlichen Tötung[580]. Zudem ist es sehr fraglich, ob jemand in der psychischen Ausnahmesituation einer Flugzeugentführung überhaupt dazu in der Lage ist, eine freiwillige Entscheidung zu treffen, zumal dem auch der Wille Einzelner entgegenstehen kann, die Entführer in letzter Minute beispielsweise noch selbst zu überwältigen. Man wird bei lebensnaher Betrachtungsweise der freiwilligen Aussetzung einer Gefahr, wie zum Beispiel dem Betreten eines Passagierflugzeugs – auch in Kenntnis der Möglichkeit eines staatlichen Abschusses – keinen vorschnellen Verzicht auf das Lebensrecht entnehmen können[581]. Es ist vielmehr von einer Regelvermutung für einen Lebenswillen der Betroffenen

578 In der Rechtsprechung des EGMR tauchen die Kriterien der Finalität und Unmittelbarkeit gar nicht auf, vgl. *Stieglitz*, Allgemeine Lehren im Grundrechtsverständnis nach der EMRK, S. 100.

579 BVerfG NJW 2006, 751.

580 So auch *Hartleb*, NJW 2005, 1397, 1400.

581 So auch *Baumann*, DÖV 2004, 853, 857; *Kersten*, NVwZ 2005, 661, 663.

auszugehen[582]. Hinzu kommt, dass gerade an mutmaßliche Einwilligungen, welche eine solche Vermutung widerlegen sollen, besondere Anforderungen in Form tatsächlicher Anhaltspunkte für einen entsprechenden Willen der Betroffenen erfüllt sein müssen[583]. Selbst bei einer Übereinstimmung des tatsächlichen Willens der Betroffenen mit der (mutmaßlichen) Einwilligung wäre eine solche Annahme nach europäischen Maßstäben nicht mit Artikel 2 EMRK vereinbar. Der EGMR hat in seinem *Pretty*-Urteil deutlich gemacht, dass Artikel 2 EMRK „ohne Verdrehung seines Wortlauts" kein Recht auf Selbstbestimmung in dem Sinne entnommen werden kann, dass eine Person das Recht hat, den Tod an Stelle des Lebens zu wählen[584]. Damit wäre eine Einwilligung in einen Eingriff in das Lebensrecht, auch nach der Rechtsprechung des EGMR, mangels Dispositionsbefugnis nicht möglich.

Im Ergebnis ist eine (mutmaßliche) Einwilligung in den Abschuss eines von Terroristen entführten Flugzeugs durch staatliche Organe nicht wirksam, so dass ein Eingriff in das Lebensrecht nach Artikel 2 EMRK in einer solchen Konstellation immer gegeben ist.

B. Unbeabsichtigte Tötung

Nach dem Wortlaut von Artikel 2 Absatz 1 Satz 2 EMRK stellt zumindest jede absichtliche Tötung eines Menschen einen Eingriff in das Recht auf Leben dar. Fraglich ist, ob sich Artikel 2 EMRK in dem Schutz vor absichtlichen Tötungen erschöpft oder, ob auch unabsichtliche Tötungen einen Eingriff in Artikel 2 EMRK darstellen können. Diese Frage ist bei Anti-Terrorismuseinsätzen von großer Bedeutung, weil dabei stets die Gefahr besteht, dass beispielsweise Geiseln unbeabsichtigt bei ihrer Befreiung getötet werden. Bei Beschränkung des Eingriffsverständnisses auf beabsichtigte Tötungen, wäre in einem solchen Fall bereits die Eingriffsqualität zu verneinen.

In der deutschen Strafrechtsliteratur wird zum Teil die Ansicht vertreten, unter die absichtliche Tötung in Artikel 2 Absatz 1 Satz 2 EMRK falle nur die Tötung mit direktem Vorsatz, nicht aber mit *dolus eventualis*[585]. Diese Auffassung beruht auf einer falschen Auslegung des englischen Begriffs „intentionally", da

582 So auch *Höfling/Augsberg*, JZ 2005, 1080, 1085.

583 *Höfling/Augsberg*, JZ 2005, 1080, 1085.

584 EGMR, Urt. v. 29.04.2002, Nr. 2346/02, *Pretty*/Vereinigtes Königreich, Z. 39.

585 *Lenckner*, in: Schönke/Schröder, StGB, § 32 Rn. 32.

der Begriff „intention" in der englischen Rechtssprache auch für den bedingten Vorsatz gebraucht wird[586].

Die EKMR vertrat in ihrer Entscheidung *X./Belgien* die Auffassung, dass Artikel 2 EMRK nur gegen die absichtliche Herbeiführung des Todes schützt[587]. In diesem Fall hatte sich die EKMR mit der Tötung eines Demonstranten zu befassen, der aller Wahrscheinlichkeit nach durch den Schuss eines Polizisten zu Tode gekommen war. Da die EKMR aufgrund der Ermittlungsergebnisse eine absichtliche Tötung ausschließen konnte, war der Anwendungsbereich von Artikel 2 EMRK nicht eröffnet und die EKMR kam nicht mehr dazu, die Ausnahmen nach Artikel 2 Absatz 2 EMRK zu prüfen. Im Ergebnis lehnte sie eine Verletzung von Artikel 2 EMRK aufgrund der fehlenden Tötungsabsicht des Beamten ab.

Die Ausnahmen nach Artikel 2 Absatz 2 EMRK zeigen allerdings, dass Artikel 2 EMRK gerade auf unbeabsichtigte, nur als Begleiteffekt hingenommene, Todesfolgen abzielt, so dass der Inhalt der Norm weiter geht als die EKMR in der oben genannten Entscheidung angenommen hat[588]. Würde man einen Eingriff in das Recht auf Leben nur bei absichtlichen Tötungen annehmen, wäre Artikel 2 Absatz 2 EMRK weitestgehend überflüssig, da zum Beispiel eine Tötung durch Gewaltanwendung bei einer rechtmäßigen Festnahme wegen der erforderlichen Festnahmeabsicht nicht in Tötungsabsicht erfolgen kann. Dieser Überlegung trug die EKMR in der Entscheidung *Stewart* Rechnung und schloss sich dieser Auffassung mit Verweis auf den Sinn und Zweck des effektiven Grundrechtsschutzes der EMRK an[589]. Im Fall *Stewart* wurde der Sohn der Beschwerdeführerin während eines Aufruhrs in Nordirland durch ein Plastikgeschoss eines Soldaten tödlich getroffen. Weil der Soldat in dem Moment des Abschusses selbst von einem Geschoss eines Demonstranten getroffen wurde, verfehlte er sein ursprüngliches Ziel und traf den 17-jährigen *Brian Stewart* am Kopf. Auch hier handelte es sich um eine unbeabsichtigte Tötung durch ein Staatsorgan. Die EKMR rückte von ihrer in *X./Belgien* vertretenen Ansicht ab und nahm erstmals eine Anwendbarkeit von Artikel 2 EMRK auf unbeabsichtigte Tötungen an.

Auch der Gerichtshof hat sich – ebenfalls unter Berufung auf die Ratio der Schranken von Artikel 2 Absatz 2 EMRK – explizit für die Anwendung von

---

586 Vgl. dazu ausführlich *Frister*, GA 1985, 553, 560 mit weiteren Nachweisen.

587 EKMR, Ents. v. 21.05.1969, Nr. 2758/66, *X.*/Belgien.

588 *Frowein*, in: Frowein/Peukert, EMRK, Art. 2 Rn. 5; *Kopetzki*, in: Korinek, Österreichisches Bundesverfassungsrecht, Art. 2 EMRK Rn. 25; *Schilling*, Internationaler Menschenrechtsschutz, § 8 Rn. 86; *Klugmann*, EMRK und antiterroristische Maßnahmen, S. 50; *Kneihs*, JBl 1999, 76, 81; a. A. *Frister*, GA 1985, 553, 561.

589 EKMR, Ents. v. 10.07.1984, Nr. 10044/82, *Stewart*/Vereinigtes Königreich, Z. 15.

Artikel 2 EMRK auf unbeabsichtigte Tötungen ausgesprochen[590]. Der Wortlaut von Artikel 2 EMRK sei insgesamt zu lesen und zeige, dass die Vorschrift nicht nur die vorsätzliche Tötung erfasse[591]. Die Frage, ob die zur Tötung führende Gewaltanwendung beabsichtigt oder unbeabsichtigt war, sei vielmehr ein Element von vielen, das bei der Prüfung der Notwendigkeit der tödlichen Gewaltanwendung berücksichtigt werden müsse[592]. Unbeabsichtigte Tötungen, beispielsweise im Rahmen einer Geiselbefreiung, sind damit vom Eingriffsbegriff der EMRK erfasst.

C. Eingriff in den Schutzbereich durch bloße Lebensgefährdung?

Fraglich ist, inwiefern staatliche lebensgefährdende Behandlungen als Eingriffe in Artikel 2 EMRK einzuordnen sind. Das grundrechtlich geschützte Rechtsgut Leben ist durch bloße Körperverletzungshandlungen faktisch nicht beeinträchtigt, sondern erst dann, wenn ein Mensch getötet wird. Bedrohungen der körperlichen Integrität oder der Gesundheit, die nicht die Intensität einer Lebensgefährdung erreichen, können nicht als Eingriff in das Lebensrecht gewertet werden[593]. Die Annahme, nur erfolgreiche Angriffe auf das Leben seien Eingriffe in das Recht auf Leben, birgt jedoch das Problem, dass sich das Opfer nicht mehr gegen den Eingriff wehren kann, wenn der Eingriff einmal erfolgt ist[594]. Mit anderen Worten: Der Grundrechtsschutz in seiner stärksten Funktion, nämlich der Abwehrfunktion, würde erst dann ausgelöst werden, wenn es bereits zu spät ist[595].

Die Rechtsprechung des EGMR ist in dieser Frage nicht immer einheitlich. Der Gerichtshof hat in der Entscheidung *Berktay* deutlich gemacht, dass nur in außergewöhnlichen Fällen ein Eingriff in Artikel 2 Absatz 1 EMRK angenommen werden kann, wenn Misshandlungen nicht zum Tode geführt haben[596]. In diesem Fall war der Beschwerdeführer unter nicht restlos geklärten Umständen im Zuge einer polizeilichen Durchsuchung seiner Wohnung von Polizeibeamten

590 EGMR, Urt. v. 27.09.1995, Nr. 17/1994/464/545, *McCann u. a.*/Vereinigtes Königreich, Z. 148.

591 EGMR, Urt. v. 27.06.2000, Nr. 21986/93, *Salman*/Türkei, Z. 98.

592 EGMR, Urt. v. 27.06.2000, Nr. 21986/93, *Salman*/Türkei, Z. 98.

593 *Tretter*, in: Ermacora u. a., EMRK; Art. 2, S. 124; *Kneihs*, JBl 1999, 76, 81.

594 *Alleweldt*, in: Grote/Maurahn, EMRK/GG, Kap. 10 Rn. 53.

595 *Alleweldt*, in: Grote/Maurahn, EMRK/GG, Kap. 10 Rn. 53.

596 EGMR, Urt. v. 01.03.2001, Nr. 22493/93, *Berktay*/Türkei, Z. 154.

unter Kontrolle gebracht worden und sodann vom Balkon gestürzt, woraufhin er sich lebensgefährliche Verletzungen zufügte. Der Gerichtshof stellte fest, dass hier kein solcher Ausnahmefall gegeben sei, sondern in diesem Sachverhalt vielmehr eine Verletzung von Artikel 3 EMRK zu prüfen sei[597]. Ein derartiger Ausnahmefall ist aber in jedem Fall anzunehmen, wenn ein vorsätzlicher Angriff auf das Leben vorliegt, dieser aber ohne Erfolg bleibt[598]. Eine solche Auslegung von Artikel 2 EMRK ist im Sinne einer effektiven Durchsetzung des Grundrechtsschutzes geboten[599]. Der Gerichtshof stellt bei der Frage der Anwendung von Artikel 2 EMRK auf bloße Lebensgefährdungen auf Art, Ausmaß und tödliche Gefahr der Gewaltanwendung sowie Verhaltensweise, Absicht oder Ziel der Handelnden ab[600]. Der Gerichtshof wendet Artikel 2 EMRK auch an, wenn im Fall von Gewaltakten eine hinreichend konkrete und unmittelbare Lebensbedrohung für eine bestimmte Person besteht[601]. Der EGMR stellte in einer anderen Entscheidung fest, dass ein Eingriff in Artikel 2 EMRK aber auch dann gegeben sein kann, wenn die staatlichen Organe nicht die Absicht zur Tötung hatten[602]. Hiernach kommt es insbesondere auf die Begleitumstände des Falles, das Verhalten der Sicherheitskräfte sowie das Ausmaß und die Art der Gewaltanwendung an[603].

Der EGMR hat in seiner Rechtsprechung bereits früh erkannt, dass bei drohenden ernsten und irreversiblen Grundrechtsverletzungen, die Eingriffsschwelle in den Gefährdungsbereich vorverlagert werden muss[604]. Angewandt auf Artikel 2 EMRK bedeutet dies, dass wenn eine Bedrohung des Lebens als begründet angenommen werden kann, ein Eingriff in den Schutzbereich bereits durch eine bloße Lebensgefährdung bejaht werden muss.

Festzuhalten bleibt, dass ein Eingriff in Artikel 2 EMRK zwar je nach Grad und Art der Gewaltanwendung bereits bei einer bloßen Lebensgefährdung angenommen werden kann, dies aber nur in den Ausnahmefällen erfolgen sollte, in denen die zu beurteilende Maßnahme in typischer und vorhersehbarer Weise

---

597 EGMR, Urt. v. 01.03.2001, Nr. 22493/93, *Berktay*/Türkei, Z. 154.

598 EGMR, Urt. v. 24.02.2005, Nr. 57950/00, *Isayeva*/Russland, Z. 175.

599 *Alleweldt*, in: Grote/Maurahn, EMRK/GG, Kap. 10 Rn. 52.

600 EGMR, Urt. v. 04.11.2008, Nr. 9207/03, *Evrim Öktem*/Türkei, Z. 40.

601 EGMR, Urt. v. 28.10.1998, Nr. 87/1997/871/1083, *Osman*/Türkei, Z. 116; EGMR, Urt. v. 04.11.2008, Nr. 9207/03, *Evrim Öktem*/Türkei, Z. 40.

602 EGMR, Urt. v. 20.12.2004, Nr. 50385/99, *Makaratzis*/Griechenland, Z. 49 und 51.

603 EGMR, Urt. v. 20.12.2004, Nr. 50385/99, *Makaratzis*/Griechenland, Z. 55.

604 EGMR, Urt. v. 07.07.1989, Nr. 14038/88, *Soering*/Vereinigtes Königreich, Z. 90 zu Artikel 3 EMRK.

zu einer Lebensgefährdung führt. Es darf nicht zu einer Verwischung der Grenzen zwischen Artikel 2 EMRK und Artikel 3 EMRK kommen. Das Abstellen auf bloße Lebensgefährdungen führt zu einer recht beweglichen Eingriffsschwelle, deren Verlauf von einer Fülle von Kriterien, wie der Schwere des drohenden Schadens und der Wahrscheinlichkeit des Schadenseintritts abhängt, deren Anwendung nicht immer zu eindeutigen Ergebnissen führen wird[605].

D. Eingriff in den Schutzbereich durch Auslieferung oder Ausweisung?

Obwohl Artikel 2 EMRK für sich genommen einer Auslieferung oder Abschiebung – selbst wenn dem Betroffenen im Zielland die Todesstrafe droht – nicht entgegensteht[606], kann Artikel 2 EMRK gemeinsam mit Artikel 3 EMRK dennoch die Zulässigkeit einer Auslieferung oder Abschiebung beschränken, wenn der Betroffene im Zielland einer der Konvention widersprechenden Tötung ausgesetzt würde[607]. Der Gerichtshof prüft die Zulässigkeit einer Auslieferung oder Abschiebung in der Regel gemeinsam mit Artikel 3 EMRK[608]. Wenngleich in Fällen von Auslieferungen mit drohender Todesstrafe im Zielland der Prüfungsschwerpunkt des EGMR auf Artikel 3 EMRK liegt, hat der Gerichtshof deutlich gemacht, dass sich auch Fragen nach Artikel 2 EMRK stellen können, wenn ein Ausländer in ein Land abgeschoben wird, in dem er der ernsthaften Gefahr der Tötung ausgesetzt ist[609]. Dies ist beispielsweise der Fall, wenn die Todesstrafe in einem Verfahren verhängt wird, welches nicht den Anforderungen der EMRK an ein faires Verfahren entspricht. Soweit eine Haftung nach der Konvention besteht oder bestehen kann, fällt sie in die Verantwortung des ausliefernden Vertragsstaates[610]. Dieser kann sich nicht durch Verweis auf die Zurechenbarkeit der Grundrechtsverletzung des anderen Staates der Verantwortung entledigen, da dieser eine Maßnahme ergriffen hat, die eine Person der verbotenen Misshandlung überhaupt erst aussetzt[611]. Dies ergibt sich daraus, dass der besondere

605 *Kopetzki*, in: Korinek, Österreichisches Bundesverfassungsrecht, Art. 2 EMRK Rn. 29.

606 EGMR, Urt. v. 07.07.1989, Nr. 14038/88, *Soering*/Vereinigtes Königreich, Z. 101.

607 EKMR, Ents. v. 06.10.1976, Nr. 7317/75, *Lynas*/Schweiz, S. 141, 152; *Gollwitzer*, EMRK und IPBPR, Art. 2 Rn. 16; *Villiger*, Handbuch EMRK, § 14 Rn. 264.

608 *Gollwitzer*, EMRK und IPBPR, Art. 2 Rn. 16.

609 EGMR, Urt. v. 08.11.2005, Nr. 13284/04, *Bader und Kandor*/Schweden, Z. 42.

610 EGMR, Urt. v. 07.07.1989, Nr. 14038/88, *Soering*/Vereinigtes Königreich, Z. 91.

611 EGMR, Urt. v. 07.07.1989, Nr. 14038/88, *Soering*/Vereinigtes Königreich, Z. 91.

Charakter der Konvention als Vertrag für die kollektive Durchsetzung der Menschenrechte berücksichtigt werden muss. Um diesen Zweck zu erreichen, muss die Konvention praktisch wirksam und effektiv verstanden und angewandt werden[612]. Dadurch, dass an den staatlichen Akt der Ausweisung oder Auslieferung angeknüpft wird, wird die Verantwortlichkeit des Konventionsstaates auf ein Stadium der Lebensgefährdung vorverlegt.

Aber auch wenn dem Betroffenen keine Todesstrafe in dem Zielland droht, kann – unter bestimmten Umständen – eine Auslieferung oder Abschiebung in einen Staat, in dem erkennbar das Leben des Ausgelieferten oder Abgeschobenen schwerwiegend und ernsthaft gefährdet ist, einen Eingriff in das Lebensrecht nach Artikel 2 EMRK darstellen[613]. Die Abschiebung in ein Land, in dem es erhebliche Gründe für die Annahme gibt, dass die abgeschobene Person Gefahr läuft, im Widerspruch zu Artikel 2 EMRK behandelt zu werden und somit einer tatsächlichen Todesgefahr im Empfangsland ausgesetzt ist, stellt eine Verletzung von Artikel 2 der Konvention dar. Es stellt sich in diesem Zusammenhang die Frage, ob die im Zielland erwartete Tötung zwangsweise im Widerspruch zu Artikel 2 EMRK stehen muss, um einen Eingriff darzustellen oder, ob auch andere Formen von Tötungen ein Auslieferungs- oder Abschiebungsverbot auslösen können. Diese Frage erhält insbesondere Relevanz bei möglichen Tötungen durch (private) terroristische Akte. Diese stehen nicht unweigerlich mit Artikel 2 EMRK in Konflikt, da sie nicht immer automatisch mit einer staatlichen Schutzpflicht einhergehen. Hier hat der Gerichtshof entschieden, dass die Unzulässigkeit einer Ausweisung auch auf Faktoren zurückgehen kann, die weder direkt noch indirekt die Verantwortlichkeit des Empfangsstaates auslösen oder die für sich allein keine Verletzung der Konventionsrechte darstellen würden[614]. Damit kommt es zur Beurteilung der Zulässigkeit einer Ausweisung oder Abschiebung auf die konkret drohende Todesfolge an, nicht aber auf die Qualifizierung der (extraterritorialen) Todesursache als staatliche oder nicht-staatliche Maßnahme. Eine drohende Ermordung durch terroristische Organisationen kann deshalb ein Abschiebungshindernis nach Artikel 2 und 3 EMRK darstellen.

Die Rechtsprechung des EGMR entspricht folglich der modernen Eingriffsdogmatik, die auch mittelbare Eingriffe anerkennt. Das hoheitliche Handeln der Konventionsstaaten, die Abschiebung oder Auslieferung, macht die

---

612 EGMR, Urt. v. 07.07.1989, Nr. 14038/88, *Soering*/Vereinigtes Königreich, Z. 87.

613 EGMR, Urt. v. 15.02.2000, Nr. 46553/99, *S.C.C.*/Schweden, Z. 46 f.; *Meyer-Ladewig*, EMRK, Protokoll 6, Art. 1 Rn. 3.

614 EGMR, Urt. v. 15.02.2000, Nr. 46553/99, *S.C.C.*/Schweden, Z. 49.

Rechtsgutsverletzung erst möglich und setzt den Betroffenen einer rechtlich relevanten Gefährdungssituation aus, deren konkrete Entwicklung sich dem Einfluss der Konventionsstaaten entzieht. Bereits hierin kann ein Eingriff in Artikel 2 EMRK liegen.

6. Kapitel: Die Schrankendogmatik von Artikel 2 EMRK

Das Recht auf Leben wird in der EMRK nicht schrankenlos gewährt. Artikel 2 EMRK lässt Tötungen nur in ganz bestimmten Fällen zu, und steht damit unter einem eng gefassten Schrankenvorbehalt[615]. Durch die strikte Formulierung dieses Konventionsrechts unterscheidet sich das Recht auf Leben wesentlich von anderen Konventionsrechten, die Güterabwägungen zugunsten allgemein gehaltener Zielsetzungen erlauben[616].

A. Artikel 2 Absatz 1 Satz 2 EMRK

I. Vollstreckung der Todesstrafe

Gemäß Artikel 2 Absatz 1 Satz 2 EMRK ist eine gezielte Tötung „durch Vollstreckung eines Todesurteils, das ein Gericht wegen eines Verbrechens verhängt hat, für das die Todesstrafe gesetzlich vorgesehen ist" vom Tötungsverbot ausgenommen. Es gibt keine Hinweise darauf, dass eine Einschränkung der Todesstrafe bei der Entstehung von Artikel 2 EMRK diskutiert wurde[617]. Zu diesem Zeitpunkt war die Todesstrafe in den meisten Rechtsordnungen der westlichen europäischen Staaten vorgesehen[618].

Der Schrankenvorbehalt in Artikel 2 Absatz 1 Satz 2 EMRK knüpft mehrere formelle Voraussetzungen an die Vollstreckung eines Todesurteils. Die Todesstrafe muss durch ein Gericht verhängt worden sein. Hierunter ist ein Gericht im Sinne des engen Gerichtsbegriffes, also ein echtes Justizorgan, welches sowohl unabhängig und unparteiisch ist als auch strenge Maßstäbe an ein faires Verfahren beachtet[619], und nicht bloß ein Tribunal im materiellen Sinne nach Artikel 6 EMRK zu

615 *Kopetzki*, in: Korinek, Österreichisches Bundesverfassungsrecht, Art. 2 EMRK Rn. 35.

616 *Kopetzki*, in: Korinek, Österreichisches Bundesverfassungsrecht, Art. 2 EMRK Rn. 35.

617 *Opsahl*, in: MacDonald u. a., The European System for the protection of human rights, S. 217.

618 *Harris*, MJ 1994, 122, 130.

619 EGMR, Urt. v. 12.05.2005, Nr. 46221/99, *Öcalan*/Türkei, Z. 166; EGMR, Urt. v. 12.03.2003, Nr. 46221/99, *Öcalan*/Türkei, Z. 203: Das Gerichtsurteil muss den

verstehen[620]. Darüber hinaus muss das Urteil bei Vollstreckung des Todesurteils rechtskräftig sein[621]. Zudem ergibt sich aus dem Wortlaut der Norm, dass die Todesstrafe zum Zeitpunkt der Tatbegehung[622] gesetzlich vorgesehen sein muss. Ob die Todesstrafe zwingend für das jeweils begangene Verbrechen vorgeschrieben sein muss oder der Richter hierbei ein Ermessen haben kann, ist aus dem Wortlaut nicht eindeutig zu erkennen[623]. Die Todesstrafe darf nur zur Sanktionierung eines Verbrechens vollstreckt werden. Aus dieser Formulierung ergibt sich, dass ein besonderer Schweregrad der begangenen Tat verlangt wird[624]. Die Festlegung der mit der Todesstrafe bewehrten Straftatbestände überlässt Artikel 2 Absatz 1 Satz 2 EMRK den Konventionsstaaten, wobei diese an einen „autonomen, im Lichte eines europäischen Standards zu ermittelnden Bedeutungsgehalt gebunden" sind[625]. Diesen Gestaltungsspielraum dürfen die Konventionsstaaten nicht dahingehend missbrauchen, dass die Tatbestände, an welche die Todesstrafe als Sanktion geknüpft ist, sich explizit gegen bestimmte Personengruppen im Sinne einer Ausrottungspolitik richten[626]. Die Todesstrafe wird damit unter bestimmten Voraussetzungen von Artikel 2 Absatz 1 Satz 2 EMRK erlaubt, ist aber nur für einen kleinen Bereich besonders schwerer Verbrechen vorgesehen. Allerdings hat die Todesstrafe – wie gleich aufgezeigt wird – im Raum des Europarates heute praktisch keine Bedeutung mehr.

II. Die Bedeutung von Artikel 2 Absatz 1 Satz 2 EMRK für europäische Demokratien

Der EGMR hat in seiner Rechtsprechung deutlich gemacht, dass die Todesstrafe im heutigen Europa keinen legitimen Platz mehr hat[627]. Die Anwendung der Todesstrafe ist vermehrt als grausam und unangebracht in Strafsystemen fortschrittlicher und zivilisierter Gesellschaften in Kritik geraten[628]. In 45 der 46

„höchsten Standards der Fairness genügen"/„where the most rigorous standards of fairness are observed".

620 *Kopetzki*, in: Korinek, Österreichisches Bundesverfassungsrecht, Art. 2 EMRK Rn. 35.

621 *Schilling*, Internationaler Menschenrechtsschutz, § 8 Rn. 97.

622 *Schilling*, Internationaler Menschenrechtsschutz, § 8 Rn. 97.

623 *Frowein*, in: Frowein/Peukert, EMRK, Art. 2 Rn. 8.

624 *Machacek*, EuGRZ 1983, 453, 468.

625 *Kopetzki*, in: Korinek, Österreichisches Bundesverfassungsrecht, Art. 2 EMRK Rn. 38.

626 *Gollwitzer*, EMRK und IPBPR, Art. 2 Rn. 15.

627 EGMR, Urt. v. 11.03.2004, Nr. 42346/98, *G.B.*/Bulgarien, Z. 72.

628 *Desch*, ÖZöR 1985, 77, 110.

Konventionsstaaten ist die Todesstrafe abgeschafft worden. In Russland ist sie seit über zehn Jahren nicht mehr vollstreckt worden und wurde vom russischen Verfassungsgericht 2009 verboten[629]. Jedoch ist eine Tendenz in Russland spürbar, die Todesstrafe für die Bestrafung bestimmter Terrorakte wiedereinzuführen. So forderte der russische Föderationsrat (Oberhaus des russischen Parlaments) die Wiedereinführung der Todesstrafe zur Bestrafung von Terrorakten mit massenhaften Todesfolgen[630]. Dieser Ansatz verdeutlicht die Gefahr von durch Angst vor Terrorismus ausgelösten Rückschritten im Menschenrechtsschutz. Es bleibt zu hoffen, dass sich diese Forderung nicht durchsetzen lässt und Russland in Zukunft keine Todesstrafen verhängt und nicht noch weiter hinter dem Menschenrechtsschutz der anderen Konventionsstaaten zurückbleibt.

Der Europarat macht es mittlerweile zur Eintrittsbedingung für neue Mitglieder, die Todesstrafe abzuschaffen[631]. Der EGMR hält es überdies für möglich, dass die Konventionsstaaten durch ihr Verhalten inzwischen stillschweigend vereinbart haben, Artikel 2 Absatz 1 Satz 2 EMRK dahingehend geändert zu haben, dass die Vollstreckung der Todesstrafe in Friedenszeiten nicht mehr gerechtfertigt ist[632]. Auch wenn diese Annahme durchaus wünschenswert erscheint, die EMRK evolutiv auszulegen ist und die Entwicklungen auf innerstaatlicher Ebene damit bei der Auslegung stets zu berücksichtigen sind, geht diese Interpretation wohl zu weit[633]. Erstens würde der Gerichtshof sich bei seiner Rechtsfindung vollständig vom Konventionstext befreien und darüber hinaus durch seine Rechtsprechung mittelbar Zusatzprotokolle für Staaten in Kraft setzen, die diese nicht ratifiziert haben[634]. Aus dem Verhalten der Konventionsstaaten allein kann keine Änderung der EMRK angenommen werden, denn eine solche Änderung setzt den Willen zur Eingehung einer völkerrechtlichen Bindung voraus, wofür eine

---

629 <http://de.rian.ru/russia/20091119/124039849.html>.

630 <http://www.aktuell.ru/russland/politik/terror_foederationsrat_will_rueckkehr_zur_todesstrafe_3929.html>.

631 *Meyer-Ladewig*, EMRK, Art. 2 Rn. 21.

632 EGMR, Urt. v. 12.03.2003, Nr. 46221/99, *Öcalan*/Türkei, Z. 163.

633 *Schilling*, Internationaler Menschenrechtsschutz, § 8 Rn. 98.

634 *Kühne*, JZ 2003, 670, 673; Zum Zeitpunkt der Verurteilung *Öcalans* zur Todesstrafe, u.a. wegen der Bildung einer terroristischen Vereinigung, durch den Staatssicherheitsgerichtshof von Ankara am 29. Juni 1999 war das ZP VI EMRK von der Türkei noch nicht unterschrieben worden. Dies geschah erst am 15. Januar 2003. Nach der Abschaffung der Todesstrafe in der Türkei am 2. August 2002 wurde das Urteil mit Beschluss des Staatssicherheitsgerichts von Ankara in eine lebenslange Haftstrafe umgewandelt.

konkrete Vereinbarung der Konventionsstaaten erforderlich ist[635]. Mit seinem Hinweis auf den Erlass der Zusatzprotokolle entscheidet sich der Gerichtshof in der zweiten *Öcalan*-Entscheidung wohl selbst gegen eine solche stillschweigende Vereinbarung. Er zeigt auf, dass die Konventionsstaaten zur Änderung der EMRK die übliche Vorgehensweise, das heißt die Novellierung der Konvention durch schriftliche Vereinbarungen in Form des Zusatzprotokolls Nr. 6 zur Konvention zum Schutze der Menschenrechte und Grundfreiheiten über die Abschaffung der Todesstrafe (ZP VI EMRK)[636] und des Zusatzprotokolls Nr. 13 zur Konvention zum Schutze der Menschenrechte und Grundfreiheiten über die vollständige Abschaffung der Todesstrafe (ZP XIII EMRK)[637], gewählt haben[638]. Der Gerichtshof weist in seiner neueren Rechtsprechung dennoch auf eine willkommene Wandlung des Umgangs mit der Todesstrafe hin[639].

Durch das Inkrafttreten des ZP VI EMRK am 1. März 1985 ist die Todesstrafe in Friedenszeiten für jene Staaten, die das ZP VI EMRK ratifiziert haben, in Artikel 1 ZP VI EMRK abgeschafft worden und der Vorbehalt nach Artikel 2 Absatz 1 Satz 2, 2. Halbsatz EMRK gegenstandslos geworden. Das ZP VI EMRK ist – mit Ausnahme Russlands – von allen Konventionsstaaten ratifiziert worden[640]. Am 1. Juli 2003 trat das ZP XIII EMRK in Kraft, welches die Todesstrafe auch in Kriegszeiten abschafft. Das ZP XIII EMRK ist bislang von allen Konventionsstaaten mit Ausnahme von Aserbaidschan, Armenien, Italien, Lettland, Russland und Spanien ratifiziert worden[641]. Diese Entwicklung macht deutlich, dass der Schrankenvorbehalt in Artikel 2 Absatz 1 Satz 2 EMRK im europäischen Raum im Prinzip kaum mehr Bedeutung hat.

---

635 *Schilling*, Internationaler Menschenrechtsschutz, § 8 Rn. 98.

636 BGBl. 2002 II, S. 1077.

637 BGBl. 2004 II, S. 1722.

638 EGMR, Urt. v. 12.05.2005, Nr. 46221/99, *Öcalan*/Türkei, Z. 163 f.

639 So auch *Sudre* u. a., Les grands arrêts de la cour européenne des Droits de l'Homme, S. 129.

640 <http://conventions.coe.int/Treaty/Commun/ChercheSig.asp?NT=114&CM=7&DF=3/2/2008&CL=GER>.

641 <http://conventions.coe.int/Treaty/Commun/ChercheSig.asp?NT=187&CM=7&DF=3/2/2008&CL=GER>.

III. Verstoß gegen Artikel 3 EMRK

Artikel 2 Absatz 1 Satz 2 EMRK verdrängt andere weitergehende Bestimmungen der Konvention, welche der Todesstrafe entgegenstehen, nicht[642]. In diesem Zusammenhang spielen Artikel 3 EMRK und das darin enthaltende Verbot unmenschlicher und erniedrigender Behandlung eine wichtige Rolle. Ein Verstoß gegen Artikel 3 EMRK kann sich dabei aus der Art der Behandlung oder Bestrafung und dem Zusammenhang, in dem diese erfolgte, die Art und Weise ihrer Vollstreckung, ihre zeitliche Dauer, ihre physischen und geistigen Auswirkungen auf den Betroffenen[643], aus den persönlichen Umständen des Verurteilten sowie der Unverhältnismäßigkeit der Todesstrafe zum Gewicht des Deliktes[644], ergeben. Ein absolutes Verbot der Todesstrafe lässt sich aus Artikel 3 EMRK nicht ableiten, dies würde auch den klaren Wortlaut von Artikel 2 Absatz 1 Satz 2 EMRK aufheben[645].

B. Artikel 2 Absatz 2 EMRK

I. Allgemeines

Nach Artikel 2 Absatz 2 Buchstaben a bis c EMRK wird eine Tötung „nicht als Verletzung dieses Artikels betrachtet, wenn sie durch eine Gewaltanwendung verursacht wird, die unbedingt erforderlich ist, um

a) jemanden gegen rechtswidrige Gewalt zu verteidigen;
b) jemanden rechtmäßig festzunehmen oder jemanden, dem die Freiheit rechtmäßig entzogen ist, an der Flucht zu hindern;
c) einen Aufruhr oder Aufstand rechtmäßig niederzuschlagen."

Während der Entstehung von Artikel 2 EMRK wurde eine vierte Ausnahme zum Recht auf Leben diskutiert: Die absolute Erforderlichkeit der Gewaltanwendung, um das Eindringen in genau bestimmte Plätze zu verhindern, dessen Betreten aus Gründen der nationalen Sicherheit verboten ist[646]. Dieser Vorschlag wurde

642 *Kopetzki*, in: Korinek, Österreichisches Bundesverfassungsrecht, Art. 2 EMRK Rn. 37.
643 EGMR, Urt. v. 07.07.1989, Nr. 14038/88, *Soering*/Vereinigtes Königreich, Z. 100.
644 EGMR, Urt. v. 12.05.2005, Nr. 46221/99, *Öcalan*/Türkei, Z. 168.
645 EGMR, Urt. v. 12.05.2005, Nr. 46221/99, *Öcalan*/Türkei, Z. 162.
646 *Harris*, MJ 1994, 122, 132.

allerdings von den Vertragsparteien wieder verworfen, so dass eine Tötung aus diesem Grund gegen Artikel 2 EMRK verstößt[647].

Da die in Artikel 2 Absatz 2 EMRK genannten Ausnahmen eine Beschränkung eines der fundamentalsten Rechtsgüter überhaupt darstellen, sind die Schranken in Artikel 2 Absatz 2 EMRK eng auszulegen[648]. Die zur Erreichung eines der in den Buchstaben a bis c genannten Ziele erforderliche Gewaltanwendung bedarf einer gesetzlichen Grundlage im nationalen Recht. Dies ergibt sich aus den Formulierungen, die Eingriffe müssten dazu führen, eine Person „rechtmäßig" festzunehmen oder es müssten „rechtmäßige" Maßnahmen zur Niederschlagung eines Aufruhrs oder Aufstandes vorgenommen werden[649]. Somit hängt die Konventionskonformität tödlicher Eingriffe zum Teil von der Anwendung nationalen Rechts ab, welches der Gerichtshof aufgrund des staatlichen Gestaltungsspielraums bei der Gesetzgebung nur eingeschränkt überprüfen kann[650].

Eine Gewaltanwendung im Sinne von Artikel 2 Absatz 2 EMRK ist jede Art des physischen Zwangs, unabhängig von den verwendeten Mitteln. Die Art und Intensität der Gewaltanwendung muss jedoch in typischer und vorhersehbarer Weise zumindest zu einer Lebensgefährdung führen können[651]. Die Ausübung körperlicher Kraft und der Gebrauch von Waffen sind wohl die typischsten Erscheinungsformen in der Praxis[652]. Denkbar ist neben der physischen auch die psychische Einflussnahme als Gewaltanwendung im Sinne von Artikel 2 Absatz 2 EMRK, beispielsweise das ständige Versetzen in Todesangst bis zum körperlichen Zusammenbruch[653].

---

647 *Harris*, MJ 1994, 122, 132.

648 *Renucci*, Droit Européen des Droits de l'Homme, S. 90.

649 *Peters*, Einführung in die EMRK, S. 38.

650 *Alleweldt*, in: Grote/Maurahn, EMRK/GG, Kap. 10 Rn. 60; *Opsahl*, in: Macdonald u. a., The European system for the protection of human rights, S. 217; vgl. auch EGMR, Urt. v. 22.03.2001, Nrn. 34044/96, 35532/97, 44801/98, *Streletz, Kessler und Krenz*/Deutschland, Z. 96: Bei seiner Beurteilung der Schüsse an der Berliner Mauer verwies der Gerichtshof unter anderem darauf, dass diese nicht die Erreichung einer nach DDR-Recht „rechtmäßigen" Festnahme bezweckten.

651 *Tretter*, in: Ermacora u. a., EMRK, Art. 2, S. 127; *Kopetzki*, in: Korinek, Österreichisches Bundesverfassungsrecht, Art. 2 EMRK Rn. 37.

652 *Tretter*, in: Ermacora u. a., EMRK, Art. 2, S. 128; *Kopetzki*, in: Korinek, Österreichisches Bundesverfassungsrecht, Art. 2 EMRK Rn. 37.

653 *Tretter*, in: Ermacora u. a., EMRK, Art. 2, S. 128.

II. Die Anwendbarkeit von Artikel 2 Abs. 2 EMRK auf absichtliche Tötungen

Die Schrankenvorbehalte in Artikel 2 Absatz 2 EMRK betreffen in erster Linie Konstellationen, in denen eine Tötung nicht beabsichtigt ist, sondern sich als unbeabsichtigte Folge zur Erreichung einer der in den Buchstaben a bis c aufgezählten Ziele unabdingbarer Gewaltanwendung ergibt[654]. Ob die Rechtfertigung einer absichtlichen Tötung nach Artikel 2 Absatz 2 EMRK überhaupt möglich ist, ist umstritten. Nach einer Auffassung rechtfertigt nur Artikel 2 Absatz 1 Satz 2 EMRK eine absichtliche Tötung durch staatliche Organe, wogegen Artikel 2 Absatz 2 EMRK nur Tötungsfälle zum Gegenstand hat, die Folge einer unabsichtlichen Tötung sind, bei denen die Intention der handelnden Staatsorgane also nicht auf eine Tötung gerichtet war, sondern diese lediglich das „zwangsläufige Ergebnis" der Gewaltanwendung war[655]. Dies ergebe sich aus einer systematischen Auslegung der Ausnahmen in Artikel 2 Absatz 2 EMRK[656]. Damit ist wohl gemeint, dass von dem ausdrücklichen Verbot der absichtlichen Tötung in Absatz 1 nur die Vollstreckung einer Todesstrafe als absichtliche Tötung eine Ausnahme gemacht werden kann, und es keine weitere Rechtfertigung einer absichtlichen Tötung als schwerstmöglichen Eingriff im Rahmen von Artikel 2 EMRK geben kann. Gegen die Erfassung absichtlicher Tötungen spreche, dass Artikel 2 Absatz 1 Satz 2 EMRK und Artikel 2 Absatz 2 EMRK textlich voneinander getrennt sind, was darauf hindeuten könnte, dass in beiden Absätzen verschiedene Fälle erfasst werden sollen[657].

Auch wenn die Formulierung der Norm vielleicht eher auf eine Rechtfertigung nur unabsichtlicher Tötungen hindeutet, kann der oben genannten Auffassung aus einer Vielzahl von Gründen nicht gefolgt werden. In den Originalsprachen wird die Tötung durch eine Gewaltanwendung „verhängt" (englisch: „inflicted"; französisch: „infligée"), was dafür spricht, dass zumindest auch absichtliche Tötungen gemeint sind[658]. Bei einer wertenden Gesamtbetrachtung von Artikel 2 EMRK erscheint es nicht gewollt, dass eine rein repressive absichtliche Tötung

654 EGMR, Urt. v. 27.09.1995, Nr. 17/1994/464/545, *McCann u. a.*/Vereinigtes Königreich, Z. 148; EGMR, Urt. v. 20.05.1999, Nr. 21594/93, *Ogur*/Türkei, Z. 78.

655 *Tretter*, in: Ermacora u. a., EMRK, Art. 2 S. 127; *Villiger*, Handbuch EMRK Rn. 266; *Machacek*, EuGRZ 1983, 453, 469.

656 *Villiger*, Handbuch EMRK Rn. 266.

657 So *Tretter*, in: Ermacora u. a., EMRK, Art. 2 S. 127.

658 *Klugmann*, EMRK und antiterroristische Maßnahmen, S. 72; *Kneihs*, in: Grabenwarter/Thiele, Kontinuität und Wandel der EMRK, S. 34.

eines Menschen in Form der Todesstrafe, von dem keine Gefahr mehr ausgeht, erlaubt sein soll. Hingegen ist die gezielte Tötung eines Angreifers zur Rettung anderer Menschen ausgeschlossen[659]. In dem Fall, in dem nur noch die Tötung des Angreifers das Leben Unschuldiger schützen kann, gebietet auch die Schutzpflicht aus Artikel 2 Absatz 1 Satz 1 EMRK als *ultima ratio* die gezielte Tötung des rechtswidrig Angreifenden[660]. Abschließend spricht auch die Entstehungsgeschichte von Artikel 2 EMRK für ein solches Verständnis des Absatzes 2. Aus den Travaux Préparatoires geht hervor, dass sich Absatz 2 sehr wohl auf Absatz 1 Satz 2 bezieht, so dass die beiden Absätze gerade nicht unterschiedliche Fälle erfassen sollen[661]. Zu beachten ist, dass der strenge Verhältnismäßigkeitsmaßstab von Artikel 2 EMRK in den wenigsten Fällen eine absichtliche Tötung erlauben wird. Die gezielte Tötung völlig aus dem Anwendungsbereich von Artikel 2 Absatz 2 EMRK herauszunehmen, widerspricht aber dem Verständnis dieses Grundrechts[662].

Der hier vertretenen Auffassung hat sich der EGMR im *McCann*-Urteil angeschlossen[663]. Er vertritt nun in ständiger Rechtsprechung die Anwendbarkeit von Artikel 2 Absatz 2 EMRK auf gezielte Tötungen[664]. Damit kann auch die gezielte Tötung nach Artikel 2 Absatz 2 EMRK erlaubt sein. Etwas anderes könnte für Artikel 2 Absatz 2 Buchstabe b EMRK gelten, da der Zweck der Festnahme oder Fluchthinderung eine gezielte Tötung möglicherweise ausschließt[665].

---

659 *Uerpmann-Wittzack*, in: Ehlers, Europäische Grundrechte und Grundfreiheiten, § 3 II 2 Rn. 58; *Klugmann*, EMRK und antiterroristische Maßnahmen, S. 72; *Kneihs*, in: Grabenwarter/Thiele, Kontinuität und Wandel der EMRK, S. 34.

660 *Klugmann*, EMRK und antiterroristische Maßnahmen, S. 72; *Kneihs*, in: Grabenwarter/Thiele, Kontinuität und Wandel der EMRK, S. 34; *Trechsel*, in: Benedek u. a., FS Ginther, S. 680.

661 *Kneihs*, in: Grabenwarter/Thiele, Kontinuität und Wandel der EMRK, S. 34.

662 So auch *Kneihs*, in: Grabenwarter/Thiele, Kontinuität und Wandel der EMRK, S. 34.

663 EGMR, Urt. v. 27.09.1995, Nr. 17/1994/464/545, *McCann u. a.*/Vereinigtes Königreich, Z. 148.

664 EGMR, Urt. v. 27.09.1995, Nr. 17/1994/464/545, *McCann u. a.*/Vereinigtes Königreich, Z. 148; EGMR, Urt. v. 09.10.1997, Nr. 86/1996/705/897, *Andronicou und Constantinou*/Zypern, Z. 171.

665 Siehe dazu 6. Kap. B. IV.

III. Die Verteidigung eines Menschen gegenüber rechtswidriger Gewalt – Artikel 2 Absatz 2 Buchstabe a EMRK

Artikel 2 Absatz 2 Buchstabe a EMRK behandelt den Fall einer Tötung durch eine Gewaltanwendung, die unbedingt erforderlich ist, um jemanden gegen rechtswidrige Gewalt zu verteidigen. Darunter sind in erster Linie Konstellationen der Notwehr oder Nothilfe zu fassen. Nicht nur die Verteidigung der eigenen Person, sondern auch die Verteidigung Dritter kann danach gerechtfertigt sein, so dass die verteidigte Person nicht mit derjenigen identisch sein muss, von der die lebensgefährdende Verteidigungshandlung ausgeht[666]. Auch die Problematik des polizeilichen finalen Rettungsschusses wird meist im Rahmen von Artikel 2 Absatz 2 Buchstabe a EMRK diskutiert.

Hintergrund dieser Ausnahme vom generellen Tötungsverbot ist nicht etwa die Annahme das Leben eines Angreifers sei weniger wert als das des Angegriffenen, denn das Recht auf Leben eines jeden Menschen ist zu jeder Zeit gleichwertig, weswegen sich eine Abwägung welches Leben „wertvoller" ist, verbietet. Das Notwehrrecht erwächst vielmehr aus dem Gedanken, dass jeder Person ein Recht auf Leben gewährleistet wird solange diese nicht selbst eine rechtswidrige Bedrohung für das Leben oder vergleichbarer Rechtsgüter einer anderen Person darstellt[667]. Die Dimension des Rechts auf Leben ergibt sich danach nicht nur aus den menschenrechtlichen Verbürgungen, sondern auch aus dem jeweiligen menschlichen Verhalten, was freilich nicht zu einer Vereitelung des eigenen Lebensrechts führt und auch keine Strafe für sein Verhalten darstellt[668].

1. Der Begriff der rechtswidrigen Gewalt

Unter Gewalt im Sinne von Artikel 2 Absatz 2 Buchstabe a EMRK ist jede Form physischer Zwangsausübung zu verstehen. Aus dem Wortlaut der Norm „jemanden gegen rechtswidrige Gewalt zu verteidigen", insbesondere in den Originalsprachen englisch „in defence of any person from unlawful violence" und französisch „pour assurer la défense de toute personne contre la violence illégale", wird von einem gewichtigen Teil der Stimmen in der Literatur abgeleitet, dass nur die tödliche Abwehr von Gewalt gegen eine Person, das heißt, die Gewalt zur Verteidigung von Leib, Leben oder Freiheit eines Menschen, zulässig

666 EGMR, Urt. v. 09.10.1997, Nr. 86/1996/705/897, *Andronicou und Constantinou/Zypern*, Z. 192.

667 *Wicks*, The Right to Life and Conflicting Interests, S. 131 mit Verweis auf *Uniacke*, Permissible Killing, Cambridge University Press, S. 196.

668 *Wicks*, The Right to Life and Conflicting Interests, S. 131.

ist, nicht dagegen die Verteidigung zur Rettung von Vermögensgütern[669]. Dies spielt für die Fälle der Terrorismusbekämpfung insofern eine Rolle, als dass ein Eingriff zur Abwendung von bloßen Sachschäden auch großen Ausmaßes wie beispielsweise die Zerstörung von militärischem Material oder von unbemannten staatlichen Einrichtungen, nicht nach Artikel 2 Absatz 2 Buchstabe a EMRK gerechtfertigt sein kann.

Die Gewaltanwendung muss rechtswidrig sein. Dies ist bei lebensgefährdenden Gewaltanwendungen grundsätzlich zu bejahen, außer der Angreifer handelt selbst in zulässiger Notwehr bzw. Nothilfe oder übt eine staatliche Eingriffsbefugnis aus[670]. Artikel 2 Absatz 2 Buchstabe a EMRK verweist insoweit auf das nationale Recht. Zudem muss aus der Gewalt eine schwere und gegenwärtige Gefahr für die geschützten Rechtsgüter resultieren[671].

2. Die Bedeutung von Artikel 2 Absatz 2 Buchstabe a EMRK für das nationale Notwehrrecht

Die Schutzpflicht aus Artikel 2 EMRK setzt voraus, dass das nationale Recht Notwehrregelungen beinhaltet, da der Staat das Lebensrecht des Einzelnen auch im Verhältnis untereinander schützen muss[672]. Das Verhältnis des deutschen Notwehrrechts nach § 32 Strafgesetzbuch (StGB)[673] und dem Recht auf Leben nach Artikel 2 EMRK stellt ein viel diskutiertes Thema in Strafrechtslehrbüchern[674] und Kommentaren zum Strafgesetzbuch[675] dar, hat aber in der Rechtsprechung bislang kaum eine Rolle gespielt[676]. Als problematisch hat sich die Frage erwiesen, ob sich die nationalen Notwehrregelungen innerhalb der Grenzen von

---

669 *Wicks*, The Right to Life and Conflicting Interests, S. 128; *Lagodny*, in: Golsong, u. a., IntKomm EMRK, Art. 2 Rn. 83; *Villiger*, Handbuch EMRK, § 14 Rn. 266; *Grabenwarter*, EMRK, § 20 Rn. 13; *Leisner*, in: Leisner/Goerlich, Das Recht auf Leben, S. 34; *Harris*, MJ 1995, 122, 133; *Machacek*, EuGRZ 1983, 453, 470; *Jakobs*, DVBl 2006, 83, 86.

670 *Kopetzki*, in: Korinek, Österreichisches Bundesverfassungsrecht, Art. 2 EMRK Rn. 37.

671 *Renucci*, Droits européen des droits de l'homme, S. 90.

672 *Lagodny*, in: Golsong, u. a., IntKomm EMRK, Art. 2 Rn. 83

673 Strafgesetzbuch in der Fassung der Bekanntmachung vom 13. November 1998 (BGBl. I S. 3322), zuletzt geändert durch Gesetz vom 8. April 2013 (BGBl. I S. 734).

674 Vgl. *Jescheck/Weigend*, Lehrbuch des Strafrechts, S. 349 mi weiteren Nachweisen.

675 Vgl. *Lenckner/Perron*, in: Schönke/Schröder, StGB, § 32 Rn. 62 mit weiteren Nachweisen.

676 *Uerpmann*, EMRK und deutsche Rechtsprechung, S. 25.

Artikel 2 Absatz 2 Buchstabe a EMRK bewegen müssen, und inwieweit der Notwehr staatlicher Organe auf der einen Seite und der privaten Notwehr auf der anderen Seite durch die Konvention Grenzen gesetzt werden.

Artikel 2 Absatz 2 Buchstabe a EMRK erlaubt nach der hier vertretenen Meinung nur eine Gewaltanwendung zur Verteidigung rechtswidriger Gewalt gegen höchstpersönliche Rechtsgüter wie das Leben oder die körperliche Unversehrtheit. Allerdings ist in der Mehrzahl der europäischen Staaten, darunter auch in Deutschland[677], eine Tötung in Notwehr zum Schutz vor Angriffen, die sich nicht gegen eine Person selbst richten, gerechtfertigt[678], in anderen Konventionsstaaten wie beispielsweise Frankreich hingegen nicht[679]. Ergibt sich daraus eine Konventionswidrigkeit des nationalen Notwehrrechts oder reichen die Auswirkungen der EMRK gar nicht so weit in das nationale Notwehrrecht hinein? Die Beantwortung dieser Frage ist in der völkerrechtlichen- und strafrechtlichen Lehre umstritten.

Eine Tötung von Menschen zur Verteidigung von Vermögensgütern ist nach Ansicht mancher Vertreter der Literatur stets konventionswidrig, mit der Konsequenz, dass das nationale Notwehrrecht der Regelung des Artikel 2 Absatz 2 Buchstabe a EMRK angepasst werden muss[680]. Artikel 2 Absatz 2 Buchstabe a EMRK verbiete es den Konventionsstaaten, dem Angegriffenen ein zu weites Notwehrrecht einzuräumen, da die Norm abstrakt-generell festlege, dass die tödliche Notwehr zur Rettung von Sachgütern unangemessen ist[681]. Zudem entfalte Artikel 2 Absatz 2 Buchstabe a EMRK eine Drittwirkung gegenüber Privatpersonen und damit auch auf die gesetzliche Regelung der Notwehr von privaten Personen[682].

---

677 A.A. *Leisner*, in: Leisner/Goerlich, Das Recht auf Leben, S. 34 nach dessen Ansicht der Eingriff in das Recht auf Leben zum Schutz von Sachwerten bereits seit Erlass des Grundgesetzes nicht mehr zulässig ist, so dass es auf die Diskussion, ob die EMRK das deutsche Strafrecht in dieser Frage beeinflusst hat, seiner Ansicht nach nicht mehr ankommt.

678 *Tretter*, in: Ermacora u. a., EMRK, Art. 2 S. 135; *Lenckner/Perron*, in: Schönke/Schröder, StGB, § 32 Rn. 62 mit weiteren Nachweisen.

679 Vgl. *Spencer*, in: Horder, Homicide Law in Comparative Perspective, S. 47.

680 *Allewedt*, in: Grote/Maurahn, EMRK/GG, Kap. 10 Rn. 67; *Gollwitzer*, EMRK und IPBPR, Art. 2 Rn. 8 f; *Trechsel*, ZStW 1989, 819, 821; *Grabenwarter*, EMRK, § 20 Rn. 13; *Frowein*, in: Frowein/Peukert, EMRK, Art. 2 Rn. 11; *Lagogny*, in: Golsong u. a., IntKomm EMRK, Art. 2 Rn. 83 ff; *Wessels/Beulke*, Strafrecht AT Rn. 343a; *Frister* GA 1985, 553, 563.

681 *Lagogny*, in: Golsong u. a., IntKomm EMRK, Art. 2 Rn. 88.

682 *Grabenwarter*, EMRK, § 20 Rn. 13.

Die Gegenansicht spricht sich für ein weites Verständnis von Artikel 2 Absatz 2 Buchstabe a EMRK aus, wonach der Wortlaut der Norm nicht darauf schließen lasse, dass die tödliche Notwehr zur Verteidigung von Sachwerten konventionswidrig sei[683]. Argumentiert wird mit dem Wortlaut der Ausnahmeregelung: Artikel 2 Absatz 2 Buchstabe a EMRK verlange nicht einen rechtswidrigen Angriff gegen Leib und Leben eines Menschen, vielmehr könne man Angriffe auf Vermögensgüter wie fremdes Eigentum durchaus als „Gewalt gegen eine Person" bezeichnen[684]. Der Genitiv „eines Menschen" beziehe sich deutlich auf „Verteidigung" und sei nicht im Zusammenhang mit „rechtswidriger Gewalt" zu lesen, so dass unter einer rechtswidrigen Gewaltanwendung ebenso die Gewalt gegen Sachen verstanden werden könne[685].

So einfach lässt sich das Problem aber nicht lösen. Denn die Annahme, der Schutz von Sachwerten falle immer in den Anwendungsbereich von Artikel 2 Absatz 2 Buchstabe a EMRK, hätte zur Konsequenz, dass sogar die tödliche Notwehr gegen einen ohne Gewaltanwendung begangenen Diebstahl in jedem Falle gedeckt wäre.

Weiter wird angeführt, dass eine tödliche Notwehr sogar zur Festnahme und Fluchtverhinderung von Personen erlaubt sei, so dass dieses Verständnis zur Verteidigung von Sachwerten umso näher liege, da Artikel 2 Absatz 2 Buchstabe b EMRK deutlich mache, dass gerade kein strenger Maßstab an die Auslegung der Ausnahmen von Artikel 2 Absatz 2 EMRK zu legen sei[686]. Dem wird entgegengesetzt, dass die Buchstaben a und b des Artikel 2 Absatz 2 EMRK zwei verschiedene Zwecke verfolgen[687]. Der Buchstabe a bezwecke den Schutz des Individuums, wogegen der Buchstabe b der Durchsetzung des staatlichen Strafverfolgungsanspruches diene, so dass aufgrund dieser völlig unterschiedlichen Ebenen gar kein Wertungswiderspruch zwischen den Buchstaben a und b entstehen könne[688].

Nach hier vertretender Ansicht ist bei der Frage der Auswirkungen von Artikel 2 Absatz 2 Buchstabe a EMRK auf das nationale Notwehrrecht zwischen der Notwehr für staatliche Organe und der privaten Notwehr zu differenzieren. Die

---

683 *Lenckner/Perron*, in: Schönke/Schröder, StGB, § 32 Rn. 62; *Roxin*, Strafrecht AT I, § 15 Rn. 88; *Doehring*, in: Bernhardt u. a., FS Mosler, S. 150 f.; *Kneihs*, JBl 1999, 76, 86; *Lange*, MDR 1974, 357, 359.

684 *Doehring*, in: Bernhardt u. a., FS Mosler, S. 151; *Kneihs*, JBl 1999, 76, 86.

685 *Lange*, MDR 1974, 357, 359.

686 *Doehring*, in: Bernhardt u. a., FS Mosler, S. 151; *Lange*, MDR 1974, 357, 359.

687 *Frister*, GA 1985, 553, 562.

688 *Frister*, GA 1985, 553, 562.

EMRK regelt lediglich das Verhältnis der Staatsgewalt zum Bürger, wohingegen das Verhältnis der Staatsbürger untereinander – und damit das Notwehrrecht *inter privatos* – unberührt bleibt[689]. Wie bereits festgestellt wurde, verpflichtet Artikel 2 EMRK nur den Staat, nicht aber die der EMRK unterstehenden Bürger[690]. Eine Einschränkung des privaten Notwehrrechts würde dem Sinn und Zweck von Artikel 2 EMRK widersprechen[691]. Für die Annahme, dass Artikel 2 Absatz 2 Buchstabe a EMRK nur die staatliche Befugnis zur Notwehr beschränkt spricht auch die systematische Stellung des Absatzes 2 Buchstabe a. Sowohl die Ausnahme nach Artikel 2 Absatz 1 Satz 2 EMRK, die Vollstreckung eines Todesurteils, als auch die Ausnahmen nach Artikel 2 Absatz 2 Buchstaben b und c EMRK betreffen hoheitliches Handeln, so dass die Annahme, für Absatz 2 Buchstabe a gelte etwas anderes, systemwidrig wäre[692]. Kritisiert wird, dass es nicht sein könne, dass die Befugnisse Privater in der einzelnen Situation weiter gehen könnten als die eines Staatsorgans[693]. An dieser Stelle sind rechtspolitische Motive der differenzierenden Auffassung nicht von der Hand zu weisen. Für die Entscheidung, ein Delikt zu begehen oder nicht, spielt es ganz klar eine Rolle, ob der Täter bei der Ausführung des Deliktes Gefahr läuft, durch eine Verteidigungshandlung des Angegriffenen sein Leben zu verlieren[694]. Auch historische Gründe spielen in diesem Zusammenhang eine Rolle: Ein weites Notwehrrecht kann besonders in den Händen des Staates für einen missbräuchlichen Umgang anfällig sein[695]. Aus der Entstehungsgeschichte von Artikel 2 Absatz 2 EMRK ergibt sich, dass die vertragschließenden Parteien nur regeln wollten, unter welchen Bedingungen Staatsorgane in das Recht auf Leben eingreifen können[696]. Es war dagegen nicht beabsichtigt, in die fundierte Rechtstradition der Konventionsstaaten einzugreifen und diese zu ändern[697]. Die hier vertretene Meinung darf nicht in dem Sinne missverstanden werden, dass jeder Angriff auf Sachgüter zu einer tödlichen privaten Notwehr führen darf. Die Tötung des Angreifers zur Verteidigung von

---

689 *Jescheck/Weigend*, Strafrecht AT, § 32 S. 349 f.; *Wessels/Beulke*, Strafrecht AT Rn. 343a; *Krey*, JZ 1979, 702, 707 f.; *Lewisch*, in: Fuchs/Brandstetter, FS Platzgummer, S. 390; *Tretter*, in: Ermacora, u. a., EMRK, Art. 2, S. 135.

690 Vgl. 4. Kap. C. III.

691 *Jescheck/Weigend*, Strafrecht AT, S. 349; *Krey*, JZ 1979, 702, 708.

692 So *Krey*, JZ 1979, 702, 709.

693 *Allewedt*, in: Grote/Maurahn, EMRK/GG, Kap. 10 Rn. 67.

694 *Lewisch*, in: Fuchs/Brandstetter, FS Platzgummer, S. 392.

695 So auch *Lewisch*, in: Fuchs/Brandstetter, FS Platzgummer, S. 392.

696 *Lewisch*, in: Fuchs/Brandstetter, FS Platzgummer, S. 391.

697 *Jescheck/Weigend*, Strafrecht AT, S. 349 f.

Sachwerten kann nur *ultima ratio* sein und unterliegt strengen Voraussetzungen, wie der Warnung des Angreifers und dem Versuch, den Angriff zunächst mit milderen Methoden abzuwehren, wie etwa durch Maßnahmen, die lediglich angriffsunfähig machen. Dies ergibt sich aus der Schutzpflicht des Staates, wonach es dem Staat obliegt, darüber zu wachen, dass das Leben nicht willkürlich und sachwidrig preisgegeben wird.

Bei Ablehnung einer Drittwirkung von Artikel 2 EMRK und einem Verständnis der EMRK, wonach die Verpflichtungen dieses völkerrechtlichen Vertrages ausschließlich die Konventionsstaaten binden, ist Artikel 2 Absatz 2 Buchstabe a EMRK zwingend dahingehend auszulegen, dass die Vorschrift keine Auswirkung auf die Notwehr *inter privatos* haben kann. Alles andere wäre inkonsequent, und würde die Schutzpflicht des Staates zu weit ausdehnen. Hinzu kommt, dass Artikel 2 Absatz 2 Buchstabe a EMRK der Beschränkung der privaten Notwehr in Hinblick auf die Verteidigung von Vermögenswerten durchaus nicht entgegensteht, sie zwingt die nationalen Gesetzgeber lediglich nicht zu einer solchen Beschränkung[698]. Was immer man von der Zulassung tödlicher Notwehr zur Verteidigung von Sachwerten halten mag, ein Verbot hinsichtlich der privaten Notwehr lässt sich Artikel 2 Absatz 2 Buchstabe a EMRK nicht entnehmen. Nach der hier vertretenen Auffassung beschränkt Artikel 2 Absatz 2 Buchstabe a EMRK das nationale Notwehrrecht insoweit als es staatlichen Organen verwehrt ist, zur Verteidigung von Vermögenswerten einen Menschen in Notwehr bzw. Nothilfe zu töten. Artikel 2 Absatz 2 Buchstabe a EMRK hat aber keinen Einfluss auf das private Notwehrrecht, hier ist der Staat lediglich gehalten, eine angemessene Regelung zu finden, die dem hohen Wert des Rechtsguts Leben Rechnung trägt.

3. *Der finale Rettungsschuss*

Unter dem Begriff des finalen Rettungsschusses, ist die gezielte Tötung eines Menschen durch ein Staatsorgan zur Gefahrenabwehr zu verstehen. In der Mehrzahl der Fälle sind es Extremsituationen, wie beispielsweise die Befreiung von in Lebensgefahr schwebenden Geiseln, in denen (meist) Polizeibeamte schnell handeln und sich für oder gegen die Abgabe eines finalen Rettungsschusses entscheiden müssen.

In Anwendung der obigen Ausführungen zu Artikel 2 Absatz 2 EMRK und gezielten Tötungen besteht die Möglichkeit der Rechtfertigung des finalen Rettungsschusses durch staatliche Organe nach Artikel 2 Absatz 1 Buchstabe a

---

698 *Lewisch*, in: Fuchs/Brandstetter, FS Platzgummer, S. 392.

EMRK[699]. Weil ein Eingriff in Artikel 2 EMRK aufgrund seiner Endgültigkeit besonders schwer ist, kann eine Tötung nur dann gerechtfertigt sein, wenn der finale Todesschuss unter Anwendung des Verhältnismäßigkeitsprinzips als letztes, unbedingt erforderliches Mittel eingesetzt wird, etwa bei unmittelbarer Lebensbedrohung und Fehlen von alternativen Handlungsmöglichkeiten[700]. Das Recht auf Leben Unschuldiger genießt in einer Situation, in der nur noch die Tötung des Angreifers Leben retten kann, Vorrang vor dem Recht auf Leben des rechtswidrig Angreifenden[701]. Daher kann der Abschuss eines ausschließlich mit Terroristen besetzen Flugzeugs nach Artikel 2 Absatz 2 Buchstabe a EMRK durchaus erlaubt sein, um unschuldige Menschen am Boden zu schützen[702]. Voraussetzung für die Zulässigkeit eines finalen polizeilichen Todesschusses ist die Einwirkung auf den Störer, als der Person von der die rechtswidrige Gewalt ausgeht, zur Abwehr von Gefahren für das Leben Dritter sowie eine strenge Verhältnismäßigkeit der Maßnahme. Hieraus ergibt sich im Umkehrschluss, dass die Tötung unschuldiger Menschen zur Rettung des Lebens anderer nicht von Artikel 2 Absatz 2 Buchstabe a EMRK gerechtfertigt sein kann, weil die rechtswidrige Gewalt nicht von ihnen selbst ausgeht. Da es sich bei Polizisten um staatliche Exekutivorgane handelt, wird ihr Handeln durch Artikel 2 Absatz 2 Buchstabe a EMRK insofern begrenzt, als dass der polizeiliche Todesschuss nur zum Schutz höchstpersönlicher Rechtsgüter und nicht zum bloßen Sachgüterschutz zulässig ist[703].

4. *Ergebnis*

Artikel 2 Absatz 2 Buchstabe a EMRK rechtfertigt die Tötung eines Menschen zur Verteidigung der eigenen Person und Dritter gegenüber rechtswidriger Gewalt. Die Norm bezweckt den Schutz des Individuums vor rechtswidrigen tödlichen Handlungen. Dabei ist nur die Verteidigung von höchstpersönlichen Rechtsgütern wie Leib, Leben und Freiheit der Rechtfertigung durch Artikel 2 Absatz 2 Buchstabe a EMRK zugänglich, nicht hingegen die Verteidigung von Vermögenswerten. Die Norm ist Dreh- und Angelpunkt der Rechtfertigung von

---

699 So auch EGMR, Urt. v. 09.10.1997, Nr. 86/1996/705/897, *Andronicou und Constantinou*/Zypern, Z. 181 ff.

700 So auch EGMR, Urt. v. 09.10.1997, Nr. 86/1996/705/897, *Andronicou und Constantinou*/Zypern, Z. 181 ff; *Grabenwarter*, EMRK, § 20 Rn. 12; *Villiger*, Handbuch EMRK, Art. 2 Rn. 269; *Kneihs*, in: Grabenwarter/Thiele, Kontinuität und Wandel der EMRK, S. 34.

701 *Kneihs*, in: Grabenwarter/Thiele, Kontinuität und Wandel der EMRK, S. 34.

702 Vgl. dazu ausführlich 6. Kap. C.

703 Vgl. dazu 6. Kap. B. III. 2.

Tötungen von Terroristen, die durch ihre terroristischen Aktivitäten regelmäßig rechtswidrige Gewalt gegenüber unbeteiligten Bürgern ausüben. Hier spielt die Verhältnismäßigkeit der Tötung eine bedeutsame Rolle, an die strenge Voraussetzungen zu stellen ist[704].

Artikel 2 Absatz 2 Buchstabe a EMRK betrifft nur das Verhältnis zwischen Staat und Bürgern, so dass das Notwehrrecht zwischen Privaten von dieser Regelung unberührt bleibt.

Der polizeiliche finale Rettungsschuss zum Schutz höchstpersönlicher Rechtsgüter ist unter den Voraussetzungen von Artikel 2 Absatz 2 Buchstabe a EMRK zulässig.

IV. Die rechtmäßige Festnahme und Fluchtverhinderung einer ordnungsgemäß festgehaltenen Person – Artikel 2 Absatz 2 Buchstabe b EMRK

1. Anforderungen der Norm und Anwendungsfälle

Gemäß Artikel 2 Absatz 2 Buchstabe b EMRK wird eine Tötung nicht als Verletzung von Artikel 2 EMRK betrachtet, wenn sie durch eine Gewaltanwendung verursacht wird, die unbedingt erforderlich ist, um jemanden rechtmäßig festzunehmen oder jemanden, dem die Freiheit rechtmäßig entzogen worden ist, an der Flucht zu hindern. Sinn und Zweck der Norm ist die Sicherstellung der gewaltbewehrten Erzwingung (erster Fall) bzw. Aufrechterhaltung (zweiter Fall) behördlicher Freiheitsentziehungen[705]. Die Ausnahme des Tötungsverbots nach Artikel 2 Absatz 2 Buchstabe b EMRK setzt eine rechtmäßige Festnahme[706] bzw. die Flucht einer rechtmäßig festgehaltenen Person[707] voraus. Aus dem Erfordernis der Rechtmäßigkeit folgt, dass der Freiheitsentzug zum einen mit der nationalen Rechtsordnung in Einklang stehen muss[708] und zum anderen den Anforderungen der Konvention – insbesondere Artikel 5 Absatz 1 EMRK – gerecht werden muss[709].

---

704 Vgl. dazu 6. Kap. B. VI.

705 *Kopetzki*, in: Korinek, Österreichisches Bundesverfassungsrecht, Art. 2 EMRK Rn. 54.

706 Englisch: „lawful arrest“; französich: „arrestation régulière“.

707 Englisch: „a person lawfully detained“; französisch: „une personne régulièrement détenue“.

708 *Gollwitzer*, EMRK und IPBPR, Art. 2 Rn. 20.

709 *Kopetzki*, in: Korinek, Österreichisches Bundesverfassungsrecht, Art. 2 EMRK Rn. 54; *Klugmann*, Antiterroristische Maßnahmen und EMRK, S. 57; *Harris*, MJ 1994, 122, 135; *Trechsel*, in: Benedek u. a., FS Ginther, S. 685.

Mit der Festnahme als Initialakt und den daran anschließenden Zustand der Anhaltung differenziert Artikel 2 Absatz 2 Buchstabe b EMRK in seiner Formulierung zwischen zwei verschiedenen Phasen des Freiheitsentzugs[710]. Da die Norm nicht zwischen den Arten der freiheitsentziehenden Maßnahme[711] unterscheidet, erstreckt sich Artikel 2 Absatz 2 Buchstabe b EMRK unabhängig von dem dahinter stehenden materiellen Haftgrund auf alle freiheitsentziehenden Maßnahmen im Sinne von Artikel 5 EMRK[712]. Eine Festnahme durch Privatpersonen, wie im deutschen Recht nach § 127 Strafprozessordnung (StPO)[713], wird allerdings nicht von Artikel 2 Absatz 2 Buchstabe b EMRK erfasst[714]. Als zusätzliches ungeschriebenes Kriterium wird zur Rechtfertigung der Tötung nach Artikel 2 Absatz 2 Buchstabe b EMRK eine besondere Schwere der Tat verlangt[715]. Dies ergibt sich aus dem bei Artikel 2 EMRK besonders strengen Verhältnismäßigkeitsmaßstab, wonach die Gewaltanwendung zum Zwecke der Festnahme oder Fluchthinderung in einem angemessenen Verhältnis zur Schwere der Tat oder zur Gefahr der Flucht stehen muss[716].

In der Literatur finden sich vermehrt Stimmen, dass es sich bei Artikel 2 Absatz 2 Buchstabe b EMRK um Fälle handeln muss, in denen keine Tötungsabsicht der Staatsorgane vorliegt[717]. Die EKMR hat dagegen in der Entscheidung *Kelly* eine absichtliche Tötung nach Artikel 2 Absatz 2 Buchstabe b EMRK in Extremfällen für gerechtfertigt gehalten[718]. Der minderjährige *Paul Kelly* und seine drei Mitfahrer waren in einem gestohlenen Auto zu einer „Spritztour" (so genanntes „joyriding") in Belfast unterwegs und durchbrachen trotz Zurufen

710 *Kopetzki*, in: Korinek, Österreichisches Bundesverfassungsrecht, Art. 2 EMRK Rn. 54; *Klugmann*, Antiterroristische Maßnahmen und EMRK, S. 57.

711 Beispielsweise zwischen Festnahmen zum Zweck der Strafrechtspflege und sonstigen Festnahmen.

712 *Kopetzki*, in: Korinek, Österreichisches Bundesverfassungsrecht, Art. 2 EMRK Rn. 54.

713 BGBl. I 1987, S. 1074, 1319, zuletzt geändert in BGBl. I 2015 S. 10.

714 *Gollwitzer*, EMRK und IPBPR, Art. 2 Rn. 22.

715 *Kopetzki*, in: Korinek, Österreichisches Bundesverfassungsrecht, Art. 2 EMRK Rn. 53; *Trechsel*, in: Benedek u. a., FS Ginther, S. 685.

716 *Kopetzki*, in: Korinek, Österreichisches Bundesverfassungsrecht, Art. 2 EMRK Rn. 53; Trechsel, in: Benedek u. a., FS Ginther, S. 685.

717 *Frowein*, in: Frowein/Peukert, EMRK, Art. 2 Rn. 12; *Gollwitzer*, EMRK und IPBPR, Art. 2 Rn. 20; *Kopetzki*, in: Korinek, Österreichisches Bundesverfassungsrecht, Art. 2 EMRK Rn. 54; *Villiger*, Handbuch EMRK Rn. 269; *Joseph*, NQHR 1995, 5, 9; a. A.: *Smith*, NLJ 1995, 354, 355 f.

718 EKMR, Ents. v. 13.01.1993, Nr. 17579/90, *Kelly*/Vereinigtes Königreich.

und Zeichen nordirischer Soldaten zum Anhalten des Fahrzeugs eine Straßensperre der britischen Armee. Dabei wurde *Kelly* von den Soldaten erschossen. Diese waren davon ausgegangen, dass es sich bei *Kelly* und seinen Mitfahrern um Terroristen handele und beabsichtigten, diese durch die Abgabe von Schüssen zum Anhalten zu bewegen, um dadurch terroristische Taten zu verhindern. Der National Court lehnte eine zivilrechtliche Entschädigungsklage des Vaters ab, weil er den Eingriff nach Section 3 Absatz 1 Criminal Law Act (Northern Ireland) 1967[719] für gerechtfertigt hielt, da die Soldaten nach Ansicht des Richters glauben durften, dass es sich um Terroristen handelte, die sich einer Festnahme entziehen wollten[720]. Anders als die nationalen Gerichte hat die EKMR in dieser Entscheidung auf die Ausnahme in Artikel 2 Absatz 2 Buchstabe b 1. Halbsatz EMRK abgestellt. Die EKMR nahm später in ihrer Entscheidung an, dass der Waffengebrauch der Soldaten zur Durchführung einer rechtmäßigen Festnahme im Sinne von Artikel 2 Absatz 2 Buchstabe b EMRK unbedingt erforderlich gewesen sei und die Tötung, auch wenn sie absichtlich erfolgte, deshalb keinen Verstoß gegen Artikel 2 EMRK darstelle[721].

Aus dem eindeutigen Wortlaut von Artikel 2 Absatz 2 Buchstabe b EMRK, der nur die Festnahme und Fluchtverhinderung nennt, geht hervor, dass die tödliche Gewaltanwendung zur Verhinderung von Straftaten nicht erfasst ist[722]. Im deutschen Polizeirecht ist der Schusswaffengebrauch über die in Artikel 2 Absatz 2 Buchstaben a bis c EMRK genannten Ziele hinaus zulässig[723], um die Ausführung eines Verbrechens oder eines Vergehens, das unter Anwendung oder Mitführung von Schusswaffen oder Sprengstoffen begangen wird, zu verhindern. Endet der Schusswaffengebrauch tödlich, kann dieser nur nach Artikel 2 Absatz 2 Buchstabe b EMRK gerechtfertigt sein, wenn in diesen Fällen eine rechtmäßige Festnahme vorbereitet wird. Ansonsten kann die Verhinderung einer Straftat

---

719 Section 3 Abs. 1 Criminal Law Act (NI) 1967 lautet: „A person may use such force as is reasonable in the circumstances in the prevention of crime, or in effecting or assisting in the lawful arrest of offenders or suspected offenders or of persons unlawfully at large".

720 EKMR, Ents. v. 13.01.1993, Nr. 17579/90, *Kelly*/Vereinigtes Königreich.

721 EKMR, Ents. v. 13.01.1993, Nr. 17579/90, *Kelly*/Vereinigtes Königreich.

722 EKMR, Ents. v. 13.01.1993, Nr. 17579/90, *Kelly*/Vereinigtes Königreich; *Kopetzki*, in: Korinek, Österreichisches Bundesverfassungsrecht, Art. 2 EMRK Rn. 56; Harris, MJ 1994, 122, 135; a. A.: *Frowein*, in: Frowein/Peukert, EMRK, Art. 2 Rn. 12; *Trechsel*, in: Benedek u. a., FS Ginther, S. 685.

723 Beispielsweise § 10 Abs. 1 Nr. 1 Gesetz über den unmittelbaren Zwang bei der Ausübung öffentlicher Gewalt durch Vollzugsbeamte des Bundes (UZwG – BGBl. III 1961, Gliederungsnr. 201-5, zuletzt geändert durch BGBl. I 2006, S. 2407).

lediglich mittelbar erreicht werden, wenn die Ausnahmen in Artikel 2 Absatz 2 Buchstaben a oder c EMRK greifen[724]. Im Fall *Kelly* war die EKMR demnach gezwungen auf eine rechtmäßige Festnahme durch die Soldaten abzustellen.

Wie bereits erläutert wurde, setzt die rechtmäßige Festnahme im Sinne von Artikel 2 Absatz 2 Buchstabe b EMRK eine Festnahme voraus die in Einklang mit der nationalen Rechtsordnung steht. Soldaten haben nach nordirischem Recht aber keine Befugnis zur Festnahme von Personen, um eine zukünftige unbestimmte terroristische Tat zu verhindern[725]. Nach Section 2 Criminal Law Act (Northern Ireland) 1967 kann zwar jedermann eine Person festnehmen, die bereits eine Straftat begangen hat oder sich gerade in der Ausführung einer Straftat befindet, eine Festnahme zur Verhinderung der Begehung einer Straftat darf jedoch nur durch die Polizei vorgenommen werden. Für die Soldaten kam jedoch Section 14 Northern Ireland Emergency Provisions Act 1978[726] als Rechtsgrundlage in Betracht. Diese Vorschrift kann aber nicht so weit ausgelegt werden, dass sie sich auch auf Festnahmen für zukünftige Straftaten erstreckt, die noch nicht genau bestimmt sind[727]. Für eine Festnahme *Kellys* und seiner Begleiter durch Armeeangehörige gab es demnach keine Rechtsgrundlage im nordirischen Recht, so dass die Festnahme nicht rechtmäßig im Sinne von Artikel 2 Absatz 2 Buchstabe b EMRK war. Es scheint paradox, wenn keine Rechtsgrundlage für eine Festnahme durch die Soldaten bestand, die EKMR aber eine Rechtfertigung nach Artikel 2 Absatz 2 Buchstabe b EMRK annimmt[728]. Die Rechtmäßigkeit der Festnahme ist – neben der Übereinstimmung mit dem nationalen Recht – auch an Artikel 5 Absatz 1 EMRK[729] zu messen. Die Straftat,

---

724 EGMR, Urt. v. 27.09.1995, Nr. 17/1994/464/545, *McCann u. a.*/Vereinigtes Königreich, Z. 200.

725 *Harris*, MJ 1994, 122, 135; *Klugmann*, Antiterroristische Maßnahmen und EMRK, S. 56.

726 Section 14 Abs. 1 Northern Ireland Emergency Provisions 1978 lautet: „ A member of Her Majesty's Forces an duty may arrest without warrant, and detain for not more than four hours, a person whom he suspects of committing, having committed or being about to commit any offence."

727 *Smith*, NLJ 1994, 354, 356.

728 So auch *Smith*, NLJ 1994, 354, 356.

729 Artikel 5 Absatz 1 Buchstabe c EMRK lautet: „Jede Person hat das Recht auf Freiheit und Sicherheit. Die Freiheit darf nur in den folgenden Fällen und nur auf gesetzlich vorgeschriebene Weise entzogen werden: (…) rechtmäßige Festnahme oder Freiheitsentziehung zur Vorführung vor die zuständige Gerichtsbehörde, wenn hinreichender Verdacht besteht, dass es notwendig ist, sie an der Begehung einer solchen zu hindern (…)".

die durch die Festnahme verhindert werden soll, muss unmittelbar bevorstehen und hinreichend bestimmt sein[730]. Dies musste in diesem Fall verneint werden. Zudem ist es sehr fraglich, ob die Soldaten durch die Festnahme wirklich die unverzügliche Vorführung vor einem zuständigen Gericht bezweckten[731]. Somit wäre eine Festnahme *Kellys* weder nach nationalem Recht noch nach Konventionsrecht rechtmäßig gewesen, so dass Artikel 2 Absatz 2 Buchstabe b EMRK in diesem Fall bei richtiger Auslegung der Rechtslage gar nicht zur Anwendung hätte kommen können.

Die EKMR legte ihrer Entscheidung die besondere Situation in Nordirland zugrunde, die wegen zahlreicher terroristischer Aktivitäten von Angespanntheit und Angst geprägt war. Die Soldaten gingen hier fälschlicherweise von einem terroristischen Hintergrund der Tat aus und erkannten darin wahrscheinlich eine erhebliche Gefahr für die Bevölkerung und möglicherweise auch für sich selbst. Ihr Verhalten muss aber, selbst wenn es sich bei *Kelly* und seinen Mitfahrern um Terroristen gehandelt hätte, im Falle einer Tötung von Artikel 2 Absatz 2 EMRK gedeckt sein. Das Abstellen der EKMR auf die besondere Situation in Nordirland, bzw. die Konsequenzen, welche die EKMR daraus gezogen hat, ist vielfach kritisiert worden[732]. Ziel der Straßburger Organe ist es, einen einheitlichen Menschenrechtsschutz im Raum des Europarates sicherzustellen und zu fördern. Dieses Ziel wird verfehlt, wenn für bestimmte Konventionsstaaten außergewöhnliche Umstände in die Beurteilung einer Rechtsverletzung von Artikel 2 EMRK miteinbezogen werden[733]. Die Rücksichtnahme auf die aktuelle politische Situation in Nordirland widerspricht zudem den Auslegungsmaßstäben, welche die EKMR in *Stewart* gesetzt hat, nämlich, dass die Ausnahmetatbestände in Artikel 2 Absatz 2 EMRK eng auszulegen sind[734]. Für eine enge Auslegung der Ausnahmen nach Artikel 2 Abs. 2 EMRK und gegen die Berücksichtigung der angespannten Situation in Nordirland spricht, dass selbst im Falle eines bewaffneten Konflikts oder öffentlichen Notstandes eine Derogation von Artikel 2 EMRK gemäß Artikel 15 EMRK nicht möglich ist[735]. Dadurch wird deutlich,

730 *Frowein*, in: Frowein/Peukert, EMRK, Art. 5 Rn. 81.

731 So auch *Klugmann*, Antiterroristische Maßnahmen und EMRK, S. 57.

732 Vgl. *Joseph*, NQHR 1996, 5, 9; *Harris*, MJ 1994 122, 137; *Klugmann*, Antiterroristische Maßnahmen und EMRK, S. 57 f.

733 Ähnlich *Klugmann*, Antiterroristische Maßnahmen und EMRK, S. 57 f.

734 EKMR, Ents. v. 10.07.1984, Nr. 10044/82, *Stewart*/Vereinigtes Königreich, Z. 13.

735 So auch *Harris*, MJ 1994 122, 137; *Klugmann*, Antiterroristische Maßnahmen und EMRK, S. 57 f.

dass Art. 2 EMRK in Situationen wie beispielsweise in Nordirland keineswegs einer anderen Beurteilung unterliegen darf.

Die Anwendung von Artikel 2 Absatz 2 Buchstabe b EMRK auf beabsichtigte Tötungen wird von der herrschenden Meinung generell abgelehnt, da diese den Zielvorgaben der Norm widerspreche[736]. Die Absicht zur Festnahme einer Person schließe eine Tötungsabsicht aus, zudem könne eine Tötung zur Festnahme einer Person nie geeignet sein und sei daher immer unverhältnismäßig[737]. *Joseph* geht sogar soweit, eine Tötung zum Zwecke der Festnahme generell, also unabhängig von der Intention der Staatsorgane, abzulehnen[738]. Diese Auffassung widerspricht allerdings dem eindeutigen Wortlaut von Artikel 2 Absatz 2 Buchstabe b EMRK, der klar von einer Ausnahme des Tötungsverbots zur Durchführung einer rechtmäßigen Festnahme oder Fluchthinderung spricht. Im Ergebnis ist der herrschenden Meinung zuzustimmen. Ein Staatsorgan, welches die Absicht hat, eine Person zu töten, kann nicht „gleichzeitig" die Absicht haben, diese Person festzunehmen, um sie den zuständigen Behörden zuzuführen. Die gegenteilige Ansicht birgt die Gefahr des Missbrauchs der Ausnahme vom Tötungsverbot durch Staatsorgane in sich. Dies gilt insbesondere für Krisengebiete wie Nordirland, in denen die Angst vor terroristischen Attentaten lange Zeit dominiert hat und die Staatsorgane eher Anlass zu einer Festnahme hatten, weil sie davon ausgingen, es handele sich bei dem Verfolgten um einen Terroristen. Durch die hier vertretene Meinung sind die Staatsorgane aber nicht den Gefahren der Terrorismusbekämpfung in dem Sinne ausgeliefert, dass sie sich nicht angemessen verteidigen können. Liegen die Voraussetzungen vor, stehen ihnen die Rechtfertigungsgründe nach Artikel 2 Absatz 2 Buchstabe a EMRK zur Verfügung. Eine absichtliche Tötung zur Erreichung der in Artikel 2 Absatz 2 Buchstabe b EMRK genannten Ziele, ist aus dem Anwendungsbereich der Vorschrift herauszunehmen, mit der Konsequenz, dass eine absichtliche Tötung nicht nach Buchstabe b gerechtfertigt sein kann. Damit ist der finale Todesschuss durch die Polizei nur zur Verteidigung von Menschen vor rechtswidriger Gewalt nach Artikel 2 Absatz 2 Buchstabe a EMRK, nicht aber zum Zwecke der Festnahme oder Fluchthinderung erlaubt.

---

736 *Frowein*, in: Frowein/Peukert, EMRK, Art. 2 Rn. 12; *Gollwitzer*, EMRK und IPBPR, Art. 2 Rn. 55; *Kopetzki*, in: Korinek, Österreichisches Bundesverfassungsrecht, Art. 2 EMRK Rn. 54; *Villiger*, Handbuch EMRK Rn. 269; a. A.: *Smith*, NLJ 1994, 354, 356.

737 *Frowein*, in: Frowein/Peukert, EMRK, Art. 2 Rn. 12; *Gollwitzer*, EMRK und IPBPR, Art. 2 Rn. 55; Kopetzki, in: Korinek, Österreichisches Bundesverfassungsrecht, Art. 2 EMRK Rn. 54; *Villiger*, Handbuch EMRK Rn. 269.

738 *Joseph*, NQHR 1995, 5, 9: „How does one arrest a corpse?".

Voraussetzung für eine Gewaltanwendung zur Verhinderung einer Flucht ist, dass sich die festzuhaltende Person bereits in Freiheitsentzug befand und sie sich einer weiteren Verwahrung zu entziehen sucht[739]. Damit kann die Tötung einer Person, die sich beispielsweise ihrer Identifizierung zu entziehen versucht, nicht nach Artikel 2 Absatz 2 Buchstabe b 2. Halbsatz EMRK erlaubt sein. Eine solche Tötung kann nach Artikel 2 Absatz 2 Buchstabe b 1. Halbsatz EMRK zwar theoretisch gerechtfertigt sein, da dies der Vorbereitung einer Festnahme dient, muss aber zum einen die Voraussetzungen der Rechtmäßigkeit der Festnahme erfüllen, zum anderen der strengen Verhältnismäßigkeitsprüfung von Artikel 2 EMRK standhalten und unbeabsichtigt erfolgen.

2. Ergebnis

Sinn und Zweck von Artikel 2 Absatz 2 Buchstabe b EMRK ist die Sicherstellung der Erzwingung bzw. Aufrechterhaltung der behördlichen Freiheitsentziehung. Der Freiheitsentzug muss sowohl nach nationalem Recht als auch nach dem Konventionsrecht - insbesondere Artikel 5 EMRK - rechtmäßig sein. Die tödliche Gewalt der Staatsorgane zur Verhinderung einer Straftat ist von der Norm nicht erfasst, da die Absicht der Staatsorgane auf die Festnahme der betroffenen Person gerichtet sein muss. Die Rücksicht des EGMR auf die besondere Lage der Staatsorgane bei der Bekämpfung von Terrorismus und dadurch ausgelöste Fehleinschätzungen zur Rechtmäßigkeit einer Festnahme ist unzulässig. Sie widerspricht der engen Auslegung der Norm und verursacht ein Ungleichgewicht der Anforderungen an rechtmäßige Tötungen innerhalb des europäischen Rechtsraums. Die Vorschrift erfasst nur unbeabsichtigte Tötungen, weil eine Festnahmeabsicht eine Tötungsabsicht ausschließt. In Fällen in denen sich die Festnahmeabsicht wegen der äußeren Umstände zu einer Tötungsabsicht wandelt - weil beispielsweise der Festzunehmende Widerstand in Form von rechtswidriger Gewalt leistet - bleibt eine Rechtfertigung nach Buchstabe a möglich, wenn die Voraussetzungen vorliegen.

V. Die Niederschlagung eines Aufruhrs oder Aufstandes

1. Begriffsklärung

Die dritte Ausnahme vom Tötungsverbot in Artikel 2 Absatz 2 Buchstabe c EMRK bestimmt, dass eine Tötung nicht als Verletzung von Artikel 2 EMRK

---

739 *Kopetzki*, in: Korinek, Österreichisches Bundesverfassungsrecht, Art. 2 EMRK Rn. 54.

betrachtet wird, wenn sie durch eine unbedingt erforderliche Gewaltanwendung verursacht wird, um einen Aufruhr oder Aufstand rechtmäßig niederzuschlagen.

Artikel 2 Absatz 2 Buchstabe c EMRK hat in der Praxis wenige Anwendungsfälle[740]. Wegen ihrer politischen Dimension sind die Begriffe Aufruhr und Aufstand im Gegensatz zu den in den Buchstaben a und b genannten Merkmalen, die auf bekannte Rechtsinstitute verweisen, unbestimmt und keinesfalls allen Rechtsordnungen geläufig[741]. Deswegen ist diesen Begriffen ein autonomes Verständnis zu Grunde zu legen[742]. Die EKMR hält sich mit einer Definition der Begriffe zurück und bestimmt für jeden Einzelfall, ob dieser als Aufruhr oder Aufstand zu qualifizieren ist[743]. Im Fall *Stewart* nahm die EKMR an, dass zumindest in einer Ansammlung von etwa 150 Menschen, die in feindseliger Absicht mit Geschossen auf die Sicherheitskräfte zielten, unproblematisch einen Aufruhr im Sinne von Artikel 2 Absatz 2 Buchstabe c EMRK an[744]. In der Literatur wird Aufruhr als eine Situation begriffen, bei der von einer Menschenmenge Gewalttaten im größeren Umfang begangen werden oder drohen begangen zu werden[745]. Mitunter wird vertreten, dass es sich dabei um eine ungesetzliche Menschenansammlung handeln muss[746]. Dem ist beizupflichten, da ansonsten jede rechtmäßige verfassungsrechtlich geschützte Demonstration als Aufruhr bezeichnet werden könnte, was dem europäischen Verständnis von Versammlungsfreiheit nicht entsprechen würde. Andere verlangen darüber hinaus, dass die Menschenmenge sich zusammengeschlossen hat, um unter Einsatz von Gewalt Widerstand gegen die Staatsgewalt zu leisten, wobei dieser Widerstand eine Dimension erreichen muss, die zu einer außerordentlichen Gefährdung der inneren Sicherheit führt und vergleichbar mit der Situation eines Staatsnotstandes ist[747]. Dieses Verständnis des Begriffs erscheint zu eng, wobei das Element der Gefährdung der inneren Sicherheit wohl

740 *Meyer-Ladewig*, EMRK, Art. 2 Rn. 24.

741 EKMR, Ents. v. 10.07.1984, Nr. 10044/82, *Stewart*/Vereinigtes Königreich, Z. 24; *Kopetzki*, in: Korinek, Österreichisches Bundesverfassungsrecht, Art. 2 EMRK Rn. 58.

742 EKMR, Ents. v. 10.07.1984, Nr. 10044/82, *Stewart*/Vereinigtes Königreich, Z. 24; *Harris*, MJ 1994, 122, 137.

743 EKMR, Ents. v. 10.07.1984, Nr. 10044/82, *Stewart*/Vereinigtes Königreich, Z. 25.

744 EKMR, Ents. v. 10.07.1984, Nr. 10044/82, *Stewart*/Vereinigtes Königreich, Z. 25.

745 *Frowein*, in: Frowein/Peukert, EMRK, Art. 2 Rn. 15; *Grabenwarter*, EMRK, § 20 Rn. 15.

746 *Gollwitzer*, EMRK und IPBPR, Art. 2 Rn. 23.

747 *Tretter*, in: Ermacora u. a., EMRK, Art. 2 S. 137.

in vielen Fällen eines Aufruhrs eine Rolle spielen wird, eine Festlegung und Begrenzung auf dieses Kriterium erscheint aber nicht sinnvoll.

Unter einem Aufstand wird ein offener Widerstand einer organisierten Personengruppe, die Teile eines Staatsgebiets tatsächlich beherrscht und sich gegen die legitime Staatsgewalt zu behaupten vermag, verstanden[748]. In der Literatur wird ein völkerrechtliches Verständnis des Begriffes favorisiert[749].

Die Niederschlagung eines Aufruhrs oder eines Aufstandes muss „im Rahmen der Gesetze" (englisch: „lawfully"; französisch: „conformément à la loi") stattfinden. Das heißt, dass sich die Anwendung der Gewaltmittel der staatlichen Zwangsmittel im Rahmen des nationalen Rechts halten muss[750]. So müssen etwa für einen Schusswaffengebrauch die Voraussetzungen erfüllt sein, die das nationale Recht vorgibt. Ist in einer nationalen Rechtsordnung keine entsprechende Befugnis des Zwangsmittels, welches den Aufruhr oder Aufstand niederschlagen soll, vorgesehen oder werden die Voraussetzungen zu ihrer Anwendung nicht eingehalten, kann eine Tötung nur noch nach Artikel 2 Absatz 2 Buchstaben a oder b EMRK gerechtfertigt sein[751]. Im Fall *X.*/Belgien war der Betroffene, der selbst nicht an dem Aufruhr beteiligt war, während eines Streiks durch den Schusswaffengebrauch eines Polizisten zu Tode gekommen. Weil es nach belgischem Recht keine Berechtigung der Polizei zur Tötung infolge von Waffengebrauch gab, war das Kriterium der rechtmäßigen Niederschlagung nach Ansicht der EKMR in diesem Fall nicht erfüllt[752].

Die Straßburger Organe wenden zur Qualifizierung einer Situation als Aufruhr oder Aufstand nicht besonders strenge Kriterien an, die gesetzliche Deckung sowie der Verhältnismäßigkeitsgrundsatz unterliegen viel strengeren Voraussetzungen[753]. Eine weitere Voraussetzung der Ausnahme nach Artikel 2 Absatz 2 Buchstabe c EMRK ist, dass die zur Tötung führende Gewaltanwendung absolut notwendig sein muss, um die öffentliche Ordnung wieder herzustellen[754]. Die

---

748 *Gollwitzer*, EMRK und IPBPR, Art. 2 Rn. 23; *Kopetzki*, in: Korinek, Österreichisches Bundesverfassungsrecht, Art. 2 EMRK Rn. 59.

749 *Tretter*, in: Ermacora u. a., EMRK, Art. 2, S. 136 f.; *Machacek*, EuGRZ 1983, 453, 472.

750 *Gollwitzer*, EMRK und IPBPR, Art. 2 Rn. 22; *Kopetzki*, in: Korinek, Österreichisches Bundesverfassungsrecht, Art. 2 EMRK Rn. 59.

751 *Kopetzki*, in: Korinek, Österreichisches Bundesverfassungsrecht, Art. 2 EMRK Rn. 60.

752 EKMR, Ents. v. 21.05.1969, Nr. 2758/66, *X.*/Belgien; Die Beschwerde wurde allerdings aus anderen Gründen für unzulässig erklärt, vgl. 5. Kap. B.

753 *Kopetzki*, in: Korinek, Österreichisches Bundesverfassungsrecht, Art. 2 EMRK Rn. 61.

754 *Frowein*, in: Frowein/Peukert, EMRK, Art. 2 Rn. 15; *Gollwitzer*, EMRK und IPBPR, Art. 2 Rn. 24.

Intention der eingreifenden Staatsorgane muss die Herbeiführung der öffentlichen Ordnung sein.

2. *Ergebnis*

Mangels allgemeingültiger Definitionen der Begriffe des Aufruhrs und des Aufstandes durch den EGMR, ist das Vorliegen einer der beiden Fälle im jeweiligen Einzelfall zu bestimmen. Ein Aufruhr verlangt in jedem Fall eine feindselige Absicht der beteiligten Personen gegenüber dem Staat und die hohe Wahrscheinlichkeit der Begehung von Gewalttaten. Dabei ist in Abgrenzung zu rechtmäßigen Versammlungen, eine rechtswidrige Menschenansammlung erforderlich. Aufstände werden im europäischen Raum eher selten vorzufinden sein, da der Begriff verlangt, dass die Widerstand leistende Personengruppe ein bestimmtes Gebiet tatsächlich beherrscht. Hervorzuheben ist, dass die Niederschlagung des Aufruhrs oder Aufstandes vom nationalen Recht gedeckt sein muss. Dieses Erfordernis verdeutlicht das enge Zusammenspiel zwischen Konventionsrecht und nationalem Recht.

VI. Die Erforderlichkeit der Gewaltanwendung im Sinne von Artikel 2 Absatz 2 EMRK - Unbedingte Erforderlichkeit und Verhältnismäßigkeit

Eine Tötung wird dann nicht als Verletzung des Rechts auf Leben betrachtet, wenn die lebensgefährdende Gewaltanwendung „unbedingt erforderlich" (englisch: „absolutely necessary"; französisch: „absolument nécessaire") ist, um eines der in Artikel 2 Absatz 2 EMRK genannten Ziele zu erreichen.

1. *Die Anforderungen an eine unbedingte Erforderlichkeit und Verhältnismäßigkeit der Gewaltanwendung*

Das Kriterium der unbedingten Erforderlichkeit wird eng ausgelegt[755]. Im *Sunday Times*-Urteil machte der Gerichtshof zunächst deutlich, dass die Erforderlichkeit eines Eingriffs im Sinne der Artikel 8 ff. EMRK ein dringendes soziales Bedürfnis voraussetzt[756]. In weiteren Entscheidungen stellte die Kommission fest, dass der Maßstab der unbedingten Erforderlichkeit in Artikel 2 EMRK strenger

755 EGMR, Urt. v. 27.06.2000, Nr. 21986/93, *Salman*/Türkei, Z. 97.

756 EGMR, Urt. v. 26.04.1979, Nr. 6538/74, *Sunday Times*/Vereinigtes Königreich, Z. 59: „pressing social need".

anzulegen sei als in anderen Konventionsrechten[757]. Bei der Prüfung, ob eine Gewaltanwendung unbedingt erforderlich ist, muss bei Artikel 2 Absatz 2 EMRK auf zwingende Gründe abgestellt werden und deutlich strengere Kriterien angelegt werden als bei der Prüfung der Absätze 2 der Artikel 8 bis 11 EMRK, ob ein bestimmtes Handeln in einer demokratischen Gesellschaft notwendig ist[758]. Dass die Voraussetzungen der unbedingten Erforderlichkeit der Gewaltanwendung in Artikel 2 EMRK weit mehr verlangen als dies bei den Artikeln 8 ff. EMRK der Fall ist, erklärt sich zum einen mit dem Wortlaut „unbedingt", den die Konventionsstaaten bei der Entstehung der Vorschrift gewählt haben. Zum anderen ergibt sich dieses strenge Verständnis aus der überragenden Bedeutung von Artikel 2 EMRK und der tragischen Dimension eines Eingriffs in das Recht auf Leben.

Beim polizeilichen Schusswaffengebrauch muss die Anwendung von Waffengewalt auf das absolut Erforderliche reduziert werden und ausreichend spezifiziert sein[759]. Neben der Achtung der nationalen Regelungen zum Einsatz von Schusswaffen müssen die Staatsorgane die prinzipielle Vorrangigkeit des Rechts auf Leben als fundamentales Grundrecht in ihren Entscheidungsprozess mit einbeziehen[760]. Zudem ist ein stufenweiser Einsatz der Schusswaffen mit Aufforderung und Warnschuss zu fordern[761]. So hat der Gerichtshof im Fall *Makaratzis* entschieden, dass diese Voraussetzung insbesondere in Hinblick auf die Schutzpflicht des Staates nicht erfüllt ist, wenn nach (damaliger) griechischer Rechtslage die Anwendung von Waffengewalt zulässig ist, um Gesetze, Dekrete und Entscheidungen der zuständigen Behörden durchzusetzen[762]. Daraus folgt, dass Polizisten und Soldaten mit dem Ziel ausgebildet werden müssen, tödliche Gewalt nur als *ultima ratio* anzuwenden. Die tödliche Gewaltanwendung gegen einen Einzelnen unbewaffneten Demonstranten beispielsweise ist zur Erreichung der in Artikel 2 Absatz 2 EMRK genannten Ziele nicht absolut erforderlich[763]. Ein

---

757 EKMR, Ents. v. 10.07.1984, Nr. 10044/82, *Stewart*/Vereinigtes Königreich, Z. 18; EKMR, Ents. v. 13.01.1993, Nr. 17579/90, *Kelly*/Vereinigtes Königreich.

758 EGMR, Urt. v. 27.09.1995, Nr. 17/1994/464/545, *McCann u. a.*/Vereinigtes Königreich, Z. 149; EGMR, Urt. v. 09.10.1997, Nr. 86/1996/705/897, *Andronicou und Constantinou*/Zypern, Z. 171.

759 *Alleweldt*, in: Grote/Maurahn, EMRK/GG, Kap. 10 Rn. 68.

760 EGMR, Urt. v. 06.07.2005, Nr. 43577/98 und 43579/98, *Nachova u. a.*/Bulgarien, Z. 97.

761 *Kopetzki*, in: Korinek, Österreichisches Bundesverfassungsrecht, Art. 2 EMRK Rn. 53.

762 EGMR, Urt. v. 20.12.2004, Nr. 50385/99, *Makaratzis*/Griechenland, Z. 62 f.

763 EGMR, Urt. v. 24.06.2008, Nr. 4458/98, *Isaak*/Türkei, Z. 118.

solches Vorgehen kann nach Ansicht des Gerichtshofes vielmehr dazu geeignet sein, bei den anderen Demonstranten eine Reaktion der Gewalt hervorzurufen[764].

Die Gewaltanwendung zur Erreichung der in Artikel 2 Absatz 2 EMRK genannten Ziele muss strikt verhältnismäßig[765] sein[766]. Das heißt, dass die Gefährdung des Lebens streng proportional zum beabsichtigten Erfolg sein muss. Bei der Verhältnismäßigkeitsprüfung sind verschiedene Faktoren zu beachten. In erster Linie ist der Gefährlichkeitsgrad des Verhaltens der betroffenen Personen im Verhältnis zur Gewaltanwendung zu beurteilen. So ist der lebensgefährdende Schusswaffengebrauch gegen unbewaffnete Personen, von denen keine besonderen Gefahren ausgehen, stets unverhältnismäßig[767]. Etwas anderes gilt für mutmaßliche Terroristen, von denen eine große Gefahr ausgeht, wenn sie beispielsweise verdächtigt werden, einen Bombenanschlag zu begehen[768]. Daneben sind alle Begleitumstände des Falles zu berücksichtigen[769]. Dazu gehören die Art der eingesetzten Mittel und die Wahrscheinlichkeit der damit verbundenen Todesfolge[770]. Eine absichtliche Tötung kann zwar unbedingt erforderlich sein, allerdings unterliegt ihre Bewertung einer viel strengeren Prüfung als die der unbeabsichtigten Tötung[771]. Mit einer absichtlichen Tötung greift der Staat in höchstem Maße in das Grundrecht des Bürgers ein. Die Handlung bedarf einer besonders strengen Verhältnismäßigkeitsprüfung, da eine absichtliche Tötung nur den absoluten Ausnahmefall darstellen darf. Zu den Begleitumständen des Falles zählt der Gerichtshof seit dem *McCann*-Urteil – neben den oben

---

764 EGMR, Urt. v. 24.06.2008, Nr. 4458/98, *Isaak*/Türkei, Z. 118.

765 Aus der Rechtsprechung der Straßburger Organe wird nicht ganz deutlich, ob die Verhältnismäßigkeitsprüfung als Teil der unbedingten Erforderlichkeit oder als separater Prüfungspunkt anzusehen ist. Hier werden beide unter einem Punkt behandelt, da beide Aspekte schwer voneinander zu trennen sind und teilweise ineinander übergehen.

766 EGMR, Urt. v. 27.09.1995, Nr. 17/1994/464/545, *McCann u. a.*/Vereinigtes Königreich, Z. 149; EGMR, Urt. v. 09.10.1997, Nr. 86/1996/705/897, *Andronicou und Constantinou*/Zypern, Z. 171.

767 EGMR, Urt. v. 06.07.2005, Nr. 43577/98 und 43579/98, *Nachova u. a.*/Bulgarien, Z. 95 f.

768 EGMR, Urt. v. 27.09.1995, Nr. 17/1994/464/545, *McCann u. a.*/Vereinigtes Königreich, Z. 199.

769 EGMR, Urt. v. 27.09.1995, Nr. 17/1994/464/545, *McCann u. a.*/Vereinigtes Königreich, Z. 149.

770 EKMR, Ents. v. 10.07.1984, Nr. 10044/82, *Stewart*/Vereinigtes Königreich, Z. 19.

771 Vgl. dazu; EKMR, Ents. v. 10.07.1984, Nr. 10044/82, *Stewart*/Vereinigtes Königreich, Z. 30. EGMR, Urt. v. 27.09.1995, Nr. 17/1994/464/545, *McCann u. a.*/Vereinigtes Königreich, Z. 150.

genannten Kriterien – die Planung, Durchführung und Kontrolle von Polizei- oder Militäraktionen im Rahmen derer es zur tödlichen Gewaltanwendung kommt[772]. Demgemäß hat der Gerichtshof ein so genanntes Organisationsverschulden entwickelt[773]. Im Rahmen der Planung einer solchen Operation können den Konventionsstaaten auch Mängel in der Ausbildung der eingesetzten Personen, der Instruktionen und der Kommunikation der an der Gewaltanwendung direkt Beteiligten und der hinter der Operation stehenden Personen zugerechnet werden[774]. Die Vorbereitung und Planung einer Anti-Terror-Maßnahme muss derart ausgestaltet sein, dass das menschliche Leben nach Möglichkeit verschont bleibt[775]. Dies lässt sich nur mit einer sehr gut organisierten Planung und Ausführung unter Einbeziehung aller Faktoren erreichen, die das Geschehen beeinflussen können. Liegt entgegen dieser Prämisse ein solches „Organisationsverschulden" vor, hätte eine Tötung vermeidbar sein können und die unbedingte Erforderlichkeit der Gewaltanwendung ist zu verneinen und eine Verletzung von Artikel 2 EMRK liegt vor.

Im Fall *Güleç* verneinte der Gerichtshof die Verhältnismäßigkeit der eingesetzten Mittel zum bezweckten Ziel und nahm eine Verletzung von Artikel 2 EMRK an[776]. Bei einer Demonstration in dem südosttürkischen Ort Idil kam der 15-jährige Sohn des Beschwerdeführers ums Leben. Die Demonstration wurde von Gerichtshof unproblematisch als Aufruhr qualifiziert, so dass Artikel 2 Absatz 2 Buchstabe c EMRK zur Anwendung kam. Der tödliche Schuss, der – den vorherigen Nachforschungen der EKMR zufolge – von türkischen Sicherheitskräften abgegeben wurde, traf den Betroffenen allerdings unbeabsichtigt. Der EGMR lehnte die Verhältnismäßigkeit von Mittel und Zweck ab, weil die Sicherheitskräfte keine anderen Einsatzmöglichkeiten als die des Schusswaffengebrauchs eingeplant hätten, obwohl der Einsatz von Schlagstöcken, Schutzschildern, Wasserwerfern, Gummigeschossen oder Tränengas als mildere Mittel einen tödlichen Ausgang für den Betroffenen hätten möglicherweise vermeiden

772 EGMR, Urt. v. 27.09.1995, Nr. 17/1994/464/545, *McCann u. a.*/Vereinigtes Königreich, Z. 150 und 202 ff.; Vgl. zu den genauen Erfordernissen die der Gerichtshof an die Organisation einer solchen Maßnahme stellt 4. Kap. C. II. 2. c.

773 EGMR, Urt. v. 27.09.1995, Nr. 17/1994/464/545, *McCann u. a.*/Vereinigtes Königreich, Z. 150 und 202 ff.

774 EGMR, Urt. v. 27.09.1995, Nr. 17/1994/464/545, *McCann u. a.*/Vereinigtes Königreich, Z. 202 ff.

775 EGMR, Urt. v. 27.09.1995, Nr. 17/1994/464/545, *McCann u. a.*/Vereinigtes Königreich, Z. 212.

776 EGMR, Urt. v. 27.07.1998, Nr. 54/1997/838/1044, *Güleç*/Türkei, Z. 71 f.

können[777]. Insbesondere vor dem Hintergrund, dass für die Provinz Sirnak zu diesem Zeitpunkt der Ausnahmezustand ausgerufen war, hätten die Sicherheitskräfte nach Ansicht des EGMR mit einer Eskalation der Situation rechnen müssen und sich dementsprechend auf den Einsatz vorbereiten müssen[778]. Dazu kam, dass die Demonstranten selber unbewaffnet waren und die türkische Regierung keine Beweise vorgebracht hat, die ihre Behauptung, unter den Demonstranten seien Terroristen gewesen, belegen konnte[779]. Diese Gewaltanwendung konnte der Gerichtshof damit nicht als unbedingt erforderlich im Sinne von Artikel 2 Absatz 2 EMRK qualifiziert werden.

Weniger strenge Anforderungen an die unbedingte Erforderlichkeit der angewandten Gewalt hat der Gerichtshof angenommen, wenn die Behörden unter besonderem Zeitdruck handeln mussten und die Lage nur minimal kontrollierbar war[780]. Dabei ist sich der EGMR stets der besonderen Schwierigkeiten bewusst, welche die Staaten bei dem Schutz des Lebens ihrer Bevölkerung gegen terroristische Akte bewältigen müssen[781].

2. *Das Problem der Anscheinsgefahr am Beispiel* Jean Charles de Menezes

Bei der Beurteilung von Gefahrensituationen können den staatlichen Organen Irrtümer unterlaufen, die schwerwiegende Folgen haben. Gerade bei der Bekämpfung von terroristischen Gefahren kommen schnell Panik und Unübersichtlichkeit auf, die es den Sicherheitskräften erschweren eine vernünftige Entscheidung zu treffen. So kam es beispielsweise einen Tag nach den vereitelten Terroranschlägen vom 21. Juli 2005 in London zur Tötung des unschuldigen *Jean Charles de Menezes* durch mehrere Kopfschüsse der Metropolitan Police aus nächster Nähe. *Menezes* wurde von der Metropolitan Police fälschlicherweise für *Hussain Osman* gehalten und als potenzieller Selbstmordattentäter qualifiziert

---

777 EGMR, Urt. v. 27.07.1998, Nr. 54/1997/838/1044, *Güleç*/Türkei, Z. 71.

778 EGMR, Urt. v. 27.07.1998, Nr. 54/1997/838/1044, *Güleç*/Türkei, Z. 71.

779 EGMR, Urt. v. 27.07.1998, Nr. 54/1997/838/1044, *Güleç*/Türkei, Z. 72.

780 So EGMR, Urt. v. 20.12.2011, Nr. 18299/03 und 27311/03, *Finogenov*/Russland, Z. 211 mit Verweis auf EGMR, Urt. v. 28.10.1998, Nr. 87/1997/871/1083, *Osman*/Türkei und EGMR, Urt. v. 20.12.2004, Nr. 50385/99, *Makaratzis*/Griechenland.

781 So EGMR, Urt. v. 20.12.2011, Nr. 18299/03 und 27311/03, *Finogenov*/Russland, Z. 212 mit der Ausführung, dass insbesondre im russischen Kontext der Terrorismus durch separatistische Bewegungen im Nordkaukasus seit vielen Jahren eine große Bedrohung der öffentlichen Sicherheit in Russland darstellt und die Terrorismusbekämpfung ein berechtigtes Anliegen des russischen Staates darstellt.

und bezahlte für diesen Fehler mit seinem Leben[782]. Wird tödliche Gewalt zur Verteidigung eines Menschen angewandt und stellt sich im Nachhinein heraus, dass diese Gefahr gar nicht oder nicht in dem erwarteten Umfang bestanden hat, ist der schwere Eingriff in Artikel 2 EMRK nicht mehr rückgängig zu machen. Der EGMR hat für die Fälle, in denen sich die Einschätzung der Staatsorgane in der Folge als falsch herausgestellt hat, entschieden, dass – soweit die Einschätzung einer Gefahrenlage auf dem aufrichtigen Glauben des Handelnden zum Zeitpunkt des maßgeblichen Ereignisses beruht hat – aus guten Gründen angenommen werden durfte, die Gewaltanwendung sei nach Artikel 2 Absatz 2 EMRK gerechtfertigt[783]. Bei entgegengesetzter Auffassung würden den Staatsorganen unter Gefährdung ihres Lebens und möglicherweise des Lebens anderer bei der Ausübung ihrer Pflicht eine unrealistische Last aufgebürdet[784]. Dabei muss allerdings berücksichtigt werden, dass von staatlichen Sicherheitskräften ein strengeres Maß bei der Beurteilung einer Gefahrensituation anzuwenden ist, als bei Privatpersonen, die im Rahmen einer Notwehrsituation handeln[785]. Der EGMR entscheidet sich damit für ein ähnliches Verständnis des Gefahrenbegriffs im Rahmen der Problematik der so genannten Anscheinsgefahr wie das Bundesverwaltungsgericht und erkennt die Anscheinsgefahr als echte Gefahr an[786]. Bei der Beurteilung, ob sich die Tötungshandlung noch in den Grenzen von Artikel 2 Absatz 2 Buchstabe a EMRK bewegt, ist das Kriterium der begründeten („reasonable“) Annahme einer rechtswidrigen Gewalt entscheidend[787]. So hat der EGMR im Fall *Gül* einen begründeten Irrtum der Sicherheitskräfte bei der Einschätzung der Gefahrenlage verneint[788]. *Mehmet Gül* wurde mit über 50 Schüssen getötet während er in den frühen Morgenstunden seine Haustür aufschloss, wobei die türkischen Sicherheitskräfte angaben, sie wären dem Eindruck unterlegen gewesen, bei den Türgeräuschen habe es sich um Schussgeräusche

782 Vgl. ausführlich zu den Anschlägen in London *Lieberman/Cheloukhine*, in Haberfeld/v. Hassell, A New Understanding of Terrorism, S. 233 ff.

783 EGMR, Urt. v. 27.09.1995, Nr. 17/1994/464/545, *McCann u. a.*/Vereinigtes Königreich, Z. 200; EGMR, Urt. v. 09.10.1997, Nr. 86/1996/705/897, *Andronicou und Constantinou*/Zypern, Z. 192.

784 EGMR, Urt. v. 27.09.1995, Nr. 17/1994/464/545, *McCann u. a.*/Vereinigtes Königreich, Z. 200; EGMR, Urt. v. 09.10.1997, Nr. 86/1996/705/897, *Andronicou und Constantinou*/Zypern, Z. 192.

785 *Wicks*, The Right to Life, S. 140.

786 BVerwGE 45, 51, 58.

787 *Wicks*, The Right to Life, S. 126.

788 EGMR, Urt. v. 14.12.2000, Nr. 22676/93, *Gül*/ Türkei, Z. 82.

gehandelt. Mangels weiterer Beweise der türkischen Behörden kam der Gerichtshof zu dem Schluss, dass es für die Annahme rechtswidriger Gewalt in diesem Fall keine überzeugenden Gründe gegeben habe.

Keiner der beteiligten Sicherheitskräfte der Metropolitan Police wurden im Fall *Menezes* im Nachgang strafrechtlich verfolgt, die Londoner Polizei wurde lediglich nach der Health and Safety Law für schuldig befunden[789]. Zwar gaben die Polizisten an sie seien ehrlich davon ausgegangen es handele sich um einen Selbstmordattentäter, der im Begriff sei eine Bombe zu zünden. *Menezes* war seit Wochen von den Sicherheitsbehörden in einer anderen Sache beobachtet worden[790]. Als er seine Verfolgung bemerkte nahm er die Flucht auf[791]. Zwar hatten die eingesetzten Polizisten den Befehl *Menezes* festzunehmen, sie gingen jedoch fälschlicherweise davon aus, bei *Menezes* handele es sich um einen Terroristen. Wenn die Sicherheitsleute dachten, es handele sich um eine unmittelbare und gegenwärtige Gefahr für das Leben anderer, hätten sie *Menezes* erstens gar nicht in die U-Bahn einsteigen lassen dürfen[792] und zweitens hätten sie ihn nicht durch Zurufe warnen dürfen, denn so hätte er die Bombe noch zünden können. Es bestand, zumindest nach Einschätzung der Polizisten, auch eine erhebliche Gefahr für die Passagiere der U-Bahn, die durch das Einsteigen lassen *Menezes* erhöht wurde. Die Polizisten gaben teilweise aber an „bewaffnete Polizei" gerufen zu haben, was von Augenzeugen bestritten wurde und von einem Untersuchungsausschuss als unerwiesen erachtet wurde[793]. Wie die Situation exakt stattgefunden hat kann wohl nicht mehr aufgeklärt werden. Es bestehen jedoch Zweifel an dem Vorliegen einer begründeten Anscheinsgefahr. Die Londoner Polizei hätte die verdächtige Person zweifelsfrei identifizieren müssen bevor sie solch weitreichende Maßnahme vornahm. Denn eine absichtliche Tötung kann nur gerechtfertigt sein, wenn eine reale Gefahr bzw. eine begründete Anscheinsgefahr für ein geschütztes Rechtsgut vorliegt und diese nur durch die Tötung beseitigt werden kann. Dabei hätten die Polizisten alle ihnen zur Verfügung stehenden

---

789 *Wicks*, The Right to Life, S. 126.

790 Independent.co.uk v. 24.07.20005, <http://www.independent.co.uk/news/uk/crime/metropolitan-police-expresses-regret-at-killing-of-man-500006.html>.

791 Independent.co.uk v. 24.07.20005, <http://www.independent.co.uk/news/uk/crime/metropolitan-police-expresses-regret-at-killing-of-man-500006.html>.

792 IPCC, Stockwell One: Investigation into the Shooting of Jean Charles de Menezes at Stockwell underground station on 22 July 2005, Z. 20.76, abrufbar unter <http://www.mpa.gov.uk/downloads/scrutinites/stockwell/ipcc-one.pdf>.

793 IPCC, Stockwell One: Investigation into the Shooting of Jean Charles de Menezes at Stockwell underground station on 22 July 2005, Z. 17.15 - 17.19.

Informationen in ihre Abwägung miteinbeziehen müssen nach denen sich hätte ergeben müssen, dass es sich bei dieser Person um einen gefährlichen Selbstmordattentäter handelt. Ob dies hier der Fall war und sich die Polizisten unter diesen Umständen nicht doch hätten anders verhalten müssen, ist zumindest zweifelhaft so dass eine Rechtfertigung zumindest nach hiesigem Kenntnisstand nicht eindeutig bejaht werden kann. Doch selbst bei Annahme einer Anscheinsgefahr kommt hier eine Verletzung von Artikel 2 EMRK durch ein Organisationsverschulden der britischen Polizei in Betracht. Denn der Einsatz war geprägt von Misskommunikation und unzureichender Identifizierung der verfolgten Person. Die Planung und die Durchführung der Anti-Terrormaßnahme, die bei der Beurteilung der unbedingten Erforderlichkeit des Eingriffs berücksichtigt werden muss, wurden nicht in der Weise durchgeführt, dass das menschliche Leben nach Möglichkeit verschont bleibt. Gerade bei der Mutmaßung, es handele sich um einen gefährlichen Bombenleger, der im Zweifel nur durch einen tödlichen Schusswaffengebrauch aufgehalten werden könne, muss eine klare Identifizierung der betroffenen Person und Einschätzung der Gesamtsituation erfolgen, um einen Vorfall solch tragischer Dimension zu verhindern. Dies gilt auch bei der Bekämpfung von Terrorismus.

3. *Ergebnis*

Der Begriff der Erforderlichkeit der tödlichen Gewaltanwendung durch Staatsorgane ist eng auszulegen. Aus dem Wortlaut der Norm und den irreversiblen Konsequenzen eines Eingriffs in das Recht auf Leben ergeben sich äußerst strenge Voraussetzungen für die Bejahung der Erforderlichkeit. Eine Tötung von Terroristen kann demnach nur *ultima ratio* sein, wobei den Konventionsstaaten bei der Beurteilung der Erforderlichkeit kein eigener Spielraum bleibt.

Die Erforderlichkeit einer tödlichen Gewaltanwendung bei Vorliegen einer bloßen Anscheinsgefahr ist nur zu bejahen, wenn die Einschätzung der Lage auf dem aufrichtigen Glauben der Staatsorgane beruht und die Annahme rechtswidriger Gewalt begründet ist. Im Fall *Menezes* war das Vorliegen einer Anscheinsgefahr wohl eher zu verneinen, weil die staatlichen Sicherheitskräfte nicht alle ihnen zur Verfügung stehenden Informationen nutzten und ihre Annahme rechtswidriger Gewalt damit im Rechtssinne unbegründet war.

Auch an die Verhältnismäßigkeit der Tötung von Terroristen, sind strenge Voraussetzungen zu stellen. Die eingesetzten Staatsorgane müssen erstens den Grad der Gefährlichkeit der terroristischen Täter berücksichtigen, das heißt, ob diese bewaffnet oder unbewaffnet sind und inwiefern sie tatsächlich gewaltbereit sind. Zweitens müssen sie alle Begleitumstände der jeweiligen Situation berücksichtigen, denn gerade bei der Bekämpfung von Terrorismus, sind unübersichtliche panikartige Vorfälle zu erwarten. Zu den weiteren Begleitumständen gehören auch die Planung und Organisation der Anti-Terror-Maßnahme sowie die Ausbildung der staatlichen Sicherheitskräfte. Dabei sind an absichtliche Tötungen, die nur im Ausnahmefall gerechtfertigt sein können, strengere Voraussetzungen als an eine unbeabsichtigte Tötung zu stellen. Insbesondere dürfen den staatlichen Sicherheitskräften keine milderen gleich geeigneten Mittel zur Beherrschung der Lage zur Verfügung stehen. Auch wenn diese strengen Voraussetzungen angesichts der tatsächlichen Umstände in von Terrorismus betroffenen Gebieten schwer zu realisieren erscheinen, muss unbedingt daran festgehalten werden. Gerade wenn die politische Situation, wie beispielsweise in der Osttürkei oder in Nordirland, sehr angespannt ist und die Gewalt in bestimmten Zeiten fast alltäglich geworden ist, besteht ein besonders hohes Risiko der Eskalation. Dieses Risiko befreit die Konventionsstaaten nicht von den Erfordernissen der Erforderlichkeits- und Verhältnismäßigkeitsprüfung, sondern muss in ihre Entscheidungen mit einfließen und berücksichtigt werden. Auch hier wird wieder deutlich, dass der Schutz des Rechts auf Leben auch angesichts der Bedrohung durch Terrorismus nicht geschmälert werden darf und kann.

C. Das Verhältnis der Abwehr- und Schutzfunktion von Artikel 2 EMRK

I. Rechtsstaatliches Dilemma

Aus dem Recht auf Leben lassen sich sowohl eine Abwehrfunktion als auch eine Schutzfunktion herleiten. Es sind Fälle denkbar, in denen diese beiden Grundrechtsfunktionen miteinander kollidieren, wie beispielsweise im Fall eines polizeilichen Rettungsschusses. Ein weiteres anschauliches Beispiel dafür bietet sich auch innerhalb der Terrorismusbekämpfung: Der Einsatz staatlicher Waffengewalt gegen von Terroristen entführte Flugzeuge. Hierbei kann es einerseits zu massenhaften Tötungen unschuldiger Passagiere und Besatzungsmitglieder kommen, andererseits besteht die Gefahr, dass bei einem Nichteinschreiten des Staates, ähnlich wie am 11. September 2001 in New York City, eine ungleich größere Zahl von Menschen zu Tode kommt. Die Auflösung dieses Konfliktes kann für den Staat ein rechtsstaatliches Dilemma ergeben: Er muss einerseits das Recht auf Leben der (mutmaßlichen) Terroristen sowie der unschuldigen Flugzeuginsassen achten (Abwehrrecht), unterliegt andererseits aber seiner staatlichen Schutzpflicht zugunsten der bedrohten Rechtsgutsträger am Boden. Kommt der Staat seiner Schutzpflicht bedingungslos nach, greift er in das Leben der schutzlosen Passagiere ein und verletzt möglicherweise das ihm auferlegte Tötungsverbot. Achtet er das Abwehrrecht, kommt er unter Umständen seiner Schutzpflicht nicht nach.

Es stellt sich die Frage, wie dieser Konflikt konventionsrechtlich zu lösen ist. Der Verweis darauf, die Grenzen des rechtlich zu Ordnenden seien hier erreicht, ist nicht zulässig. Die Funktion des Rechts auf Leben als einer der vorrangigen Existenzzwecke des modernen Staates muss sich gerade in solchen Fällen beweisen. Es darf für ein solch bedeutendes Rechtsgut keinen grundrechtsfreien Raum geben.

Eine Pattsituation kann nur entstehen, wenn die Abwehr- und Schutzdimension des Lebensrechts gleich gewichtet wird[794]. Nach der bisherigen Grundrechtsdogmatik des liberalen Grundrechtsverständnisses in Deutschland geht das Abwehrrecht der Schutzpflicht vor[795]. Dieses Grundrechtsverständnis ist jedoch nicht ohne Weiteres auf die Rechte und Freiheiten der EMRK übertragbar, weil trotz zahlreicher Übereinstimmungen nationaler Verfassungen und der EMRK die Konventionsnormen im Lichte der menschenrechtlichen Auslegungsgrundsätze verstanden werden müssen[796].

II. Vorrangigkeit einer der beiden Grundrechtsfunktionen?

Für eine Gleichwertigkeit beider Grundrechtsfunktionen des Lebensrechts spricht schon der Wortlaut von Artikel 2 Absatz 1 EMRK. Die negatorische Schutzwirkung (*status negativus*) zeigt sich in Artikel 2 Absatz 1 Satz 2 EMRK, der das grundsätzliche Verbot einer absichtlichen Tötung normiert[797]. Artikel 2 Absatz 1 Satz 1 EMRK statuiert ausdrücklich einen gesetzlichen Schutz des Lebensrechts[798]. Durch einen Rückgriff auf den Wortlaut kommt man zumindest

794 Gegen eine eindeutige Unterscheidbarkeit von Abwehr- und Schutzrechten *Ekardt/Susnjar*, ZG 2007, 134, 145 ff.

795 *Lindner*, DÖV 2006, 577, 580; *Kersten*, NVwZ 2005, 661, 662; *Winkler*, NVwZ 2006, 536, 537; *Höfling/Augsberg*, JZ 2005, 1080, 1084; siehe auch 4. Kap. D.

796 *Krieger*, in: Grote/Marauhn, EMRK/GG, Kap. 6 Rn. 5.

797 Artikel 2 Absatz 1 Satz 2 EMRK lautet: „Niemand darf absichtlich getötet werden (…)"/"No one shall be deprived of his life intentionally (...)"/"La mort ne peut être infligée à quiconque intentionnellement (...)".

798 Artikel 2 Absatz 1 Satz 1 EMRK lautet: „Das Recht jedes Menschen auf Leben wird gesetzlich geschützt"/"Everyone's right to life shall be protected by law"/"Le droit de toute personne à la vie est protégé par la loi".

nicht zu dem Ergebnis, die Schutzpflicht habe nur eine nachrangige Stellung gegenüber dem Abwehrrecht.

Gegen die Annahme einer Gleichwertigkeit von Abwehr- und Schutzfunktion und für den Vorrang der Funktion als Abwehrrecht spricht hingegen, dass dem Staat bei der Erfüllung seiner Schutzpflicht grundsätzlich ein Gestaltungsspielraum verbleibt. Diese Besonderheit kann hinsichtlich des Abwehrrechts kaum bestehen. Der Staat hat die Pflicht das Rechtsgut Leben zu achten, es sei denn es ist eine der strengen Ausnahmen nach Artikel 2 Absatz 1 Satz 2 oder Absatz 2 EMRK gegeben. Ein Gestaltungsspielraum verbleibt dem Konventionsstaat insoweit nicht. Dies könnte die Schlussfolgerung veranlassen, das „konkrete" Eingriffsverbot gehe der „generellen" Schutzpflicht vor[799]. Denn ist dem Konventionsstaat kein Gestaltungsspielraum eingeräumt, liegt es nahe, dem Abwehrrecht eine höhere Bedeutung bzw. ein stärkeres Gewicht als der Schutzpflicht zuzuschreiben. Der Staat kann dann nämlich nicht mehr die konkrete Ausgestaltung des Rechts selbst bestimmen und ist damit an das Abwehrrecht stärker gebunden. Zudem liegt der EMRK im Ursprung ein abwehrrechtliches Verständnis zugrunde, denn die individuelle Freiheit stellt den Grundgedanken der Konvention dar[800]. Auch wenn der Gerichtshof immer wieder festgestellt hat, dass die Konventionsrechte eine Schutzwirkung entfalten können, hat er in einem Urteil zu Artikel 8 EMRK festgestellt, dass die Hauptfunktion von Artikel 8 EMRK sei, die Bürger vor gezielten Eingriffen des Staates zu bewahren[801]. Daneben gebe es positive Verpflichtungen, die dem Grundrecht innewohnten[802]. Damit hat der Gerichtshof deutlich gemacht, dass das liberale Grundrechtsverständnis weiterhin die „Basis aller Auslegung" darstellt[803].

Das Argument, die Abwehrfunktion von Grundrechten binde den Staat mangels Gestaltungsspielraumes mehr als die Schutzpflichten, greift für Artikel 2 EMRK nicht. Denn der EGMR hat in seiner Rechtsprechung die staatlichen Schutzpflichten klar umrissen. Zumindest gilt dies für die gesetzgeberische Schutzpflicht und die Pflicht zum effektiven Gesetzesvollzug in Form der strafrechtlichen Verfolgung von Verletzungen des Rechts auf Leben. Hier verbleibt kaum ein eigener staatlicher Spielraum, um die Anforderungen die der

---

799 Siehe allgemein zum Verhältnis Abwehr- und Schutzrecht *Ekardt/Susnjar*, ZG 2007, 134, 150.

800 *Malinverni*, in: Haller u.a., FS Schindler, S. 539; *Bergmann*, Das Menschenbild der EMRK, S. 107; *Dröge*, Positive Verpflichtungen, S. 215.

801 EGMR, Urt. v. 26.05.1994, Nr. 16969/90, *Keegan*/Irland, Z. 49.

802 EGMR, Urt. v. 26.05.1994, Nr. 16969/90, *Keegan*/Irland, Z. 49.

803 So *Bergmann*, Das Menschenbild der EMRK, S. 107 und 111.

Gerichtshof stellt, umzusetzen. Aber auch die Pflichten des Staates zu präventiven Schutzmaßnahmen, zur angemessenen Organisation von lebensbedrohlichen Einsätzen sowie die Untersuchungs- und Aufklärungspflichten sind sehr genau herausgearbeitet worden, selbst wenn den Konventionsstaaten hier unbestreitbar eine gewisse Ausgestaltungsfreiheit verbleibt. Wegen des Facettenreichtums des Lebensrechts vermag ein solch pauschales Argument zumindest nicht alleine den Vorrang der Abwehrfunktion begründen. Außerdem liegt es bereits in der Natur der Grundrechtsfunktion des Abwehrrechts gegen den Staat, dass es den Konventionsstaaten eine konkretere Verhaltensweise vorgibt als die Erfüllung ihrer Schutzpflichten, weil es ein Unterlassen des Staates verlangt. Ein Unterlassen, also die bloße Nichtvornahme einer Handlung, kann schwerlich zu Interpretationsräumen führen, ganz im Gegensatz hierzu das durch die Schutzpflichten gebotene aktive Tun der Konventionsstaaten.

Unstrittig ist vermutlich die ursprüngliche Funktion der Konventionsrechte und speziell des Rechts auf Leben als Abwehrrecht gegen den Staat. Doch das reine Abstellen auf das historische Verständnis des Rechts auf Leben ist nicht mit einer evolutiven Auslegung der Norm vereinbar. Die Konventionsrechte müssen im Lichte ihrer aktuellen Bedeutung verstanden werden und dabei möglichst effektiv zur Anwendung kommen. Ein Szenario wie eine Flugzeugentführung durch Terroristen mit unschuldigen Passagieren an Bord ist, verglichen mit dem langjährigem Bestehen der EMRK, eine neue Erscheinung, die vor Jahrzehnten noch keine praktische Relevanz hatte. Deswegen erscheint es verkürzt, allein auf die ursprüngliche Funktion von Artikel 2 EMRK zu verweisen. Zudem geht der EGMR in seiner Entscheidung *Sörensen und Rasmussen* zur Vereinigungsfreiheit davon aus, dass die negative Vereinigungsfreiheit als Schutzpflicht und die positive Vereinigungsfreiheit als Abwehrrecht dem selben Schutzniveau unterliegen[804], so dass der Verweis auf die generelle Vorrangigkeit der Konventionsrechte als *status negativus* fehlschlägt. Der Schutzpflicht einen höheren Rang als der Abwehrfunktion des Rechts auf Leben zuzuschreiben, würde allerdings eine drastische Veränderung des Verständnisses der Freiheitsrechte der EMRK darstellen und kann ebenso wenig eine befriedigende Lösung liefern.

Vertreter der Literatur gehen teilweise so weit, bei einem Verständnis der Gleichrangigkeit, neben der Gefährdung der individuellen Freiheit auch eine Gefährdung der individuellen Sicherheit anzunehmen, da bei Gleichgewichtung der beiden Funktionen die Anwendung von Gewalt gegen Beschuldigte, etwa in

804 EGMR, Urt. v. 11.01.2006, Nr. 52562/99 u. 52620, *Sörensen und Rasmussen/* Dänemark, Z. 56.

Form von Folter, nicht mehr auszuschließen wäre[805]. Die Annahme einer Gleichwertigkeit der beiden Grundrechtsfunktionen würde das Recht auf Leben zu sehr auf seine Schutzfunktion verengen[806] und dabei die ursprüngliche Funktion von Artikel 2 EMRK als Abwehrrecht gegen den Staat verkennen.

Die weitere Analyse wird zeigen, dass eine Gleichgewichtung beider Grundrechtsfunktionen die genannten Gefahren nicht birgt, sondern die Lösung des Spannungsverhältnisses für den jeweiligen Einzelfall möglich ist.

III. Lösung des Konflikts anhand der Schrankendogmatik von Artikel 2 EMRK

Dass die Schutzpflichten nicht immer hinter die Achtungspflicht des Staates zurücktreten müssen kann anhand der Konventionsnormen selbst ermittelt werden. Eine Lösung des Spannungsverhältnisses wird durch eine saubere Anwendung der normierten Schranken in Artikel 2 Absatz 2 EMRK und Artikel 15 Absatz 2 EMRK gefunden. Einprägsame Beispiele dafür sind der polizeiliche Rettungsschuss bei einem Anti-Terrorismus-Einsatz oder der Abschuss eines ausschließlich mit Terroristen besetzten Flugzeugs, welches als Waffe gegen eine große Anzahl unschuldiger Menschen missbraucht wird. Unter bestimmten engen Voraussetzungen in Kollisionsfällen von Abwehrrecht und staatlicher Schutzpflicht kann sich die letztere durchaus durchsetzen, nämlich dann, wenn die Voraussetzungen eines gerechtfertigten und verhältnismäßigen Eingriffs in das Abwehrrecht vorliegen. Auf diese Weise werden die abwehr- und schutzrechtliche Komponente des Lebensrechts anhand des Gesetzes miteinander in Einklang gebracht.

Bei der Bewertung des oben genannten Falles einer Flugzeugentführung, mit dem Ziel die Maschine als Waffe einzusetzen, sind zwei Situationen zu unterscheiden. In der ersten Situation ist davon auszugehen, dass sich in dem entführten Flugzeug ausschließlich an dem Anschlag beteiligte Terroristen befinden. Die zweite Situation ist dadurch gekennzeichnet, dass sich darüber hinaus auch unbeteiligte Passagiere an Bord aufhalten. Anhand dieser beiden Konstellationen wird im Folgenden mit Hilfe der Schrankendogmatik von Artikel 2 Absatz 2

---

805 *Kersten*, NVwZ 2005, 661, 662 in Bezug auf Artikel 2 Absatz 2 GG. Der Gedanke lässt sich auf die EMRK übertragen; a.A. *Franz*, Der Staat 2006 (45), 501, 508 mit weiteren Nachweisen, der die Möglichkeit der Polizeifolter nicht als Gefährdung von Freiheit und Sicherheit einstuft.

806 So *Höfling/Augsberg*, JZ 2005, 1080, 1084.

Buchstabe a EMRK aufgezeigt, dass es keinen pauschalen Vorrang von Abwehr- oder Schutzfunktion in Artikel 2 EMRK geben kann.

1. Erste Situation

In der ersten Situation ergibt sich für die Terroristen ein Abwehrrecht gegen den Staat, nicht in sein Lebensrecht einzugreifen, für den Staat wiederum ergibt sich eine Schutzpflicht gegenüber den unbeteiligten Bürgern die sich am Boden befinden und von der Maschine getroffen werden, falls der Staat nicht eingreift. Grundsätzlich steht Artikel 2 Absatz 1 EMRK, wonach niemand absichtlich getötet werden darf, einem Abschuss des Flugzeugs entgegen. In diesem Fall findet allerdings die Schranke in Artikel 2 Absatz 2 Buchstabe a EMRK Anwendung. Ein Eingriff in das Recht auf Leben ist zwar zu bejahen, denn durch den Abschuss des Flugzeuges, werden die Terroristen aller Wahrscheinlichkeit nach zu Tode kommen. Der Eingriff ist aber gerechtfertigt, da er unbedingt erforderlich ist, um die unbeteiligten Personen am Boden vor rechtswidriger Gewalt, nämlich vor ihrer Tötung durch den Aufprall des Flugzeugs, zu schützen. Dass der Missbrauch eines Flugzeugs zur Tötung unbeteiligter Personen eine Gewaltanwendung darstellt ist wohl nicht zu bezweifeln. Der Abschuss der Maschine ist auch bei strenger Auslegung der Norm unbedingt erforderlich. Zum einen ist der Abschuss zur Abwehr der Gefahr geeignet und es gibt kein milderes gleichwertiges Mittel die Gefahr abzuwenden, zumindest solange die Terroristen nicht dazu bereit sind, auf Aufforderung das Flugzeug umzuleiten und von ihrem ursprünglichen Plan abzulassen. Der Abschuss eines ausschließlich mit Terroristen besetzten Flugzeugs hält auch einer strikten Verhältnismäßigkeitsprüfung stand, denn die Gefährdung des Lebens der Terroristen steht proportional zur beabsichtigten Rettung der unbeteiligten Personen am Boden. Ausschlaggebend ist hier der hohe Gefährlichkeitsgrad der terroristischen Handlung, nämlich die potenzielle Tötung einer Vielzahl von Personen. Bei einwandfreier Beurteilung der Situation durch die staatlichen Sicherheitskräfte ist in einem solchen Fall die absichtliche Tötung der Terroristen als *ultima ratio* gerechtfertigt. Anhand dieses Beispiels wird deutlich, dass sich die Schutzpflicht des Staates gegenüber dem Abwehrrecht gegen den Staat durchsetzen kann.

2. Zweite Situation

Anders hingegen ist die Situation zu beurteilen, in der sich an Bord der entführten Maschine unbeteiligte Passagiere befinden. Hier geht es nicht mehr nur um den Eingriff in das Lebensrecht der Terroristen, sondern auch in das der Passagiere, die unverschuldet in diese Situation geraten sind. Von ihnen geht gerade keine rechtswidrige Gewalt gegen andere aus. Deswegen kann ein Eingriff in ihr Lebensrecht nicht gerechtfertigt sein. Würde man trotzdem das Flugzeug abschießen und dabei die Tötung der unbeteiligten Passagiere in Kauf nehmen, würde dies einen Bruch mit der gültigen Rechtsordnung der EMRK darstellen. Man würde diese Personen aus dem Kreis den Konventionsrechtsträger einfach ausschließen. Für sie hätten die Menschenrechte keine Geltung mehr. Aber gerade wenn sich der Staat gegen Terrorismus wehrt, müssen die lang erkämpften Konventionsrechte anwendbar bleiben. Deswegen verbietet sich auch der Rückgriff auf eine übergreifende Legitimationsebene außerhalb des Normensystems der Konvention. Alle staatliche Gewalt muss sich an diesem Normensystem messen lassen, sonst wird es wertlos. Die Bekämpfung des Terrorismus darf niemals einen menschenrechtsfreien Bereich schaffen. Mangels gesetzlicher Rechtfertigungsgründe ist der Abschuss einer mit Unbeteiligten besetzten Passagiermaschine nicht erlaubt und stellt einen rechtswidrigen Eingriff in das Leben dar. Bei der rechtlichen Bewertung dieser Situation überwiegt im Gegensatz zur ersten Situation das Abwehrrecht gegen den Staat gegenüber der staatlichen Schutzpflicht.

IV. Ergebnis

Die Analyse macht deutlich, dass sich das Verhältnis der Abwehr- und Schutzfunktion in Artikel 2 EMRK nicht pauschal und abschließend bestimmen lässt. Im Grundsatz genießen beide Funktionen ein gleichrangiges Verhältnis. Es kommt bei Kollisionen auf den jeweiligen Einzelfall bei genauer Anwendung der Schrankendogmatik von Artikel 2 Absatz 2 EMRK an. Damit lässt sich eine befriedigende Lösung anhand des Gesetzes finden und einem – äußerst bedenklichen – grundrechtsfreien Raum bleibt kein Platz.

D. Artikel 15 EMRK

Artikel 15 Absatz 1 EMRK erlaubt den Mitgliedsstaaten unter bestimmten Voraussetzungen, von Grundrechten der EMRK abzuweichen und damit ihre völkerrechtlichen Verpflichtungen zu reduzieren. Artikel 15 EMRK erweitert also die Möglichkeit von Grundrechtseingriffen der Konventionsstaaten[807].

807 *Grabenwarter*, EMRK, § 2 Rn. 8.

I. Begriff und Voraussetzungen der Derogation

Gemäß Artikel 15 Absatz 1 EMRK kann im Falle eines Krieges oder eines anderen öffentlichen Notstandes, der das Leben der Nation bedroht, ein Konventionsstaat Rechte aus der EMRK aussetzen, um unbedingt erforderliche Maßnahmen zu ergreifen, soweit diese nicht gegen sonstige völkerrechtliche Verpflichtungen verstoßen. Unter einer Derogation ist damit die Außerkraftsetzung eines oder mehrerer Konventionsrechte zu verstehen. Die Derogation unterliegt verschiedenen Anforderungen, etwa dem Vorliegen eines Krieges oder eines sonstigen öffentlichen Notstandes. Erfasst ist hier der Krieg im förmlichen Sinne, also der bewaffnete Konflikt, der von einer Auseinandersetzung zwischen zwei Staaten gekennzeichnet ist und nach Ansicht der beteiligten Parteien den Kriegszustand auslöst[808], aber auch der bewaffnete Konflikt unterhalb des förmlichen Kriegszustandes und der nicht-internationale bewaffnete Konflikt[809]. Der Krieg bildet einen Sonderfall des öffentlichen Notstandes[810]. Ein öffentlicher Notstand ist gegeben, wenn eine außergewöhnliche Krisensituation vorliegt, welche eine Bedrohung des organisierten Lebens der Gemeinschaft darstellt und die ganze Bevölkerung betrifft. Solche Zustände können unter anderem durch wiederholt auftretende terroristische Aktionen entstehen, wie das Beispiel der Region Nordirlands zeigt, für die immer wieder der Notstand ausgerufen wurde und von Artikel 15 EMRK Gebrauch gemacht wurde[811].

Sowohl der Krieg als auch der sonstige öffentliche Notstand müssen das Leben der Nation tatsächlich bedrohen. Der Ausnahmezustand muss ein solches Ausmaß erreichen, dass Maßnahmen ergriffen werden müssen, die von der Konvention nicht mehr gedeckt werden[812]. Zudem müssen diese Maßnahmen unbedingt erforderlich sein.

Nach dem Wortlaut von Artikel 15 Absatz 3 EMRK müssen die Konventionsstaaten eine Derogation ausdrücklich erklären. Jedoch hat der EGMR für bewaffnete Konflikte eine „subsequent practice“ der Konventionsstaaten in dem Sinne festgestellt, dass eine ausdrückliche Derogation nicht erfolgen muss, wenn

---

808 *Grabenwarter*, EMRK, § 2 Rn. 9.

809 *Frowein*, in: Frowein/Peukert, EMRK, Art. 15 Rn. 6.

810 *Grabenwarter*, EMRK, § 2 Rn. 9.

811 Vgl. EGMR, Urt. v. 01.07.1961, Nr. 332/57, *Lawless*/Irland, Z. 43 f.; EGMR, Urt. v. 18.01.1978, Nr. 5310/71, Irland/Vereinigtes Königreich, Z. 78.

812 *Meyer-Ladewig*, EMRK, Art. 15 Rn. 4.

die konventionsstaatliche Maßnahme nach humanitärem Völkerrecht zulässig ist[813].

II. Ausnahme nach Artikel 15 Absatz 2 EMRK

Artikel 15 Absatz 2 EMRK zeigt die Konventionsrechte auf, die einer Derogation nicht zugänglich sind. Ein absolutes Verbot besteht für Artikel 3 EMRK (Verbot der Folter) und Artikel 7 EMRK (Verbot der Sklaverei und Leibeigenschaft).

Ein Abweichen von Artikel 2 EMRK ist nur für Todesfälle in Folge rechtmäßiger Kriegshandlungen zulässig. Das heißt, eine Abweichung von Artikel 2 EMRK im Rahmen eines sonstigen öffentlichen Notstandes ist von vorneherein ausgeschlossen. Folglich können die Konventionsstaaten Artikel 2 EMRK selbst in Notstandssituationen, wie es sie zum Teil in dem Nordirlandkonflikt gab[814], nicht derogieren. Damit es sich bei der Tötung nicht um eine Verletzung von Artikel 2 EMRK handelt, muss diese nicht nur im Rahmen eines Krieges erfolgt sein, sondern auch rechtmäßig sein. Mit dem Erfordernis einer rechtmäßigen Kriegshandlung stellt Artikel 15 Absatz 2 EMRK auf die Anforderungen des humanitären Völkerrechts ab[815]. Eine solche Rechtmäßigkeit setzt voraus, dass neben der Kriegshandlung an sich, die Anwendung militärischer Gewalt überhaupt vom Völkerrecht gedeckt ist, weil eine Kriegshandlung nur rechtmäßig sein kann, wenn sie in jeder Hinsicht mit dem Recht in Einklang steht[816]. Denn die Anwendung von unerlaubter Gewalt führt hinsichtlich jeder vorgenommenen militärischen Aktion zu einem Verstoß gegen Völkergewohnheitsrecht und gegen Artikel 2 Nr. 4 der VN-Charta[817] [818]. Unterstützt wird diese Auffassung vom Wortlaut von Artikel 15 Absatz 1 EMRK, wonach die Tötungshandlung nicht im Widerspruch zu den sonstigen völkerrechtlichen Verpflichtungen stehen darf. Davon abgesehen erscheint es jedoch sehr zweifelhaft, ob eine völkerrechtswidrige militärische Aktion unbedingt erforderlich im Sinne von Artikel 15 Absatz 1 EMRK sein kann.

---

813 Vgl. hierzu Kap. 7 B. II.

814 Vgl. *Krieger*, in: Grote/Marauhn, EMRK/GG, Kap. 8 Rn. 2.

815 *MacDonald*, in: Mahoney, FS Ryssdal, S. 834; *Alleweldt*, in: Grote/Maurahn, EMRK/GG, Kap. 10 Rn. 75.

816 So auch *Alleweldt*, in: Grote/Maurahn, EMRK/GG, Kap. 10 Rn. 75.

817 Charta der Vereinten Nationen v. 26.06.1945 (BGBl. 1973 II S. 430, geändert durch Bekanntmachung v. 22.04.1974 BGBl. II 1974, S. 769, ber. BGBl. 1980 II S. 1252).

818 *MacDonald*, in: Mahoney, FS Ryssdal, S. 834; *Alleweldt*, in: Grote/Maurahn, EMRK/GG, Kap. 10 Rn. 75.

Damit bleibt festzuhalten, dass die Ausnahme in Artikel 15 Absatz 2 EMRK nur greifen kann, wenn sowohl das *ius in bello* eingehalten wird als auch das *ius ad bellum* dem jeweiligen Konventionsstaat zusteht[819]. Das Recht auf Leben muss also nicht nur im Lichte des Konventionstextes und der Zusatzprotokolle verstanden werden, sondern auch der anderen völkerrechtlichen Normen, insbesondere des humanitären Völkerrechts, auf das Artikel 15 Absatz 2 EMRK implizit verweist[820].

Gegen die eigene Bevölkerung können keine rechtmäßigen Kriegshandlungen vorgenommen werden, so dass der Kreis der von Artikel 15 EMRK Betroffenen reduziert ist[821]. Insgesamt ist der Anwendungsbereich von Artikel 15 EMRK in Hinblick auf das Recht auf Leben eher beschränkt, wenn man sich die Voraussetzungen der Geltung der EMRK außerhalb des Hoheitsgebietes der EMRK-Staaten vor Augen führt[822].

E. Immanente Schranken

Fraglich ist, ob es weitere legitime Tötungszwecke als die in Artikel 2 Absatz 1 Satz 2 und Absatz 2 EMRK sowie Artikel 15 Absatz 2 EMRK genannten gibt. Hier kommen kollidierende Grundrechte der EMRK als Rechtfertigungsgrund in Betracht. Nach nahezu einhelliger Meinung werden immanente Schranken des Lebensrechts nicht anerkannt[823]. Zum einen sprechen der Wortlaut und die strikte Formulierung der Norm dafür, dass die dort genannten Ausnahmen abschließend sind[824]. Zum anderen spricht auch die Entstehungsgeschichte von Artikel 2 EMRK, genauer gesagt die Begründung des Entwurfs zum UN-Menschenrechtspakt, nach dessen Vorbild Artikel 2 Absatz 1 Satz 2 und Absatz 2 EMRK verfasst wurde, für diese Annahme[825]. Außerdem entspricht die fundamentale Bedeutung des Rechts auf Leben diesem Verständnis. Der

819 *Gowlland-Debbas*, in: Tomuschat u. a., The Right to Life, S. 129; *Alleweldt*, in: Grote/Maurahn, EMRK/GG, Kap. 10 Rn. 77.

820 *Renucci*, Droits Europêen des Droits de l'Homme, S. 92.

821 *Frowein*, in: Frowein/Peukert, EMRK, Art. 15 Rn. 12.

822 Vgl. dazu 3. Kap. F.

823 *Alleweldt*, in: Grote/Maurahn, EMRK/GG, Kap. 10 Rn. 81; *Kopetzki*, in: Korinek, Österreichisches Bundesverfassungsrecht, Art. 2 EMRK Rn. 35; *Frister*, GA 1985, 553, 563; *Kneihs*, JBl. 1999, 76, 79.

824 *Renucci*, Droit européen des droits de l'homme, S. 89; *Kopetzki*, in: Korinek, Österreichisches Bundesverfassungsrecht, Art. 2 EMRK Rn. 35; *Frister*, GA 1985, 553, 663.

825 „The representatives of Australia, Denmark, France, Lebanon and the United Kingdom believe that it is possible thus to define all the limitations of these rights

Gewährleistung des Rechts auf Leben kommt insofern eine Vorrangstellung gegenüber anderen Grundrechten zu.

Immanente Schranken des Lebensrechts, die über die Schrankenvorbehalte hinausgehen, werden damit nicht eingeräumt.

which contracting states can reasonably require, in a form that is both brief and comprehensive“, UN Doc E 1371 annex II S. 33.

7. Kapitel: Das Recht auf Leben und Terrorismusbekämpfung in Auslandseinsätzen am Beispiel des Afghanistan-Konflikts

Immer mehr Mitgliedsstaaten der EMRK sind in Militär-Aktionen außerhalb des europäischen Raums engagiert. Hier ist insbesondere an die britische, dänische und spanische Beteiligung am Irak-Krieg sowie an die britische, deutsche, norwegische, dänische und tschechische Beteiligung am Afghanistan-Krieg zu denken. Aber auch auf europäischem Boden[826] zeichnen sich Konflikte ab, die möglicherweise als bewaffnete zu qualifizieren sind. Solche Militär-Aktionen richten sich häufig gegen mutmaßliche Terroristen, so im Konflikt zwischen der Türkei und den *PKK*-Rebellen im Nordirak oder gegen Regierungen, die unter dem Verdacht stehen, Terroristen zu unterstützen oder ihnen zumindest Schutz zu bieten.

Der von den Vereinigten Staaten von Amerika erklärte „Krieg gegen den Terror" („War on Terror")[827] im Anschluss an die Anschläge des 11. Septembers 2001 hat eine Reihe von Fragen aufgeworfen. Der so genannte „Krieg gegen den Terror" gegen die *Taliban* und *Al-Qaida* ist immer noch von besonderer Aktualität und hat viele Beiträge, Kommentierungen und einiges an Kritik in den Medien und der Öffentlichkeit erfahren.

Der Einsatz der Bundeswehr in Afghanistan bezweckte nach Angaben der Bundesregierung die Verfolgung der Terroristen vom 11. September 2001[828]. Anhand des Einsatzes im Rahmen der *Operation Enduring Freedom* und des ISAF-Mandats in Afghanistan soll die Bedeutung des Rechts auf Leben im bewaffneten Konflikt außerhalb des eigenen Staatsgebiets analysiert werden. Zwar endete der ISAF-Einsatz der Konventionsstaaten am 31. Dezember 2014[829]. Der

826 So z.B. der Konflikt zwischen Russland und Tschetschenien.

827 Vgl. die Dokumentation der Rede von George W. Busch vor dem amerikanischen Kongress am 21.09.2001, F.A.Z. v. 22.9.2001, S. 1.

828 <http://www.auswaertigesamt.de/DE/Aussenpolitik/RegionaleSchwerpunkte/AfghanistanZentralasien/Mission-Statement_AFG_node.html>.

829 http://www.bundeswehr.de/portal/a/bwde/!ut/p/c4/04_SB8K8xLLM9MSSz-Py8xBz9CP3I5EyrpHK9pPK UVL3UzLzixNSSqlS93MziYqCK1Dy9zOLENDChX5DtqAgAtqcLhw!!/; Die ISAF-Folgemission ist Resolute Support, die eher eine Ausbildungs- und Beratungsmission mit Deutschland als größtem Truppensteller ist.

Afghanistan-Einsatz eignet sich aber nach wie vor aufgrund seines expliziten Bezugs zur Terrorismusbekämpfung dazu, die Auswirkungen der anwendbaren Rechtsgrundlagen auf die Gewährleistungen des Rechts auf Leben zu durchleuchten. Angesichts des Vorfalls in Kunduz am 9. September 2009, bei dem 142 Personen, darunter zahlreiche Zivilsten, ums Leben kamen[830], erlangte die Frage, welche Rolle das Recht auf Leben der Terroristen im bewaffneten Konflikt einnimmt und welcher Schutz der Zivilbevölkerung in solchen Situation zu gewähren ist, an Bedeutung. Es sind zukünftig auch weitere Einsätze konventionsstaatlicher Streitkräfte zur Terrorismusbekämpfung denkbar, beispielsweise bei der Bekämpfung des *IS* oder von *Boko Haram*. Für solche möglichen militärischen Einsätze können Erkenntnisse aus dem Afghanistan-Konflikt genutzt werden.

A. Vorliegen einer Situation in der sowohl die EMRK als auch das humanitäre Völkerrecht anwendbar sind

Die Frage nach der Anwendbarkeit von Artikel 2 EMRK im bewaffneten Konflikt neben dem humanitären Völkerrecht stellt sich nur, wenn überhaupt eine Situation vorliegt, in der sowohl die EMRK aufgrund ausgeübter Hoheitsgewalt der Konventionsstaaten als auch das humanitäre Völkerrecht aufgrund des Vorliegens eines bewaffneten Konflikts prinzipiell anwendbar sind[831]. Ist, wie beispielsweise im Fall *Bankovic*[832], der von der EMRK vermittelte Schutz mangels Hoheitsgewalt der Konventionsstaaten nicht gegeben, kann nur das humanitäre Völkerrecht zur Anwendung kommen.

I. Bewaffneter Konflikt

1. Definition

Zur Eröffnung des Anwendungsbereichs des humanitären Völkerrechts muss ein bewaffneter Konflikt vorliegen. Bewaffnet bedeutet in diesem Zusammenhang,

830 Die Bundesanwaltschaft hat das Ermittlungsverfahren gegen Oberst *Klein* und Hauptfeldwebel *Wilhelm* am 16. April 2010 gemäß § 170 Absatz 2 StPO eingestellt, vgl. Pressemitteilung des Bundesanwaltschaft 8/2010 vom 19. April 2010, abrufbar unter <http://www.generalbundesanwalt.de/prnt/showpress.php?newsid=360>. Vgl. zu dem Vorfall auch den detaillierten Einstellungsvermerk der Bundesanwaltschaft, abrufbar unter <http://www.generalbundesanwalt.de/docs/einstellungsvermerk20100416offen.pdf>.

831 So auch *Bothe*, ZaöRV 2005 (65), 615, 617.

832 EGMR, Urt. v. 12.12.2001, Nr. 52207/99, *Bankovic*/Belgien u.a.

dass es zum Einsatz militärischer Waffen kommen muss[833]. Ein bewaffneter Konflikt ist dadurch gekennzeichnet, dass ein Streit zwischen zwei Staaten vorliegt der zum Einsatz von Streitkräften führt (internationaler bewaffneter Konflikt) oder, dass auf beiden Seiten Streitkräfte an den Feindseligkeiten teilnehmen, sich diese aber innerhalb eines Landes abspielen (nicht-internationaler bewaffneter Konflikt)[834]. Unerheblich ist dagegen, ob eine der Konfliktparteien eine förmliche Kriegserklärung abgegeben hat[835]. Es ist vielmehr ausreichend, dass *de facto* ein bewaffneter Konflikt vorliegt[836]. Der Anwendungsbereich ist zwar im Zweifel weit zu fassen, es bedarf aber einer gewissen Intensität der Kampfhandlungen[837].

2. *Die Lage in Afghanistan*

Zur Beurteilung der Frage, ob in Afghanistan ein bewaffneter Konflikt vorlag bzw. weiterhin vorliegt und, ob es sich dabei um einen internationalen oder nicht-internationalen bewaffneten Konflikt handelt, sind zwei Zeiträume zu unterscheiden. Einerseits muss auf die Zeit vor dem Sturz des *Taliban*-Regimes abgestellt werden und andererseits auf die Zeit nach Einrichtung der afghanischen Übergangsregierung am 19. Juni 2002. In der Phase vor dem Sturz des *Taliban*-Regimes kämpften die internationalen Streitkräfte gegen Vertreter des *Taliban*-Regimes und *Al-Qaida*-Kämpfer. Zwar spielten sich die Feindseligkeiten alle auf afghanischem Staatsgebiet ab, weil aber das *Taliban*-Regime auf der einen Seite und die Bündnispartner auf der anderen Seite kämpften, ist der Konflikt als internationaler zu qualifizieren. Stabilisierte *de facto*-Regime sind gewohnheitsrechtlich anerkannte Träger völkerrechtlicher Rechte und Pflichten und können Partei eines internationalen bewaffneten Konflikts sein[838]. Dass die Terroranschläge vom 11. September 2001, welche den Selbstverteidigungsfall nach Artikel 51 VN-Charta ausgelöst haben, vom nicht-staatlichen Terrornetzwerk *Al-Qaida* ausgingen, steht

---

833 *Kempen/Hillgruber*, Völkerrecht, § 40 Rn. 12.

834 *Tomuschat*, VN 2004, 135, 136 mit Verweis auf *Pictet*, Commentary IV Geneva Convention, S. 20.

835 *Kempen/Hillgruber*, Völkerrecht, § 40 Rn. 12; *Greenwood*, in: Fleck, The Handbook of Humanitarian Law in Armed Conflicts, S. 49 Nr. 203.

836 *Greenwood*, in: Fleck, The Handbook of Humanitarian Law in Armed Conflicts, S. 49 Nr. 203.

837 *Tomuschat*, VN 2004, 136, 137.

838 *Krieger*, in: Krieger, Berliner Online-Beiträge zum Völker- und Verfassungsrecht Nr. 2/2010, S. 7, abrufbar unter <http://www.jura.fuberlin.de/einrichtungen/we3/professoren/ls_krieger/berliner_online_beitraege/Nr2-10_Krieger/Krieger__asymmetrischer_Konflikt.pdf>.

dieser Einschätzung nicht entgegen, denn Artikel 51 VN-Charta verlangt nicht, dass der Angriff unmittelbar von einem Staat ausgeht. Im Falle einer staatlichen Lenkung oder Kontrolle durch den Hintergrundstaat werden diese Angriffe als „indirekte Aggression" zugerechnet[839]. Die Durchführung von Militäraktionen und Luftschlägen gegen *Al-Qaida* und die *Taliban* durch die Bündnispartner überschritten eindeutig die Schwelle zum bewaffneten Konflikt. Deswegen wird nach überwiegender Ansicht für die Zeit bis zum Sturz des *Taliban*-Regimes das Vorliegen eines internationalen bewaffneten Konflikts angenommen[840].

Die aktuelle Lage in Afghanistan ist nach wie vor geprägt durch terroristisch motivierte Bombenanschläge, Raketenangriffe auf militärische Anlagen, Entführungen und Ermordungen von Wahlhelfern oder NGO-Personal. Mit Überwindung der *Taliban*-Vorherrschaft ging keine Befriedung Afghanistans einher. Seit Etablierung der *Karzai*-Regierung ist der Konflikt jedoch nicht mehr internationaler Natur, denn es wird keine amtierende Regierung mehr bekämpft, sondern der Kampf der internationalen Truppen an der Seite der legitimen Regierung wendet sich gegen nicht-staatliche Milizen der *Taliban* und *Al-Qaida*. Abzulehnen ist ein fortdauernder internationaler bewaffneter Konflikt, weil sich die Feindseligkeiten nun ausschließlich gegen nicht-staatliche Akteure richten[841]. Eine vor dem Hintergrund des Selbstverteidigungsfalls getroffene Einschätzung des Konflikts als international lässt sich nicht mehr aufrechterhalten, wenn der von dem Hintergrundstaat ausgehende bewaffnete Angriff zerschlagen wurde bzw. das mitbekämpfte staatliche Unterstützerregime – in diesem Fall die *Taliban* – zerstört wurde[842]. Es ist vielmehr von einem nicht-internationalen bewaffneten Konflikt in Afghanistan auszugehen[843]. Zwar existiert keine Legaldefinition des Begriffs des nicht-internationalen bewaffneten Konflikts, ein solcher ist aber

---

839 *Schmidt-Radefeld*, HuV-I 4/2005, 245, 246; Ob diese Voraussetzung tatsächlich vorlag, lässt sich angesichts des mangelnden Wissens über die Verflechtungen zwischen *Al-Qaida* und den *Taliban* nicht zweifelsfrei beantworten, ist jedoch von den Bündnispartnern so angenommen worden.

840 So auch *Gaja*, in: Benedek/Yotopoulos-Marangopoulos, Anti-Terrorist Measures and Human Rights, S. 169 f.; *Schmidt-Radefeld*, HuV-I 4/2005, 245, 249; *Krieger*, in: Krieger, Berliner Online-Beiträge zum Völker- und Verfassungsrecht Nr. 2/2010, S. 6 mit weiteren Nachweisen.

841 So auch *Schmidt-Radefeld*, HuV-I 4/2005, 245, 246 f. der von einer „Intervention auf Einladung" spricht; *Krieger*, in: Krieger, Berliner Online-Beiträge zum Völker- und Verfassungsrecht Nr. 2/2010, S. 7 f.

842 *Schmidt-Radefeld*, HvR-I 4/2005, 245, 246.

843 Dies entspricht auch der Ansicht der Bundesregierung, vgl. die Regierungserklärung des ehemaligen Außenministers *Guido Westerwelle* vom 10. Februar 2010, abrufbar

wohl bei Vorliegen einer mit Waffengewalt innerhalb eines Staatsgebiets ausgetragenen Auseinandersetzung zwischen der bestehenden Staatsgewalt und dieser Staatsgewalt unterworfenen Personengruppen, welche die Größenordnung eines bewaffneten Aufruhrs oder eines Bürgerkriegs erreicht, anzunehmen[844]. Die Qualifikation des Konflikts als bewaffnet hängt von faktischen Kriterien, insbesondere vom Ausmaß der Gewaltintensität und dem Organisationsgrad der involvierten bewaffneten Gruppe, ab[845]. In Afghanistan ist auch nach dem Sturz des *Taliban*-Regimes die Intensitätsschwelle zum bewaffneten Konflikt überschritten, denn die internationalen Streitkräfte können sich aufgrund der Fortdauer und Qualität der Kampfhandlungen der *Taliban* nicht mehr mit bloßer Polizeigewalt wehren, sondern sind gezwungen, militärische Mittel anzuwenden (so genanntes Paradigma der Rechtsdurchsetzung[846])[847]. Die *Taliban* und *Al-Qaida* weisen zudem den erforderlichen Grad an Organisation auf, weil sie ohne Völkerrechtssubjekt zu sein eine hierarchisch organisierte Einheit darstellen, die in der Lage ist, systematische militärische Operationen durchzuführen[848]. Selbst wenn sich aktuelle Kampfhandlungen im jeweiligen Zeitpunkt nur in bestimmten Gebieten abspielen bleibt es bei der Anwendbarkeit des humanitären Völkerrechts für das gesamte Staatsgebiet[849].

Festzuhalten bleibt damit, dass es sich bei dem „Krieg gegen den Terror" in Afghanistan bis zum Sommer 2002 um einen internationalen bewaffneten Konflikt handelte. Seit Etablierung der *Karzai*-Regierung, ist der Konflikt als nicht-internationaler zu qualifizieren.

3. Die Rechtsgrundlagen für den Lebensschutz

Da sich der Einsatz der internationalen Truppen in Afghanistan in eine Phase des internationalen bewaffneten Konflikts und in eine Phase des

unter <http://www.auswaertiges-amt.de/DE/Infoservice/Presse/Reden/2010/100210-BM-BT-Afghanistan.html>.

844 *Greenwood*, in: Fleck, The Handbook of International Humanitarian Law, S. 54 Nr. 210.

845 *Geiß*, in: Heintze/Ipsen, Heutige bewaffnete Konflikte als Herausforderungen an das humanitäre Völkerrecht, S. 52.

846 *Melzer*, Targeted Killing in International Law, S. 85, 243.

847 *Krieger*, in: Krieger, Berliner Online-Beiträge zum Völker- und Verfassungsrecht Nr. 2/2010, S. 8 f.

848 So auch *Schmitz-Elvenich*, Targeted Killing, S. 195 f.

849 *Geiß*, in: Heintze/Ipsen, Heutige bewaffnete Konflikte als Herausforderungen an das humanitäre Völkerrecht, S. 53.

nicht-internationalen bewaffneten Konflikts teilt, gelten für den jeweiligen Zeitraum verschiedene Rechtsgrundlagen.

a) Internationaler bewaffneter Konflikt

In einem internationalen bewaffneten Konflikt gelten das Genfer Abkommen zum Schutze von Zivilpersonen in Kriegszeiten vom 12. August 1949 (GA IV)[850], das Zusatzprotokoll zu den Genfer Abkommen vom 12. August 1949 über den Schutz der Opfer internationaler bewaffneter Konflikte (ZP I)[851] und das Abkommen, betreffend die Gesetze und Gebräuche des Landkriegs vom 18. Oktober 1907 (HLK)[852].

Gemäß Artikel 27 GA IV, Artikel 13 ZP I und Artikel 49 HLK sind Zivilisten von allen Gewaltakten ausgeschlossen. Nach Artikel 50 Absatz 1 ZP I ist bei der Einordnung von Personen im Zweifel von Zivilisten auszugehen. Zivilsten genießen diesen Schutz aber nur so lange sie selbst nicht an den Feindseligkeiten teilnehmen, vgl. Artikel 51 Absatz 3 ZP I. Gleichzeitig werden Kombattanten unter Einhaltung bestimmter Voraussetzungen zu legitimen Angriffszielen. Für sie gelten nur verminderte Schutzstandards wie das Verbot unterschiedsloser Angriffe nach Artikel 51 Absatz 4 ZP I[853] oder das Verbot der Heimtücke nach Artikel 37 ZP I. Im internationalen bewaffneten Konflikt ist für den Schutz des Lebens also relevant, ob die betroffene Person als Zivilist oder Kombattant einzuordnen ist.

b) Nicht-internationaler bewaffneter Konflikt

Das Regelnetzwerk ist für den nicht-internationalen bewaffneten Konflikt weniger eng gestrickt. Hier sichern der Artikel 3 GA I-IV und das Zusatzprotokoll zu den Genfer Abkommen vom 12. August 1949 über den Schutz der Opfer nicht internationaler Konflikte (ZP II)[854] einen Mindeststandard. Gemäß Artikel 3 GA I-IV ist ein Angriff auf das Leben von Zivilisten untersagt. Artikel 13 ZP II stellt eine weitere Schutzvorschrift dar, wonach jegliche Angriffe auf die Zivilbevölkerung verboten sind, solange sie nicht selbst an den Feindseligkeiten teilnehmen.

---

850 BGBl. 1954 II S. 917, ber. 1956 II S. 1586.

851 BGBl. 1990 II S. 1551, Änderung des Anhangs I in BGBl. 1997 II S. 1367.

852 RGBl. 1910 S. 107.

853 Vgl. hierzu *Oeter*, in: Tomuschat u. a., The Right to Life, S. 178 f.

854 BGBl. 1990 II S. 1637.

4. *Rang der Terroristen und die Herausforderungen asymmetrischer Kriegsführung*

Im humanitären Völkerrecht ist es wie oben festgestellt wurde für den Schutz des Lebens von großer Bedeutung, ob eine Person als Zivilist oder als Kombattant bzw. im nicht-internationalen Konflikt als an den Feindseligkeiten teilnehmende Person zu qualifizieren ist. Diese Einordnung ist auch bedeutend für die Frage, welche Mittel die Terroristen anwenden dürfen. Kombattanten sind insofern durch das *ius in bello* privilegiert, als dass sie das Recht haben straflos militärische Ziele zu bekämpfen[855].

Terroristen kommt kein besonderer Status im Recht des bewaffneten Konflikts zu. Wie für alle sonstigen Personen muss hier anhand der üblichen Kriterien erörtert werden, ob sie als Zivilsten oder Kombattanten agieren. Dass sie nicht einer staatlich eingebunden Armee angehören, spricht nicht zwangsweise dagegen, sie als Kombattanten einzuordnen. Denn auch Mitglieder irregulärer Streitkräfte, wie Unabhängigkeitskämpfer, Milizen oder sonstige vom Staat unabhängige Kämpfer, deren Handlungen mit denen von regulären Streitkräften vergleichbar sind, können als Kombattanten eingestuft werden[856]. Fraglich ist, ob eine Person, um als Kombattant zu gelten, aktiv an den Feindseligkeiten teilnehmen muss oder, ob es bereits reicht, Angriffe im Hintergrund vorzubereiten. Kombattanten sind dazu verpflichtet, sich von Zivilsten zu unterscheiden, umgekehrt sind die Kriegsparteien dazu verpflichtet, zwischen militärischen und zivilen Zielen zu unterscheiden (Gebot der Unterscheidbarkeit)[857]. Historisch liegt dem Gebot der Unterscheidbarkeit das Konzept der Markierungslinie des Kerns der Feindseligkeiten, in dem Gewaltanwendung legitim ist, zugrunde[858]. Nur gegen militärische Ziele und Objekte darf Gewalt angewandt werden, gegen Zivilisten hingegen nicht. Andererseits haben nur Kombattanten die Befugnis, Gewalt anzuwenden ohne dabei strafrechtlich verfolgt werden zu können. Sie haben sozusagen eine „Lizenz zum Töten"[859]. Für sie gelten dann nur noch die Normen des humanitären Völkerrechts und nicht die des nationalen Polizei-

855 *Vöneky*, in: Fleck, Rechtsfragen der Terrorismusbekämpfung durch Streitkräfte, S. 152.

856 *Melzer*, in: Tomuschat u. a., The Right to Life, S. 155.

857 *Melzer*, in: Tomuschat u. a., The Right to Life, S. 155; *Krieger*, in: Krieger, Berliner Online-Beiträge zum Völker- und Verfassungsrecht Nr. 2/2010, S. 12; *Oeter*, in: Tomuschat u. a., The Right to Life, S. 174.

858 *Oeter*, in: Tomuschat u. a., The Right to Life, S. 176.

859 *Bothe*, in: Tomuschat u. a., The Right to Life, S. 200.

oder Strafrechts. Deswegen haben die Konfliktparteien die Pflicht sich als militärische Ziele kenntlich zu machen. Dies ist für den Schutz der Zivilbevölkerung ein unerlässliches Prinzip.

Kombattanten im internationalen bewaffneten Konflikt sind zum einen entweder Mitglieder der Streitkräfte einer am Konflikt beteiligten Partei oder Mitglieder von Milizen oder Freiwilligenkorps, die einer solchen Streitkraft eingegliedert sind (Artikel 4 A Nr. 1 III. Genfer Abkommen über die Behandlung von Kriegsgefangenen vom 12. August 1949 (GA III)[860]). Zum anderen sind Kombattanten als Personen zu qualifizieren, die einer am Konflikt beteiligten Partei angehören und eine für die Untergebenen verantwortliche Person an ihrer Spitze haben und ein bleibendes und von weitem erkennbares Unterscheidungszeichen sowie ihre Waffen offen tragen und bei ihren Kampfhandlungen die Gesetze und Gebräuche des Krieges einhalten (Artikel 4 A Nr. 2 GA III). Alle Personen die keine Kombattanten sind, sind Zivilisten, vgl. Artikel 50 Absatz 1 ZP I. Auch wenn die *Taliban*-Kämpfer aus dem Hinterhalt agieren und sich gerade nicht als Kombattanten zu erkennen geben, waren sie vor ihrem Sturz als Kombattanten zu qualifizieren, weil sie zu diesem Zeitpunkt Mitglieder der Streitkräfte einer am Konflikt beteiligten Partei waren[861]. Dies kann auch für die *Al-Qaida*-Kämpfer vor dem Sturz der *Taliban* gelten, weil sie an der Seite der *Taliban* kämpften und deshalb als Milizen der Streitkräfte der *Taliban* eingegliedert waren[862].

Die Gegner der Regierungskräfte und internationalen Truppen im nichtinternationalen bewaffneten Konflikt in Afghanistan werden als „organisierte bewaffnete Gruppe" bezeichnet, vgl. Artikel 1 ZP II. Im asymmetrischen Konflikt[863] zwischen offiziellen Streitkräften und nicht-staatlichen Konfliktparteien stellt das Prinzip der Unterscheidbarkeit eine große Schwierigkeit dar. Sowohl die *Taliban* als auch die *Al-Qaida*-Kämpfer vermeiden bewusst das Uniformieren oder das offene Tragen von Waffen und mischen sich teilweise gezielt unter die Zivilbevölkerung, um diese als „menschliches Schutzschild" zu missbrauchen. Diese Methode den Feind in die Irre zu führen, um seiner militärischen Überlegenheit entgegenzutreten, gehört zur Taktik der nicht-staatlichen

---

860 BGBl. 1954 II S. 838.

861 So auch *Tomuschat*, EuGRZ 2001, 535, 545; *Frowein*, ZaöRV (62) 2002, 879, 895.

862 *Vöneky*, in: Fleck, Rechtsfragen der Terrorismusbekämpfung durch Streitkräfte, S. 153 Fn. 30.

863 Darunter sind bewaffnete Konflikte zu verstehen, in denen sich ungleich starke und ungleich ausgerüstete Gegner, die mit unterschiedlichen Methoden kämpfen, einander gegenüberstehen, vgl. *Grasser*, Humanitäres Völkerrecht, S. 42 f.

Konfliktparteien[864]. Dadurch werden einerseits die Streitkräfte in Gefahr gebracht, weil ihnen nicht immer klar ist welche Ziele sie bekämpfen dürfen. Andererseits stellt diese Vorgehensweise ein großes Risiko für die Zivilbevölkerung dar, die selbst Opfer der Kriegshandlungen wird. Die Annahme eines asymmetrischen Konflikts könnte damit zur Privilegierung nicht-staatlicher Akteure führen. Denn die staatlichen Streitkräfte sind weiterhin an die strengen rechtlichen Regeln des humanitären Völkerrechts gebunden, wohingegen nicht-staatliche Akteure sich diesen Regeln entziehen. Trotz einiger Kritik an der Aufrechterhaltung des Unterscheidungsprinzips im nicht-internationalen bewaffneten Konflikt[865] sollte an der Unterscheidung zwischen Kombattanten und Zivilisten festgehalten werden. Zum einen schützt das Unterscheidungsprinzip nicht nur die nicht-staatlichen Akteure, sondern der Schutz kommt auch unbeteiligten Zivilisten zugute. Zum anderen bestehen, trotz Einordnung als nicht-staatliche Akteure, Mittel diese zu bekämpfen.

Zivilisten sind grundsätzlich kein legitimes Ziel militärischer Gewalt. Dieser geschützte Status ändert sich im nicht-internationalen Konflikt aber gemäß Artikel 13 Absatz 3 ZP II dann, wenn Zivilsten unmittelbar an Feindseligkeiten teilnehmen. Die Teilnahme an Feindseligkeiten ist zu bejahen, wenn die Handlung der Zivilperson sich nachteilig auf die militärischen Operationen und Fähigkeiten der gegnerischen Konfliktpartei auswirkt oder wenn geschützte Personen und Objekte beschädigt werden[866]. Dabei stellt sich die Frage, wie lange die temporäre Schutzminderung anhält. Denkbar wäre, nicht-staatliche Akteure solange nicht als Zivilisten zu behandeln, wie sie tatsächlich an den Feindseligkeiten teilnehmen. Oder aber dieser Schutz fällt solange weg, wie der nicht-staatliche Akteur tatsächlich der kämpfenden Gruppe angehört. Nach richtiger Ansicht beschränkt sich der temporäre Wegfall des Schutzes nur auf den Zeitraum in dem nicht-staatliche Akteure tatsächlich an den Feindseligkeiten teilnehmen. Sobald sie wieder in ihr „ziviles Leben" eintreten, sind sie wieder als Zivilisten zu behandeln, denn eine andere Sichtweise würde zu einem *de facto*-Kombattantenstatus

---

864 *Oeter*, in: Tomuschat u. a., The Right to Life, S. 175.

865 So beispielsweise *Münkler*, Friedenswarte 81 (2006), 59, 62 f. nach dessen Ansicht die Anwendbarkeit des humanitären Völkerrechts von der Symmetrie der Akteure abhängen muss, weil die Normen des humanitären Völkerrechts ihre Steuerungsfunktion im asymmetrischen Konflikt nicht mehr erfüllen könnten.

866 ICRC, Interpretive Guidance on the notion of Direct Participation in Hostilities under International Humanitarian Law, S. 16; abrufbar unter <http://www.icrc.org/eng/assets/files/other/irrc-872-reports-documents.pdf>.

führen[867]. Das Abstellen auf die Mitgliedschaft einer bewaffneten Gruppe geht auch über den Wortlaut von Artikel 13 Absatz 3 ZP II hinaus, der Zivilpersonen den Schutz gewährt „sofern und solange sie nicht unmittelbar an Feindseligkeiten teilnehmen". Aus einem Umkehrschluss ergibt sich, dass sobald sie nicht mehr an den konkreten Feindseligkeiten teilnehmen ihr Schutz wieder auflebt[868]. Für diesen „Einzelaktsansatz" („specific acts approach") spricht auch, dass es für die militärische Bedrohung einen Unterschied macht, ob jemand aktiv in Kampfhandlungen verstrickt ist oder, ob er als Zivilist agiert[869]. Damit sind Terroristen als nicht-staatliche Akteure in einem nicht-internationalen bewaffneten Konflikt, als Zivilisten zu qualifizieren. Diese Einordnung bleibt auch bei der unmittelbaren Teilnahme an Feindseligkeiten erhalten, der Schutz des humanitären Völkerrechts für Zivilisten fällt aber solange weg, wie der Zivilist tatsächlich aktiv an den Kampfhandlungen teilnimmt.

Die Unterscheidung des Afghanistan-Konflikts in die Zeit vor dem Sturz des *Taliban*-Regimes und nach Einsetzung der neuen afghanischen Regierung macht sich auch auf den Rechtsstatus der bekämpften Terroristen der *Taliban* und *Al-Qaida* bemerkbar. Die *Taliban* als Mitglieder des *de facto*-Regimes und die an ihrer Seite kämpfenden *Al-Qaida*-Mitglieder, waren zur Zeit des internationalen bewaffneten Konflikts noch als Kombattanten zu qualifizieren. Im Rahmen des nun herrschenden nicht-internationalen bewaffneten Konflikts sind sie Zivilsten, die ihren Schutz nur verlieren soweit und solange sie an den Feindseligkeiten unmittelbar teilnehmen.

II. Die Hoheitsgewalt des Verletzer-Staates im konkreten Fall

Für die Anwendbarkeit der EMRK nach Artikel 1 EMRK muss der Betroffene der Hoheitsgewalt des jeweiligen Konventionsstaates unterstehen[870]. Die Feststellung einer solchen Hoheitsgewalt gestaltet sich in internationalen bewaffneten Konflikten komplex.

Im Fall *Bankovic* verneinte der EGMR eine effektive Gewalt der NATO-Staaten, da die Luftherrschaft der NATO nach Ansicht des Gerichtshofes keine

867 So auch *Hobe*, in: Heintze/Ipsen, Heutige bewaffnete Konflikte als Herausforderungen an das humanitäre Völkerrecht, S. 78.

868 *Grasser*, Humanitäres Völkerrecht, S. 164.

869 *Hobe*, in: Heintze/Ipsen, Heutige bewaffnete Konflikte als Herausforderungen an das humanitäre Völkerrecht, S. 78.

870 Vgl. dazu 3. Kap. F. I.

Hoheitsgewalt im Sinne von Artikel 1 EMRK begründete[871]. Aus der *Bankovic*-Entscheidung wird deutlich, dass der EGMR durch das bloße Vorliegen von Kampfhandlungen in bzw. über einem Gebiet nicht zwangsläufig eine effektive Kontrolle des Vertragsstaates über dieses Gebiet annimmt. Dies würde sonst nach Auffassung des Gerichtshofes darauf hinaus laufen, dass jedermann, der die negativen Folgen einer einem Vertragsstaat anzulastenden Handlung erfahre, automatisch der Herrschaftsgewalt dieses Staates für die Zwecke der Konvention unterstehen würde[872]. Wäre eine weitere Bindung von den Vertragsparteien gewollt gewesen, hätten die Konventionsgeber einen Text wählen können, der den Artikeln 1 der Genfer Konventionen 1949[873] ähnelt[874]. Auch wenn dem Urteil im Ergebnis zugestimmt werden kann, ist dem Argument des EGMR, die Vertragsstaaten seien mangels Außerkraftsetzungserklärung nach Artikel 15 EMRK eindeutig nicht von einer Bindung an die EMRK ausgegangen, nicht zu folgen. Denn um eine solche Erklärung nach Artikel 15 EMRK abzugeben ist immer noch das Vorliegen einer Notstandslage des Vertragsstaates erforderlich, was bei Entsendung von Truppen ins Ausland wohl kaum zu bejahen sein wird[875]. Damit erteilt der EGMR einer sehr weiten Auslegung von Artikel 1 EMRK eine Absage.

Mangels effektiver Kontrolle der britischen Truppen im Irak hält beispielsweise die britische Regierung die Rechte der EMRK für nicht anwendbar[876]. Die parlamentarische Versammlung des Europarats hingegen fordert die Konventionsstaaten, die als Streitkräfte im Irak tätig sind, dazu auf, soweit sie effektive Kontrolle über das Gebiet in dem sie operieren ausüben, die volle Anwendbarkeit der EMRK auf ihre Aktivitäten als Streitkräfte im Irak anzuerkennen[877]. Der High Court of Justice in London hat eine Anwendbarkeit der EMRK für Handlungen britischer Soldaten während des bewaffneten Konflikts, bei denen Personen erschossen wurden, verneint, jedoch hat er die Anwendbarkeit der EMRK

---

871 EGMR, Urt. v. 12.12.2001, Nr. 52207/99, *Bankovic*/Belgien u.a., Z. 74 ff.

872 EGMR, Urt. v. 12.12.2001, Nr. 52207/99, *Bankovic*/Belgien u.a., Z. 75.

873 „Die Hohen Vertragsparteien verpflichten sich, das vorliegende Abkommen unter allen Umständen einzuhalten und seine Einhaltung durchzusetzen".

874 EGMR, Urt. v. 12.12.2001, Nr. 52207/99, *Bankovic*/Belgien u.a., Z. 75.

875 So auch *Erberich*, Auslandseinsätze der BW, S. 20.

876 Vgl. dazu die schriftlichen Antworten des ehemaligen britischen Außenministers *Straw* vom Mai 2004, House of Commons Debates (Hansard), Session 2003-04, Vol. 421, Column 674W-675W und 1083W-1084W.

877 Resolution 1386 (2004) vom 24.06.2004 („The Council of Europe's Contribution to the Settlement of the Situation in Iraq"), § 18.

auf den Fall eines in einem Militärgefängnis der britischen Streitkräfte verstorbenen Person wiederum angenommen[878].

Insgesamt entsteht der Eindruck, dass der EGMR keine Gesamtkontrolle eines Gebietes mehr fordert, sondern eine „punktuelle" Kontrolle für ausreichend hält, d.h. eine effektive Kontrolle über ein eng begrenztes Gebiet oder einzelne Personen bzw. Personengruppen. Dies darf freilich nicht zu Rechtsunsicherheiten führen. Diese Auffassung birgt zwar einerseits die Gefahr, dass der Begriff der Hoheitsgewalt an klarer Kontur verliert, was weder im Interesse der Konventionsstaaten noch im Interesse der Grundrechtsberechtigten liegen kann. Andererseits kann unter Zugrundelegung der vom Gerichtshof erarbeiteten Kriterien für jeden Einzelfall die Anwendbarkeit oder Nichtanwendbarkeit der Konvention bestimmt werden und somit eine bestmögliche Durchsetzung der Konventionsrechte gewährleistet werden soweit die Voraussetzungen einer Hoheitsgewalt im Sinne von Artikel 1 EMRK vorliegen.

Der Konflikt in Afghanistan findet außerhalb der *espace juridique* des Europarates statt. Die Regelung des Artikel 2 EMRK fand dennoch ausnahmsweise Anwendung. Zwar übten die internationalen Streitkräfte keine allumfassende Hoheitsgewalt im gesamten afghanischen Staatsgebiet aus. Jedoch waren sie zunächst an Artikel 2 EMRK gebunden soweit sie einzelne Personen in ihre Gewalt brachten. Denn zur Begründung der Hoheitsgewalt ist es ausreichend, wenn eine Person der tatsächlichen Gewalt des Konventionsstaates unterliegt[879]. Ein klassischer Fall einer solchen tatsächlichen Gewalt über eine Person ist die Festnahme oder Ingewahrsamnahme der jeweiligen Person. Zum anderen befanden sich die Truppen seit Etablierung der *Karzai*-Regierung auf Einladung bzw. mit Zustimmung der afghanischen Regierung im Land. In einem solchen Fall, ist nach der Rechtsprechung des EGMR von einer Hoheitsgewalt begründenden effektiven Kontrolle auszugehen[880]. Dabei übten sie zumindest eine punktuelle tatsächliche Kontrolle über Teile des Gebiets aus. Es ist nämlich ausreichend, wenn die Streitkräfte lediglich einige hoheitliche Befugnisse ausüben, wie beispielsweise die Aufrechterhaltung von Sicherheit und Ordnung zur Friedenssicherung. Denn hierbei handelt es sich um Aufgaben, die normalerweise von einer Regierung wahrgenommen werden, so dass eine (punktuelle) Hoheitsgewalt nach

878 England and Wales High Court (Administrative Court), Urt. v. 14.12.2004, *Al Skeini et. Al.*/Secretary of State Defence (Case No. CO/2242/2004).

879 EGMR, Urt. v. 16.11. 2004, Nr. 31821/96, *Issa u. a.*/Türkei, Z. 70; EGMR, Urt. v. 16.09.2014, Nr. 29750/09, *Hassan*/Vereinigtes Königreich, Z. 76 ff.

880 EGMR, Urt. v. 12.12.2001, Nr. 52207/99, *Bancovich*/Belgien u. a., Z. 70.

Artikel 1 EMRK anzunehmen ist[881]. Der ISAF-Einsatz sollte Afghanistan bei der Aufrechterhaltung der Sicherheit so unterstützen, dass sowohl die afghanischen Staatsorgane als auch das Personal der VN und anderes internationales Zivilpersonal ihre Tätigkeiten in einem sicheren Umfeld ausüben können[882]. Soweit die Streitkräfte in Afghanistan solche Hoheitsbefugnisse wahrnehmen, sind sie in diesem Bereich dazu verpflichtet die Vorgaben von Artikel 2 EMRK zu gewährleisten. Eine allumfassende Hoheitsgewalt im Sinne einer Gebietskontrolle ist wie eben dargestellt wurde gerade nicht erforderlich.

Eine Anwendbarkeit der EMRK auf den Konflikt in Afghanistan wird teilweise mit Verweis auf die Formulierung in den UN-Resolutionen 1386 (2001) und 1413 (2002), wonach die afghanische Übergangsregierung für die Herstellung von Sicherheit und Ordnung selbst verantwortlich sei, verneint[883]. Hieraus wird abgeleitet, dass die Hoheitsgewalt ausschließlich durch den afghanischen Staat ausgeübt werde. Es kommt jedoch auf die tatsächliche Lage in Afghanistan an und darauf, welche Befugnisse die internationalen Truppen faktisch innehaben. Im Rahmen ihrer Tätigkeiten können sie Personen festnehmen. Auch wenn die gerichtliche Verfolgung durch die afghanische Justiz durchgeführt wird, sind die jeweiligen Streitkräfte unter konsequenter Anwendung der Rechtsprechung des EGMR zumindest punktuell für den Zeitraum der Inhaftierung an Artikel 2 gebunden. Dies gilt auch in Ausführung anderer Befugnisse wie beispielsweise für (polizeiliche) Maßnahmen zur Wiederherstellung von Ruhe und Ordnung. Damit sind die in Afghanistan stationierten Truppen der Konventionsstaaten soweit sie die oben beschriebene Hoheitsgewalt ausüben auch an die Rechte und Pflichten in Artikel 2 EMRK gebunden.

III. Die Zurechnung von Handlungen im Rahmen von Operationen der Vereinten Nationen oder des Nordatlantik-Paktes

Auslandseinsätze der Konventionsstaaten erfolgen in der Regel im Rahmen internationaler Organisationen wie den VN oder der NATO. Dies wirft die Frage auf, ob Handlungen der einzelnen Streitkräfte dem jeweiligen Konventionsstaat selbst oder der jeweiligen internationalen Organisation zugerechnet werden. Nur die Konventionsstaaten unterliegen den Gewährleistungen der EMRK und

---

881 EGMR, Urt. v. 07.07.2011, Nr. 55721/07, *Al-Skeini u. a.*/Vereinigtes Königreich, Z. 149.

882 VN SR-Resolution 1510 (2003) v. 13.10.2003, UN-Doc. S/Res/1510 (2003).

883 So *Krieger*, ZaöRV 2002, 669, 677.

nur die ihnen zurechenbaren Handlungen können Gegenstand von Individualbeschwerden vor dem Gerichtshof sein. Ist die fragliche Handlung hingegen den VN oder der NATO zuzurechnen, agieren die Streitkräfte als Organe der internationalen Organisation und nicht mehr als nationale Organe. Denn Handlungen der Organe werden dem Rechtssubjekt zugeordnet, welches sie repräsentieren[884]. Nachdem oben der räumliche Geltungsbereich der Konventionsrechte im Afghanistan-Konflikt bejaht wurde, soll im Folgenden anhand des Afghanistan-Einsatzes, der sowohl unter Autorisierung des VN-Sicherheitsrats als auch der NATO stattfindet, geklärt werden, in welchen Fällen die Handlungen, die bei der Ausübung der Hoheitsgewalt im Sinne von Artikel 1 EMRK ausgeübt werden, den einzelnen Konventionsstaaten zuzurechnen sind.

Bei der Frage der Zurechnung kommt es darauf an, ob die betreffende Person oder Personengruppe effektiv in die Organisationsstruktur des entsprechenden Völkerrechtssubjekts eingebunden ist, mithin ob sie durch dieses Völkerrechtssubjekt gesteuert wird[885]. So entschied auch der EGMR in Fall *Behrami und Saratami*[886] bei dem es um eine mögliche Haftung aus Artikel 2 EMRK ging, weil Sicherheitskräfte der United Nations Interim Administration Mission in Kosovo (UNMIK) die Minenräumung eines bestimmten Gebietes unterlassen hatten, was zum Tod eines Kindes geführt hatte. Der VN-Sicherheitsrat habe zwar nach Kapitel VII der VN-Charta eigene Befugnisse an die NATO delegiert, aber im Grunde die endgültige Befehlsgewalt und Verantwortung („ultimate authority and control") inne gehabt[887]. Deswegen sei die Unterlassung den VN und nicht den Konventionsstaaten zuzurechnen. Neben der Zuweisung von Aufgaben durch die übergestellte Organisation ist die effektive Einbindung in das Organisationsgefüge entscheidend für die Frage wem die konkrete Handlung oder das Unterlassen zugerechnet wird[888].

1. *Die Operation Enduring Freedom*

Nach den Anschlägen am 11. September 2001 in den Vereinigten Staaten von Amerika verabschiedete der VN-Sicherheitsrat am Folgetag die Resolution 1368

---

884 *Ipsen*, Völkerrecht, § 40 Rn. 3.

885 *Erberich*, Auslandseinsätze der BW und EMRK, S. 63 mit weiteren Nachweisen.

886 EGMR, Ents. v. 02.05.2007, Nr. 71412/01 und 78166/01, *Behrami und Saramati/* Frankreich u. a.

887 EGMR, Ents. v. 02.05.2007, Nr. 71412/01 und 78166/01, *Behrami und Saramati/* Frankreich u. a., Z. 140.

888 *Erberich*, Auslandseinsätze der BW und EMRK, S. 63.

(2001)[889], welche die Terroranschläge als Bedrohung für die internationale Sicherheit und den Weltfrieden qualifizierte und das Recht auf Selbstverteidigung betonte. Am 4. Oktober 2001 wurde erstmals in der Geschichte der NATO-Bündnisfall ausgelöst als die NATO die Beistandsverpflichtung aus Artikel 5 des Nordatlantikvertrages (NAV)[890] bekräftigte, wonach ein Angriff auf die USA als Angriff auf alle Bündnispartner zu werten sei[891]. Aufgrund dieser Rechtsgrundlagen nahm die *Operation Enduring Freedom* am 7. Oktober 2001 ihre Arbeit auf. Im Rahmen dieser Operation sollen Führungs- und Ausbildungseinrichtungen von Terroristen ausgeschaltet, Terroristen bekämpft, gefangen genommen und vor Gericht gestellt werden[892]. Der Einsatz ist nicht auf Afghanistan begrenzt, sondern findet beispielsweise auch am Horn von Afrika statt. Die *Operation Enduring Freedom* ist eine Operation eigener Art nach einem von den USA entwickelten Konzept, wobei die Beiträge der Koalitionspartner nach Bedarf aufgeteilt werden[893]. Bedeutsam für die Frage der Zurechnung ist, dass die VN hier nicht als Völkerrechtssubjekt nach außen hin auftreten, sondern die Operation lediglich unter ihrer Autorisierung stattfindet. Die Einsatzführung unterliegt dabei den dem Inhaber der Befehls- und Kommandogewalt unmittelbar unterstellten Einsatzführungskommandos und nicht dem Sicherheitsrat[894]. Die Soldaten der Konventionsstaaten sind also effektiv in das Organisationsgefüge ihres Staates eingebunden und handeln demnach als Organe ihres Staates, so dass ihre Handlungen den jeweiligen Konventionsstaaten zuzurechnen sind.

2. *Das ISAF-Mandat*

Mit den Resolutionen 1386 (2001)[895] und 1413 (2001)[896] ermächtigte der VN-Sicherheitsrat gestützt auf Kapitel VII der VN-Charta zum Einsatz einer International Security Assistance Force (ISAF) in Afghanistan. Der Auftrag von ISAF war die Friedenssicherung sowie die Unterstützung der afghanischen Übergangsregierung bei der Aufrechterhaltung von Sicherheit und Ordnung, so dass die Übergangsregierung und das VN-Personal in einem sicheren Umfeld agieren

---

889 VN SR-Resolution 1386 (2001) v. 12.09.2001, UN-Doc. S/Res/1368 (2001).

890 Nordatlantikvertrag v. 04.04.1949 (BGBl. 1955 II S. 289, in der Fassung des Protokolls v. 17.10.1951, BGBl. 1955 II S. 293).

891 *Erberich*, Auslandseinsätze der BW und EMRK, S. 72 f.

892 *Erberich*, Auslandseinsätze der BW und EMRK, S. 73.

893 *Erberich*, Auslandseinsätze der BW und EMRK, S. 74.

894 *Erberich*, Auslandseinsätze der BW und EMRK, S. 74.

895 VN SR-Resolution 1386 (2001), UN-Doc. S/Res/1386 (2001).

896 VN SR-Resolution 1413 (2001), UN-Doc. S/Res/1413 (2001).

können[897]. Seit August 2003 hatte die NATO aufgrund des VN-Mandats die Führung, Organisation und Planung der ISAF inne. Dabei übernahmen ein oder mehrere beteiligte Staaten jeweils für einen bestimmten Zeitraum die Führung der Mission. Bei ISAF handelte es sich um eine multinationale Operation die von den truppenstellenden Staaten gemeinschaftlich durchgeführt wurde, wobei sich die VN auf die Autorisierung der Operation beschränkten. Mangels Eingliederung in das Organisationsgefüge der VN oder der NATO blieben die eingesetzten Soldaten Organe ihrer Staaten denen ihre Handlungen zurechenbar waren.

3. *Ergebnis*

Die Handlungen der Streitkräfte der Konventionsstaaten, die im Rahmen der Anti-Terror-Einsätze *Operation Enduring Freedom* oder des ISAF-Mandats eingesetzt sind bzw. waren, werden den jeweiligen Konventionsstaaten zugerechnet, da sie nicht als Organe der VN oder der NATO agieren. Weil die Befehlsgewalt bei dem jeweiligen Konventionsstaat liegt dem diese Aufgabe durch die VN oder die NATO zugewiesen wurde, bewegen sich die Soldaten auch in diesem Organisationsgefüge. Die Handlungen der Konventionsstaaten im Afghanistan-Einsatz unterliegen damit den Regelungen der Konvention und damit den Gewährleistungen von Artikel 2 EMRK und sind diesen auch zuzurechnen.

B. Das Verhältnis der Regelungskomplexe internationale Menschenrechte und humanitäres Völkerrecht

Liegt nun eine Situation des bewaffneten Konflikts vor und ist gleichzeitig die Hoheitsgewalt des Mitgliedsstaates zu bejahen, kommen grundsätzlich beide Rechtsordnungen zur Anwendung. Es stellt sich die Frage nach dem Verhältnis beider Regelungskomplexe. Verdrängt das humanitäre Völkerrecht im bewaffneten Konflikt die Menschenrechte und damit Artikel 2 EMRK? Welchen Schutz erfahren an bewaffneten Konflikten zur Terrorismusbekämpfung Beteiligte in Bezug auf das Recht auf Leben und welche Auswirkungen hat die Anwendung der jeweiligen Rechtsordnungen für das Recht auf Leben? Diese Fragen sollen im Folgenden beantwortet werden.

---

897 *Heinz*, in: Fleck, Rechtsfragen der Terrorismusbekämpfung durch Streitkräfte, S. 85.

I. Theoretische Überlegungen

Das Verhältnis zwischen Menschenrechten und humanitärem Völkerrecht ist nach wie vor nicht abschließend geklärt[898]. Nach herrschender Meinung handelt es sich bei dem humanitären Völkerrecht einerseits und dem völkerrechtlichen Menschenrechtsschutz andererseits um zwei strikt voneinander zu trennende Rechtsbereiche[899]. Dies sagt aber noch nichts über das Verhältnis dieser beiden Rechtsordnungen zueinander aus. Im rechtsdogmatischen Theorienstreit existieren im Wesentlichen drei Theorien, die das Verhältnis von humanitärem Völkerrecht und Menschenrechten diskutieren: Die integrationistische (englisch: „integrationist"/französisch: „intégrationniste"), separatistische (englisch: „separatist"/französisch: „autonomiste" oder „séparatiste") und komplementaristische (englisch: „complementarist"/französisch: „complémentariste") Theorie[900].

Erstere geht, wie der Name schon vermuten lässt, von einem Zusammenschluss oder einer Verschmelzung beider Rechtsgebiete aus[901]. Die separatistische Theorie hingegen nimmt eine fundamentale Unvereinbarkeit der Menschenrechte mit dem humanitären Völkerrecht an und orientiert sich stark an der Aufteilung zwischen Friedens- und Kriegsrecht[902]. Nach dieser Auffassung wäre in bewaffneten Konflikten ausschließlich das Regelwerk des humanitären Völkerrechts anwendbar, während die internationalen Menschenrechte und damit Artikel 2 EMRK keine Geltung hätten. Die Vertreter der komplementaristischen Theorie begreifen das humanitäre Völkerrecht und die internationalen Menschenrechte als zwei, zwar voneinander verschiedene, aber eng miteinander verbundene und gleichgeordnete Gebiete des Völkerrechts, welche sich gegenseitig ergänzen[903].

Gegen eine Verschmelzung der beiden Rechtsgebiete im Sinne der integrationistischen Theorie sprechen die folgenden Überlegungen. Die beiden Rechtsgebiete haben eine völlig andere historische Entwicklung durchlaufen und sich gänzlich unabhängig voneinander entwickelt. Das humanitäre Völkerrecht lässt sich seit dem Beginn der Geschichte des Völkerrechts nachweisen, wogegen die

---

898 Vgl. ausführlich zu diesem Thema *Provost*, International Human Rights and Humanitarian Law, 2002 sowie *Schäfer*, Zum Verhältnis Menschenrechte und humanitäres Völkerrecht.

899 *Heintschel von Heinegg*, Casebook VR, S. 322 Rn. 643.

900 *Schäfer*, Zum Verhältnis Menschenrechte und humanitäres Völkerrecht, S. 35.

901 *Schäfer*, Zum Verhältnis Menschenrechte und humanitäres Völkerrecht, S. 35.

902 *Meyrowitz*, RDP 1972 (88), 1052, 1095.

903 *Greenwood*, in: Fleck, Handbook of International Humanitarian Law, S. 74 ff.; *Partsch*, in: Bernhardt, Encyclopedia of Public International Law Vol. II, S. 911 f.; *Gasser*, GYIL 2002 (45), 149, 162; *Kimminich*, Schutz der Menschen, S. 40.

Entwicklung der internationalen Menschenrechte dem 20. Jahrhundert vorbehalten ist[904]. Dazu kommt, dass die Menschenrechte und das humanitäre Völkerrecht in verschiedenen Gesetzeswerken kodifiziert sind und die Organe der Vereinten Nationen, als Förderer der Entwicklung der internationalen Menschenrechte und die Internationale Konferenz des Roten Kreuzes, welche maßgeblich zur Entwicklung der Regeln des humanitären Völkerrechts beigetragen hat, zumindest lange Zeit in ihrer Rechtsgestaltung keinen Bezug aufeinander genommen haben[905]. Selbst humanitäre Vereinbarungen wie solche zugunsten internationaler Flüchtlinge wurden nicht unter dem Gesichtspunkt der Menschenrechte eingeordnet, weswegen es sich verbietet, die eine Rechtsordnung aus der anderen abzuleiten oder gar einen Zusammenschluss beider Rechtsgebiete anzunehmen[906]. Es wird darüber hinaus auch die Gefahr gesehen, dass das Ergebnis einer solchen Zusammenführung beider Rechtskonzepte auf einen „gemeinsamen Nenner", ein geringes Niveau an Schutz bieten würde und damit einen Verlust der Verdienste, die unabhängig voneinander errungen wurden, darstellen würde[907].

Aber auch der konträren Ansicht der separatistischen Theorie kann nicht gefolgt werden. Wegen der Erwähnung des bewaffneten Konflikts in Artikel 15 Absatz 2 EMRK ist nämlich anzunehmen, dass die EMRK auch im Kriegsfalle grundsätzlich anwendbar ist, zumindest entfallen die in ihr enthaltenen Verpflichtungen nicht zwangsläufig mit Eintritt des Kriegsfalles. Artikel 15 EMRK stellt die wichtigste Brückennorm zwischen den europäischen Menschenrechtsgarantien und dem humanitären Völkerrecht dar[908]. Die Aufnahme einer solchen Klausel wäre allerdings entbehrlich, wenn man von einem automatischen Wegfall der Verpflichtungen der EMRK ausgehen würde[909]. Eine grundsätzliche Anwendbarkeit der EMRK im bewaffneten Konflikt nimmt auch der EGMR, zumindest implizit, in seiner Entscheidung zum Fall *Loizidou* an[910]. Ferner spricht auch die Formulierung der Präambel des 2. Zusatzprotokolls zu den Genfer Abkommen für eine parallele Anwendung der Normen der EMRK und des humanitären

904 *Kimminich*, Schutz der Menschen, S. 27.

905 *Partsch*, Human Rights and Humanitarian Law, in: Bernhardt, Encyclopedia of Public International Law, Vol. II, S. 911.

906 *Gasser*, GYIL 2002 (45), 149, 153; *Kimminich*, Schutz der Menschen, S. 27.

907 *Partsch*, Human Rights and Humanitarian Law, in: Bernhardt, Encyclopedia of Public International Law, Vol. II, S. 912.

908 *Meyer-Ladewig*, EMRK, Art. 15 Rn. 1.

909 So auch *Klein*, MRM 2004, 5, 14.

910 EGMR, Urt. v. 18.12.1996, Nr. 40/1993/435/514 *Loizidou*/Türkei.

Völkerrechts[911]. Danach kommen die Hohen Vertragsparteien eingedenk dessen, „dass die internationalen Übereinkünfte über die Menschenrechte der menschlichen Person einen grundlegenden Schutz bieten", über den Vertragstext überein. Artikel 1 Absatz 2 ZP I GK bestimmt sogar explizit, das sich „andere internationale Übereinkommen" auf derselben Ebene wie das Protokoll selbst befinden[912]. Dies sind gewichtige Argumente dafür, dass der EMRK als internationalem Menschenrechtsvertrag auch im bewaffneten Konflikt weiter Gültigkeit zukommt.

Für die Anwendbarkeit der Menschenrechtsverträge und damit für die komplementaristische Theorie spricht des Weiteren, dass die Unterteilung des Völkerrechts in Friedensrecht und Recht des bewaffneten Konflikts angesichts der mannigfachen Verbindungen dieser Rechtsgebiete eine überholte Kategorisierung darstellt[913]. Bis zur Gründung der Vereinten Nationen 1945 wurde weitestgehend eine strikte Aufteilung in Friedensvölkerrecht und Kriegsvölkerrecht vorgenommen, welche dazu führte, dass mit Eintritt des Kriegszustandes die Verträge des Friedensrechts *ipso facto* ausgesetzt wurden[914]. Zwar richten sich die Normen der EMRK, im Gegensatz zu denen des humanitären Völkerrechts, dessen primäres Anliegen der Ausgleich der Interessen zwischen Konfliktparteien ist, auf das Verhältnis von Individuum und Staat. Der Ansicht, das humanitäre Völkerrecht beziehe sich nur auf die Beziehungen zwischen Staaten und Angehörigen des „Feindstaates", ist aber zu entgegnen, dass gerade die beiden Zusatzprotokolle zu den vier Genfer Abkommen, auch auf die Beziehungen zwischen dem Staat und seinen eigenen Staatsangehörigen anzuwenden sind[915]. Beiden Rechtsordnungen ist zudem ein humanitäres Grundanliegen gemein, nämlich der Schutz der Menschen[916], der Schutz vor staatlichem Machtmissbrauch[917] und die Achtung der menschlichen Würde eines jeden Einzelnen. Dass auch das humanitäre Völkerrecht eine subjektive Dimension[918] gewonnen hat, wird

911 *Partsch*, Human Rights and Humanitarian Law, in: Bernhardt, Encyclopedia of Public International Law, Vol. II, S. 912; *Gasser*, GYIL 2002 (45), 149, 156.

912 *Partsch*, Human Rights and Humanitarian Law, in: Bernhardt, Encyclopedia of Public International Law, Vol. II, S. 912.

913 *Schäfer*, Zum Verhältnis Menschenrechte und humanitäres Völkerrecht, S. 12.

914 *Schäfer*, Zum Verhältnis Menschenrechte und humanitäres Völkerrecht, S. 10.

915 Vgl. ausführlich dazu *Kimminich*, Schutz der Menschen, S. 157 ff.

916 So auch *Klein*, MRM 2004, 5, 15; *Kimminich*, Schutz der Menschen, S. 38 f., *Partsch*, Human Rights and Humanitarian Law, in: Bernhardt, Encyclopedia of International Law Vol. II, S. 910; *Gasser*, GYIL 2002 (45), 149, 154, 161.

917 *Gasser*, GYIL 2002 (45), 149, 161.

918 *Bothe*, ZaöRV 2005 (65), 615, 621; *Kimminich*, Schutz der Menschen, S. 38 f.

nicht zuletzt dadurch deutlich, dass Opfer von Völkerrechtsverletzungen – mit unterschiedlichem Erfolg – vor internationalen[919] und nationalen[920] Instanzen Individualschutz gesucht haben.

Hinzu kommt, dass das Recht auf Leben, welches sowohl in der EMRK als auch in den Genfer Abkommen und ihren Zusatzprotokollen enthalten ist, durch beide Rechtsgebiete geschützt wird. Zwar ist das Recht auf Leben nicht absolut geschützt, so dass Todesfälle infolge rechtmäßiger Kriegshandlungen unter bestimmten Voraussetzungen keine Verletzung von Artikel 2 EMRK darstellen. Ansonsten darf aber von dem Grundsatz des Lebensschutzes auch im bewaffneten Konflikt nicht abgewichen werden[921]. Darüber hinaus stellt die Verletzung eines solch elementaren Rechts wie dem des Rechts auf Leben auch im internationalen bewaffneten Konflikt eine schwere Verletzung der Genfer Konventionen[922] und des ZP I GA[923] dar. Auch im Rahmen eines nicht-internationalen bewaffneten Konflikts können Tötungshandlungen unter bestimmten Voraussetzungen zu Kriegsverbrechen erwachsen[924]. Hervorzuheben ist, dass die Normen des humanitären Völkerrechts durch die internationalen Menschenrechte, insbesondere durch das Recht auf Leben, beeinflusst worden sind[925]. Das Recht auf Leben ist in Artikel 3 GA I-IV sowie in der Präambel[926] und in Artikel 13 ZP II eingegliedert worden[927]. In Anbetracht dessen wird deutlich, dass der völkerrechtliche Menschenrechtsschutz und das humanitäre Völkerrecht inhaltlich konvergieren. Für eine solche Sichtweise spricht auch, dass sich die Anwendung des humanitären Völkerrechts auf der einen Seite und der internationalen Menschenrechte auf der anderen Seite gegenseitig ergänzen. Artikel 2 EMRK wird im bewaffneten Konflikt durch das humanitäre Völkerrecht effektiviert, weil die Verpflichtungen bezüglich verschwundener Personen konkretisiert werden[928]. Zwar hat der EGMR hier eine Reihe an Pflichten herausgearbeitet, die sich für

---

919 Beispielsweise die Bombenopfer des Kosovo-Konflikts.

920 Beispielsweise die Opfer des Zweiten Weltkriegs.

921 Vgl. Artikel 15 Absatz 2 EMRK.

922 Artikel 50 I. GK, Artikel 51 II. GK, Artikel 130 III. GK und Artikel 147 IV. GK.

923 Artikel 11 Absatz 4, Artikel 85 Absätze 2, 3 und 4 ZP I GK.

924 Siehe hierzu insbesondere Artikel 85 Absatz 5 ZP I GK und Artikel 8 Absatz 2 IStGH-Statut.

925 *Gowlland-Debbas*, in: Tomuschat u. a., The Right to Life, S. 126.

926 „(...) die internationalen Übereinkommen über die Menschenrechte der menschlichen Person einen grundlegenden Schutz bieten (…)".

927 *Gowlland-Debbas*, in: Tomuschat u. a., The Right to Life, S. 127 f.

928 *Heintze*, Sicherheit und Frieden 2/2007, 43, 45.

die Konventionsstaaten ergeben. Das humanitäre Völkerrecht verpflichtet eine Besatzungsmacht jedoch dazu, Informationen über inhaftierte Personen und mögliche Todesursachen zu erteilen[929]. Die Regeln des humanitären Völkerrechts erfassen dagegen nicht immer die modernen Facetten von Streitkräften im Ausland und haben insbesondere nicht dieselben Durchsetzungsmechanismen. Zu beachten ist, dass der Einsatz militärischer Gewalt im bewaffneten Konflikt immer nur dann zulässig ist, wenn es sich bei dem Angriffsziel nicht um Zivilisten handelt. Da Terroristen wie oben festgestellt wurde grundsätzlich als solche einzuordnen sind, ergeben sich im bewaffneten Konflikt Situationen in denen in erster Linie menschenrechtliche Standards angewandt werden müssen. Insofern finden menschenrechtliche Vorgaben Eingang in das humanitäre Völkerrecht[930].

Letztlich ist mit der komplementaristischen Theorie, von einer engen Verbundenheit und gegenseitigen Ergänzung beider Rechtssysteme auszugehen.

II. Die praktische Ausgestaltung des Verhältnisses

In der Praxis des EGMR bestätigt sich das komplementaristische Verständnis des Verhältnisses zwischen humanitärem Völkerrecht und internationalen Menschenrechten. Der Straßburger Gerichtshof hat in mehreren Entscheidungen zu Artikel 2 EMRK selbst explizit Bezug auf das humanitäre Völkerrecht genommen. Im Fall *Isayeva* wendete der EGMR mittelbar das humanitäre Völkerrecht an, um festzustellen, ob die Gewaltanwendung nach Artikel 2 Absatz 2 EMRK gerechtfertigt ist. Dabei musste der Gerichtshof zur Unterscheidung zwischen Zivilisten und Kombattanten auf die Kriterien des humanitären Völkerrechts zurückgreifen[931]. Der EGMR wendet damit die Regelungen des humanitären Völkerrechts an, um den Umfang menschenrechtlicher Verpflichtungen zu untersuchen. Im Fall *Ergi* ging der Gerichtshof ähnlich vor. Hier griff der EGMR auf das humanitäre Völkerrecht zurück, um zu analysieren, was ein rechtmäßiges Angriffsziel ist, wobei er das Risiko ziviler Opfer mit dem militärischen Vorteil der Operation im Rahmen der Verhältnismäßigkeit abwog[932].

In der Praxis bedient sich der EGMR also zur Ermittlung der konkreten Dimensionen der zulässigen Gewaltausübung durch die Konventionsstaaten der

929 *Heintze*, Sicherheit und Frieden 2/2007, 43, 45.

930 *Krieger*, in: Krieger, Berliner Online-Beiträge zum Völker- und Verfassungsrecht Nr. 2/2010, S. 18.

931 EGMR, Urt. v. 24.02.2005, Nrn. 57947/00, 57948/00 und 57949/00, *Isayeva* u. a./Russland, Z. 181 ff.

932 EGMR, Urt. v. 28.07.1998, Nr. 66/1997/850/1057, *Ergi*/Türkei, Z. 79 ff.

Kriterien des humanitären Völkerrechts. In dieser Vorgehensweise spiegelt sich die oben festgestellte enge Verbundenheit und gegenseitige Ergänzung beider Rechtsordnungen wieder.

Geht man nun davon aus, dass Artikel 2 EMRK im bewaffneten Konflikt neben den Regelungen des humanitären Völkerrechts Anwendung findet und, dass im Falle eines Widerspruchs das humanitäre Völkerrecht vorrangig ist, stellt sich die Frage, ob die Konventionsstaaten Artikel 2 EMRK ausdrücklich nach Artikel 15 Absatz 2 EMRK derogieren müssen. Denn ist die tödliche Gewaltanwendung nach humanitärem Völkerrecht gerechtfertigt, nicht aber nach Artikel 2 EMRK, könnte doch hierin genau der Anwendungsfall von Artikel 15 Absatz 2 EMRK liegen. Es ist jedoch nicht ersichtlich, dass ein Konventionsstaat eine solche explizite Derogation von Artikel 2 EMRK bei extraterritorialen militärischen Maßnahmen jemals erklärt hat. In dieser Staatenpraxis erkennt der EGMR eine „subsequent practice" der Konventionsstaaten im Sinne von Artikel 31 Absatz 3 Buchstabe b WVK, wonach sie sich nicht nur auf eine gemeinsame Auslegung der Konvention einigen, sondern sich auf eine Modifikation des Konventionstextes, der eine ausdrückliche Derogationserklärung verlangt, verständigen[933]. Dieser Entscheidung wird mit dem Argument begegnet, dass eine abweichende Staatenpraxis kein Verhalten *contra legem* rechtfertigen könne[934]. Nach den obigen Erläuterungen zum Verhältnis der Konventionsrechte und des humanitären Völkerrechts, ist dem Gerichtshof im Ergebnis zuzustimmen, dass eine nach humanitärem Völkerrecht zulässige Maßnahme keine Verletzung von Artikel 2 EMRK darstellen kann. Das Nebeneinander beider Regelungskomplexe in bewaffneten Konflikten führt zu einer Auslegung der Konvention im Lichte des humanitären Völkerrechts. Der Gerichtshof legt die Konventionsrechte vor dem Hintergrund der Genfer Abkommen dergestalt aus, dass ein Eingriff in das Konventionsrecht gerechtfertigt ist, wenn das humanitäre Völkerrecht diesen Eingriff gestattet[935]. Eine solche Auslegung des Konventionsrechts – das im Grunde einer Derogation des Konventionsrechts ohne Erklärung gleichkommt – legt der EGMR nur in den Fällen zugrunde, in denen der Konventionsstaat die Abweichung im Verfahren ausdrücklich geltend macht[936].

---

933 EGMR, Urt. v. 16.09.2014, Nr. 29750/09, *Hassan*/Vereinigtes Königreich, Z. 100 f.

934 Vgl. hierzu ausführlich das Sondervotum zur Entscheidung EGMR, Urt. v. 16.09.2014, Nr. 29750/09, *Hassan*/Vereinigtes Königreich

935 EGMR, Urt. v. 16.09.2014, Nr. 29750/09, *Hassan*/Vereinigtes Königreich, Z. 104.

936 EGMR, Urt. v. 16.09.2014, Nr. 29750/09, *Hassan*/Vereinigtes Königreich, Z. 107.

III. Ergebnis

Die obigen Überlegungen belegen die Abkehr von der exklusiven Spezialität des *ius in bello* hin zu einer parallelen und sich gegenseitig ergänzenden Anwendung des humanitären Völkerrechts und der Konventionsrechte. Das humanitäre Völkerrecht und die EMRK sind grundsätzlich kumulativ anwendbar, das heißt, die EMRK entfaltet auch in bewaffneten Konflikten volle Wirkung. Eine Ausnahme von diesem Grundsatz gilt nur soweit die Geltung der menschenrechtlichen Verpflichtung ausdrücklich ausgeschlossen wird. Im Falle eines Widerspruchs empfiehlt es sich jedoch, dem humanitären Völkerrecht nach dem Grundsatz *lex specialis derogat legi generali* als speziellerem Recht Vorrang zu gewähren[937]. Auch Artikel 15 EMRK, wonach ein Zurücktreten von Artikel 2 EMRK zugunsten der spezifischen Schutzvorschriften des Kriegsvölkerrechts im Rahmen von „rechtmäßigen Kriegshandlungen" erfolgen darf, macht deutlich, dass das humanitäre Völkerrecht insoweit Anwendungsvorrang genießt[938]. Tatsächlich wird es aber eine Vielzahl von Fällen internationaler bewaffneter Konflikte außerhalb der Konventionsstaaten geben, die nicht zu einer parallelen Anwendung beider Rechtsgebiete kommen, da die EMRK, wie gezeigt wurde, nur ausnahmsweise exterritoriale Rechtswirkung entfaltet. Für den Konflikt in Afghanistan, der nach hier vertretener Ansicht unter den Anwendungsbereich von Artikel 1 EMRK fällt[939], ergibt sich eine „doppelte Anwendbarkeit", nämlich die des humanitären Völkerrechts einerseits und der Menschenrechte andererseits. Zwar sind die Normen des humanitären Völkerrechts als *lex specialis* denen der EMRK vorrangig. Es bedarf für solche Fälle keiner ausdrücklichen Derogationserklärung der Konventionsstaaten. Die Rechtmäßigkeit einer tödlichen Gewaltanwendung nach humanitärem Völkerrecht kann keinen rechtswidrigen Eingriff in Artikel 2 EMRK darstellen. Wo der Schutz des humanitären Völkerrechts aufhört, setzt dann der Schutz von Artikel 2 EMRK ein. Gerade für nicht-internationale bewaffnete Konflikte mit ihrer geringen Regelungsdichte besteht ein großer Bedarf an Rückgriffen auf internationale Menschenrechte.

---

937 So auch der Internationale Gerichtshof in seinem Atomwaffen-Gutachten, IGH, ICJ Reports 1996, S. 226, Z. 25.

938 *Irmscher*, EuGRZ 2006, 11, 16.

939 Vgl. 7. Kap. A. II.

C. Bedeutung für das Recht auf Leben

Im Afghanistan-Konflikt können Terroristen entweder als Kombattanten oder als Zivilisten, die unmittelbar an Feindseligkeiten teilnehmen, mit militärischen Mitteln bekämpft werden. Da vor dem Sturz des *Taliban*-Regimes der Afghanistan-Konflikt als internationaler bewaffneter Konflikt zu behandeln war, unterlag der Schutz des Lebens im Wesentlichen den Normen des GA IV und des ZP I. Das humanitäre Völkerrecht normiert für internationale bewaffnete Konflikte neben dem grundsätzlichen Verbot der Gewaltanwendung gegen Zivilisten eine Vielzahl von Voraussetzungen unter denen der Einsatz militärischer Gewalt zu erfolgen hat und weist insoweit eine relativ hohe Regelungsdichte auf, die den Anwendungsbereich der EMRK reduziert. Denn wie bereits dargelegt wurde kommt Artikel 2 EMRK zwar neben den Normen des humanitären Völkerrechts zur Anwendung, tritt aber als *lex generalis* bei Regelung durch das humanitäre Völkerrecht zurück.

Zu den Regeln der zulässigen Kampfmittel und -methoden gehört das in Artikel 37 ZP I geregelte Perfidieverbot. Danach ist es verboten, einen Gegner unter Anwendung von Heimtücke zu töten. Unter Heimtücke werden Handlungen gefasst, durch die der Gegner, in der Absicht sein Vertrauen zu missbrauchen, verleitet wird, darauf zu vertrauen, dass er nach den Regeln des in bewaffneten Konflikten anwendbaren Völkerrechts Anspruch auf Schutz hat oder verpflichtet ist, Schutz zu gewähren, vgl. Artikel 37 Absatz 1 Satz 2 ZP I. Darunter sind Handlungen zu verstehen, die die Gegenpartei zur irrtümlichen Annahme einer völkerrechtlichen Schutzlage verleiten, wie beispielsweise die humanitäre Vereinbarung zur Einstellung des Kampfes mit der Absicht, den darauf vertrauenden Gegner überraschend anzugreifen[940]. Das Perfidieverbot galt bis zum Juni 2002 sowohl für die internationalen Truppen als auch für die *Taliban* und *Al-Qaida*-Kämpfer. Darunter fällt auch das Vortäuschen eines Nicht-Kombattantenstatus[941].

Sowohl im internationalen als auch im nicht-internationalen bewaffneten Konflikt gilt das Gebot der militärischen Notwendigkeit. Dieses bringt zum Ausdruck, dass Gewalt unter bestimmten Umständen notwendig und erlaubt sein kann, dies aber nur insofern gilt als die ihr gezogenen Grenzen beachtet werden[942]. Das heißt, dass militärische Gewalt nur erlaubt sein kann, wenn sie zur Schwächung der militärischen Einsatzfähigkeit der Konfliktpartei notwendig ist. Dient hingegen die

940 *Oeter*, in: Fleck, Handbook of International Humanitarian Law, Nr. 472.
941 *Oeter*, in: Fleck, Handbook of International Humanitarian Law, Nr. 472.2.
942 *Gasser*, Humanitäres Völkerrecht, S. 27.

Gewaltanwendung Zwecken der Strafverfolgung oder anderen nicht-militärischen Zielen ist sie nicht militärisch notwendig[943] und unterliegt den Anforderungen von Artikel 2 EMRK. Eine Tötung ist beispielsweise auch dann nicht militärisch notwendig, wenn eine Verhaftung des Gegners möglich ist[944]. Die in Afghanistan beteiligten Konfliktparteien müssen also abwägen, ob die jeweilige Gewaltanwendung militärisch notwendig ist oder nicht. Ist dies zu verneinen, sind sie an die allgemeinen Regeln des internationalen Menschenrechtsschutzes gebunden.

Eine deutlich unterschiedliche Schutzrichtung im humanitären Völkerrecht und im Konventionsrecht hat der Grundsatz der Verhältnismäßigkeit. Im Rahmen von Artikel 2 EMRK ist stets abzuwägen, ob der Einsatz tödlicher Gewalt als *ultima ratio* verhältnismäßig zum Schutz des konkreten Rechtsguts ist. Geschützt wird durch den Verhältnismäßigkeitsgrundsatz in Artikel 2 EMRK die Person gegen die tödliche Gewalt angewandt wird. Im humanitären Völkerrecht, ist im Rahmen der Verhältnismäßigkeitsprüfung der militärische Vorteil und nicht der Schutz eines konkret bedrohten höchstrangigen Rechtsguts mit dem Schutz der Zivilbevölkerung abzuwägen. Damit schützt der Grundsatz der Verhältnismäßigkeit nicht die bekämpften Mitglieder der gegnerischen Konfliktpartei, sondern in erster Linie die Zivilbevölkerung[945]. Der Maßstab der Verhältnismäßigkeitsprüfung ist bei der Prüfung einer Verletzung von Artikel 2 EMRK also aus Sicht des Betroffenen strenger[946].

In nicht-internationalen bewaffneten Konflikten schützen im Prinzip nur Artikel 3 GA I-IV und das ZP II das Leben. Hier ist die Bedeutung von Artikel 2 EMRK weitaus größer als im internationalen bewaffneten Konflikt. Der EGMR hat in den Tschetschenien-Fällen und in Verfahren gegen die Türkei einen nicht-internationalen bewaffneten Konflikt angenommen und im Rahmen dessen die Verletzung von Artikel 2 EMRK geprüft[947]. Damit wird der Bedarf auf den Rückgriff menschenrechtlicher Standards im nicht-internationalen bewaffneten Konflikt deutlich. Die Anforderungen an die Planung und Organisation von tödlichen

943 *Krieger*, in: Krieger, Berliner Online-Beiträge zum Völker- und Verfassungsrecht Nr. 2/2010, S. 19.

944 *Krieger*, in: Krieger, Berliner Online-Beiträge zum Völker- und Verfassungsrecht Nr. 2/2010, S. 21.

945 *Krieger*, in: Krieger, Berliner Online-Beiträge zum Völker- und Verfassungsrecht Nr. 2/2010, S. 3.

946 So auch *Krieger*, in: Krieger, Berliner Online-Beiträge zum Völker- und Verfassungsrecht Nr. 2/2010, S. 3.

947 So in EGMR, Urt. v. 24.02.2005, Nrn. 57947/00, 57948/00 und 57949/00, *Isayeva* u. a./Russland und EGMR, Urt. v. 28.07.1998, Nr. 66/1997/850/1057, *Ergi*/Türkei.

Einsätzen sind im humanitären Völkerrecht geringer als bei Artikel 2 EMRK, für den der EGMR strenge Kriterien gesetzt hat[948]. Im nicht-internationalen bewaffneten Konflikt wie in Afghanistan, sind diese Anforderungen im Lichte des humanitären Völkerrechts anzuwenden, auch wenn sich die oben gefundenen Anforderungen nicht hundertprozentig auf die Situation in Afghanistan übertragen lassen[949]. Dasselbe gilt für die Untersuchungspflicht im Nachgang eines tödlichen Einsatzes[950]. Das bedeutet, dass die Anforderungen die der EGMR in seiner Rechtsprechungspraxis erarbeitet hat grundsätzlich Anwendung im nicht-internationalen bewaffneten Konflikt in Afghanistan finden, jedoch die Maßstäbe des humanitären Völkerrechts wie das Vorliegen oder Nichtvorliegen eines bewaffneten Konflikts, die Bestimmung des Kombattanten- oder Zivilistenstatus und die Verhältnismäßigkeit im Sinne eines komplementären Verständnisses herangezogen werden müssen. Diese Vorgehensweise bringt das Bedürfnis nach menschenrechtlichen Schutz und den Besonderheiten des bewaffneten Konflikts am besten in Einklang.

948 Vgl. oben 4. Kap. C II. 2.c).

949 *Schmidt-Radefeldt*, HuV-I 4/2005, 245, 252 spricht von einem „vergleichsweise abgemilderten Maßstab".

950 Vgl. dazu oben 4. Kap. C II. 3.

8. Kapitel: Zusammenfassung der Ergebnisse und Fazit

A. Zusammenfassung der Ergebnisse

Im Raum des Europarates stellen regional agierende terroristische Gruppen seit Jahrzehnten eine Herausforderung für die Innenpolitik und die Justiz der betroffenen Konventionsstaaten dar. Der 11. September 2001 stellt jedoch einen Wendepunkt im Bewusstsein der terroristischen Bedrohung in der (westlichen) Gesellschaft dar, das sich mit dem Einzug des radikal-islamistischen Terrorismus in Europa durch die Anschläge in Madrid im Jahr 2004, den Attentaten in London 2005 und jüngst in Paris noch verfestigt hat. Gehen Staaten gegen Terrorismus vor, entsteht schnell ein Spannungsverhältnis zwischen der effektiven Bekämpfung des Terrorismus und der Einhaltung der Werte einer gerechten und freien Gesellschaft, deren Regierung die Grundrechte jedes Einzelnen respektieren muss. Deshalb müssen klare rechtliche Vorgaben gelten, an die sich von Terrorismus betroffene Staaten halten können. Der hohe Wert der Menschenrechte und die Errungenschaft ihrer Geltung und Durchsetzung, zu der auch die Kodifizierung der EMRK zählt, dürfen dabei keinesfalls vergessen und übergangen werden. Artikel 2 EMRK schützt das Recht auf Leben und stellt den Konventionsstaaten Instrumente zur Verfügung, die eine Balance zwischen effektiver Terrorismusbekämpfung und der Achtung eines in seiner Bedeutung essentiellen Menschenrechts gewährleisten. Gerade diese Norm spielt in dem beschriebenen Spannungsverhältnis eine besondere Rolle, weil sie die Konventionsstaaten dazu verpflichtet das Leben zu schützen und gleichzeitig eine tödliche Gewaltanwendung durch den Staat im Grundsatz verbietet.

Terrorismus - Begriffsdefinition

1. Unter dem Begriff Terrorismus, ist (1.) der Vorsatz zur Begehung einer rechtswidrigen Tötung oder schweren Körperverletzung als Mittel der Gewalt zu verstehen, (2.) welcher sich gegen die zivile Allgemeinheit richtet und (3.) das mit der Gewaltanwendung einhergehende politische Ziel der Einschüchterung des Gegners und der Bevölkerung, (4.) zur Umwälzung der bestehenden (gesellschaftlichen) Verhältnisse bezweckt.
2. Nachdem im Raum des Europarats lange Zeit ein nationalistisch-separatistischer Terrorismus der *IRA*, *ETA* und *PKK* dominierte, ist seit etwas über einem

Jahrzehnt daneben ein ideologisch-religiöser Terrorismus in Erscheinung getreten. Diese Entwicklung manifestiert sich vor allem durch den radikal-islamistischen Terrorismus, der zum einen durch transnationale Terrororganisation wie *Al-Qaida* und *IS* und zum anderen durch eine „Islamisierung" des Nordkaukasus-Konflikts zum Ausdruck kommt.

3. Die als „neu" empfundene Bedrohung durch den Terrorismus basiert auf der internationalen Vernetzung der Täter und ihrer transnationalen Ausrichtung („Globalisierung des Terrorismus"). Zudem birgt der „neue" Terrorismus in Ansehung der hohen Opferzahlen, der Selbstopferung der Täter und der Erzeugung extremer Schockmomente ein vorher unbekanntes Ausmaß an Rücksichtslosigkeit und Zerstörung.

Bedeutung, Auslegung und Geltungsbereich von Artikel 2 EMRK

1. Als Grundpfeiler jedes Rechtsstaats kommt dem Recht auf Leben eine fundamentale Bedeutung zu, da es Voraussetzung für die Ausübung aller anderen Menschenrechte ist. In der EMRK wird der hervorgehobenen Bedeutung durch seine systematische Stellung in Artikel 2 EMRK Rechnung getragen.
2. Artikel 2 EMRK hat in allen Konventionsstaaten unmittelbare Wirkung, der Rang der Vorschrift im nationalen Recht der Konventionsstaaten ist jedoch unterschiedlich ausgestaltet und lässt sich in drei Gruppen aufteilen: Staaten in denen Artikel 2 EMRK Teil der nationalen Verfassung ist, Staaten in denen die Norm im Rang zwischen der Verfassung und einfachen Gesetzen steht sowie Staaten in denen Artikel 2 EMRK einfaches Recht darstellt, wie in Deutschland.
3. Angesichts der Internationalisierung terroristischer Aktivitäten und deren Bekämpfung ist die Frage nach dem räumlichen Geltungsbereich von Artikel 2 EMRK von besonderem Interesse. Der räumliche Geltungsbereich der Konventionsrechte ist grundsätzlich auf das eigene Staatsgebiet beschränkt, da der Begriff der Hoheitsgewalt in Artikel 1 EMRK prinzipiell einem territorialen Verständnis unterliegt. Artikel 2 EMRK entfaltet aber ausnahmsweise auch extraterritoriale Wirkung. Dies ist zunächst der Fall, wenn ein Konventionsstaat einen Rechtsakt setzt, dessen Wirkung sich außerhalb des eigenen Territoriums entfaltet, wie im Falle einer Abschiebung oder Auslieferung mit drohender konventionswidriger Tötung des Betroffenen. Darüber hinaus können die Konventionsstaaten auch außerhalb ihres Territoriums Hoheitsgewalt ausüben. Innerhalb der *espace juridique* der EMRK ist dies anzunehmen, wenn ein Konventionsstaat eine effektive Kontrolle über das jeweilige Gebiet ausübt. Außerhalb der *espace juridique* verlangt der EGMR eine strengere

tatsächliche Kontrolle aufgrund militärischer Besetzung oder Einwilligung durch die jeweilige Regierung, die zur Vornahme von Maßnahmen, die vergleichbar mit derer einer Regierung sind, befugt. Dabei ist es ausreichend, wenn die Hoheitsgewalt nur punktuell besteht, beispielsweise wenn sie sich lediglich auf bestimmte Personen oder ein bestimmtes Gebiet erstreckt.

Umfang und Grenzen der sich aus Artikel 2 EMRK ergebenden Rechte

1. Artikel 2 EMRK schützt das Recht auf Leben. Das Recht auf Leben in Artikel 2 EMRK ist primär als Abwehrrecht gegen den Staat konzipiert. Wegen der staatlichen Verpflichtung kein Leben zu nehmen, ist der Staat grundsätzlich gesetzlich dazu verpflichtet, auch das Leben terroristischer Täter zu achten. Auch mutmaßliche Terroristen sind Grundrechtsberechtigte. Der maximale Schutz der Bevölkerung darf daher nicht zu einer Missachtung des Rechts auf Leben (mutmaßlicher) terroristischer Täter führen.
2. Artikel 2 Absatz 1 Satz 1 EMRK begründet neben einem Abwehrrecht die Pflicht der Konventionsstaaten, seine Bürger zu schützen. Der Staat muss als Garant des Rechts auf Leben bei der Terrorismusbekämpfung Eingriffe Dritter in den Schutzbereich abwehren. Der EGMR hat – auch im Lichte der Terrorismusbekämpfung – aus dieser allgemeinen Schutzpflicht legislative, exekutive und organisatorische Schutzpflichten hergeleitet, die sich nicht unmittelbar aus dem Wortlaut von Artikel 2 Absatz 1 Satz 1 EMRK ergeben: (1.) einen primären Schutz durch gesetzliche Ge- und Verbote, (2.) deren (präventiv-polizeiliche) Durchsetzung als sekundären Schutz und (3.) eine Pflicht zu effektiven Untersuchungen und zur Aufklärung bei erfolglosem oder unterlassenem Schutz.

a) Der Staat ist dazu verpflichtet, terroristische Akte, die (zumindest bedingt) vorsätzlich zum Tod von Menschen führen, aufgrund der Schwere der Tat zu sanktionieren.

b) Bei der Erfüllung der präventiven Schutzpflicht dürfen den Konventionsstaaten nicht zu weit reichende Maßnahmen aufgebürdet werden. Eine Verpflichtung, Schutzmaßnahmen für einzelne Personen zu treffen, besteht allerdings bei inhaftierten Personen, da sich diese in Staatsgewahrsam und mithin in einer besonders verletzlichen Lage befinden. Zudem kann eine präventive Schutzpflicht begründet sein, wenn der Staat Kenntnis von einer unmittelbaren und ernsthaften Gefahr für den Betroffenen hat – beispielsweise geplante terroristische Anschläge – und die Möglichkeit bestünde, eine Tötung zu verhindern.

c) Anhand von Fällen der Terrorismusbekämpfung hat der EGMR aus der präventiven Schutzpflicht des Staates eine staatliche Organisationspflicht abgeleitet. Im Fall *McCann* beanstandete der Gerichtshof erstmals die mangelnde Sorgfalt der verantwortlichen Staatsorgane bei der Organisation, Planung, Beurteilung und Bewertung einer antiterroristischen Maßnahme. Zum einen verletzte die zweifelsfreie Annahme eines „worst-case-scenarios" sowie die mangelhafte Sachverhaltsaufklärung im Vorgang die Organisationspflicht aus Artikel 2 EMRK. Zum anderen widersprach der massive Einsatz von Schusswaffen den Instruktionen die gewöhnlich für Staatsorgane gelten. Der präventive Schutz der Bevölkerung darf nicht in dem Sinne maximal sein, dass er zwar jedes Risiko für die Bevölkerung beseitigt, aber zwingend zur Verletzung des Rechts auf Leben der Verdächtigen führt. Nicht erst die tatsächliche Gewaltanwendung unterliegt den Anforderungen von Artikel 2 EMRK, sondern bereits die Vorbereitung der antiterroristischen Maßnahmen. Diese Entscheidung stellt eine Abkehr von der bisherigen Rechtsprechung der EKMR und des EGMR dar, weil die Frage nach einer korrekten Bewertung der Lage und der Organisation der Maßnahmen bis dahin nicht Gegenstand rechtlicher Überprüfungen war.

Im Fall *Ergi* erweiterte der Gerichtshof den Umfang der staatlichen Sorgfaltspflichten sogar auf den Schutz vor Exzessen Dritter. Die Risiken die von Dritten ausgehen, müssen bei der Organisation einer antiterroristischen Maßnahme mit in Betracht gezogen werden.

Weitere wichtige Ausführungen zu den staatlichen Organisationspflichten machte der Gerichtshof in Urteilen gegen Russland. Der Einsatz von ausgerüsteten Kampfflugzeugen in einem Wohngebiet ohne vorherige Evakuierung der Zivilbevölkerung, ist wegen der unüberblickbaren Gefahren für die Zivilisten nicht mit Artikel 2 EMRK vereinbar. Im Fall der Moskauer Geiselbefreiung aus dem Moskauer Dubrowka-Theater nahm der Gerichtshof eine Schutzpflichtverletzung an, weil der Informationsaustausch und die Koordinierung zwischen den beteiligten Stellen unzureichend war und bei der Wahl der Mittel der Sicherheitsoperation nicht alle Vorsichtsmaßnahmen zur Vermeidung von Todesfällen unter den Geiseln ergriffen wurden.

d) Der Gerichtshof hat aus der positiven Schutzpflicht zum Schutz des Lebens eine prozedurale Verpflichtung des Staates, die Umstände von Todesfällen aufzuklären, entwickelt. Die Untersuchungs- und Aufklärungspflicht leitet sich aus Artikel 2 in Verbindung mit Artikel 1 EMRK ab. Ein Tötungsverbot ist ineffektiv, wenn kein Verfahren zur Überprüfung der Rechtmäßigkeit tödlicher Gewaltanwendung besteht, zumal in Fällen von Tötungen durch Staatsorgane der genaue Geschehensablauf häufig nur den beteiligten

Behörden bekannt ist. Der EGMR hat gewisse Mindeststandards herausgearbeitet, welche die Effektivität der Ermittlungen sicherstellen sollen: (1.) die Ermittlungen müssen von Amts wegen aufgenommen werden, (2.) diese Ermittlungen müssen geeignet sein die Tatumstände festzustellen sowie die Verantwortlichen ggf. zu bestrafen und (3.) sie müssen unverzüglich, umfassend, unvoreingenommen und gründlich durchgeführt werden. Es reicht nicht aus den Angehörigen lediglich zivilrechtliche Mittel zur Verfügung zu stellen. Beweise müssen gesichert werden und die ermittelnden Behörden müssen institutionell und tatsächlich von den Organen unabhängig sein, die (mutmaßlich) an den Tötungen beteiligt waren. Wurde tödliche Gewalt auf Basis der bloßen Annahme eingesetzt, es habe sich um Terroristen gehandelt, ist dies *post mortem* von den staatlichen Stellen zu beweisen.

In Urteilen gegen die Türkei und Russland hat der EGMR die Verpflichtung zu effektiven Untersuchungen und zur Aufklärung von Todesfällen dahingehend erweitert, dass diese Pflicht auch dann besteht, wenn gar nicht feststeht, ob die Tötung durch staatliche Organe oder durch Private vorgenommen wurde. Wichtig ist, dass die mangelhafte Untersuchung und Aufklärung der Todesumstände für sich genommen bereits eine Verletzung von Artikel 2 EMRK darstellt, selbst wenn die genauen Umstände nicht nachgewiesen werden können. Dies ist begrüßenswert, da Artikel 2 EMRK so eine größtmögliche Wirkung entfalten kann und hierdurch eine erhebliche Stärkung des grundrechtlichen Lebensschutzes erreicht wird. Die Untersuchungspflicht stellt allerdings lediglich eine Bemühenspflicht und keine Erfolgspflicht dar.

Die mangelhafte Aufklärungsarbeit, insbesondere der türkischen Behörden, wurde vom EGMR wiederholt kritisiert. Er hat deutlich gemacht, dass weder das relativ häufige Auftreten bewaffneter Kämpfe noch eine hohe Zahl von Todesopfern den Staat von seiner Untersuchungspflicht befreien können. Dies scheint das Ende der bisherigen Rechtsprechung zu sein, die durch eine besondere Rücksichtnahme auf die speziellen Probleme der Terrorismusbekämpfung geprägt war. Der EGMR sendet ein deutliches Signal an die Konventionsstaaten, auch im Rahmen der Terrorismusbekämpfung die Konventionsrechte zu achten und sich nicht von ihren rechtsstaatlichen Verpflichtungen zu lösen.

Durch die Anerkennung der Organisations- und Untersuchungspflichten sowohl auf die Vorbereitungshandlungen als auch auf die postmortale Zeit hat der EGMR in seiner Rechtsprechung die zeitliche Komponente von Artikel 2 EMRK ausgedehnt.

3. Bei der Beurteilung der so genannten „Disappearance-Fälle“ besteht eine gesteigerte Verantwortung des Staates für inhaftierte Personen, die aus der besonders verletzlichen Lage der Gefangenen resultiert, möglichen Lebensgefährdungen nicht ausweichen zu können. Ist eine Verletzung von Artikel 2 EMRK nicht eindeutig, weil es den Angehörigen nicht möglich ist, den Tod der Person zuverlässig festzustellen, kommt es für die Vermutung des Todes der Person entscheidend auf den Zeitraum an der vergangen ist, seitdem die Person verschwunden ist. Umso länger der Zeitraum seit dem Verschwinden ist, umso wahrscheinlicher ist die Annahme des Todes der betroffenen Person.

Bei inhaftierten Personen besteht eine Dokumentationspflicht des Staates. Es müssen Aufzeichnungen über die Behandlung einer Person in Haft sowie über die Umstände die zum Tod der Person geführt haben angefertigt werden. Findet eine solche Dokumentation nicht statt, kann bereits darin eine Verletzung von Artikel 2 EMRK erkannt werden.

4. Zur Feststellung, ob eine Schutzpflicht nach Artikel 2 EMRK verletzt wurde, hat der Gerichtshof eine Beweislastumkehr zu Gunsten der Beschwerdeführer entwickelt, da die Konventionsstaaten bei der Überlieferung von Beweisen teilweise nicht kooperiert haben und der Gerichtshof keine eigenen Ermittlungen anstellen konnte. Gelingt den Beschwerdeführern die Erbringung eines Anscheinsbeweises für die staatliche Verantwortung an einer Tötung geht die Beweislast auf die jeweilige Regierung über. Diese Erschwernis für die Konventionsstaaten, sich der Feststellung einer Verletzung von Artikel 2 EMRK zu entziehen, zeugt von einer positiven Entwicklung des Niveaus des Menschenrechtsschutzes. Der EGMR zeigt sich angesichts der Kooperationsunwilligkeit von Staaten wie der Türkei oder Russland nicht hilflos, sondern entwickelt Rechtsinstrumente, die der Wahrung und Durchsetzung des Lebensschutzes dienen. Einmal mehr bezeugt diese Rechtsprechung die Abkehr vom Verständnis für von Terrorismus betroffene Staaten hin zur Betonung, dass das Gewicht des Rechts auf Leben für alle Konventionsstaaten gleich schwer wiegt.
5. Die Adressaten der Schutzpflicht aus Artikel 2 EMRK sind ausschließlich die Konventionsstaaten. Eine unmittelbare Drittwirkung von Artikel 2 EMRK ist ausdrücklich abzulehnen, da sie sich weder aus einer der anerkannten Auslegungsmethoden noch aus der Rechtsprechung des Gerichtshofes ergibt. Rechtsverletzungen durch private Dritte werden über die Konstruktion der Schutzpflichten erfasst.
6. Der rechtspolitische Gestaltungsspielraum („margin of appreciation“) verleiht den Konventionsstaaten eine Einschätzungsprärogative bei der Abwägung zwischen effektiver Terrorismusbekämpfung und dem Schutz des Lebens.

Die Konventionsstaaten müssen eine eigene Strategie erarbeiten dürfen, wie sie konkret gegen terroristische Taten vorgehen bzw. sie verhindern wollen. Dieser Gestaltungsspielraum wird jedoch durch die vom EGMR herausgearbeiteten Verpflichtungen eingeschränkt, um einen gemeinsamen europäischen Schutzstandard als Mindestanforderung zu etablieren. Die vom EGMR entwickelten Schutzpflichten einerseits und der Grundsatz der „margin of appreciation" andererseits balancieren einen Mittelweg zwischen staatlicher Souveränität bei der Bewertung und Bekämpfung von Terrorismus und einer Kontrolle aus Straßburg aus.

Der Eingriff in das Recht auf Leben

1. Ein klassischer Eingriff in das Recht auf Leben liegt bei einer tödlichen Gewaltanwendung durch staatliche Organe vor. Ein Eingriff in Artikel 2 EMRK ist auch dann gegeben, wenn der Grundrechtsberechtigte in eine staatliche Tötung einwilligt. Damit ist ein Eingriff beispielsweise zu bejahen, wenn trotz (mutmaßlicher) Einwilligung der Flugzeugpassagiere ein Flugzeug zur Vermeidung größerer Schäden durch Staatsorgane beschossen wird. Artikel 2 EMRK kann kein Recht auf Selbstbestimmung in dem Sinne entnommen werden, dass eine Person den Tod an Stelle des Lebens wählen kann.
2. Auch eine unbeabsichtigte Tötung stellt einen Eingriff in Artikel 2 EMRK dar. Dies ergibt sich aus dem Sinn und Zweck der Schranken nach Artikel 2 Absatz 2 Buchstaben b und c EMRK, die praktisch keinen Anwendungsbereich mehr hätten, würde man die Eingriffsqualität einer unbeabsichtigten Tötung verneinen.
3. Die Eingriffsschwelle muss bei einer bloßen Lebensgefährdung ausnahmsweise vorverlagert werden, wenn die zu beurteilende Handlung in typischer und vorhersehbarer Weise zu einer Lebensgefährdung führt. Dabei spielen die Wahrscheinlichkeit und die Schwere des drohenden Schadens eine bedeutende Rolle.
4. Bereits die Abschiebung oder Auslieferung einer Person in ein Zielland in dem die Gefahr einer konventionswidrigen Tötung droht, stellt einen Eingriff in Artikel 2 in Verbindung mit Artikel 3 EMRK dar. Damit sind auch mittelbare Eingriffe anerkannt, in denen der jeweilige Konventionsstaat die Rechtsgutverletzung erst möglich macht und den Betroffenen einer rechtlich relevanten Gefährdungssituation aussetzt, deren konkrete Entwicklung sich dem Konventionsstaat entzieht.

Die Schrankendogmatik von Artikel 2 EMRK

1. Die gezielte Tötung eines Terroristen durch Staatsorgane zur Gefahrenabwehr (so genannter finaler Rettungsschuss) ist unter den Voraussetzungen von Artikel 2 Absatz 2 Buchstabe a EMRK als letztes, unbedingt erforderliches Mittel bei unmittelbarer Lebensbedrohung und Fehlen alternativer Handlungsmöglichkeiten zulässig. Das Recht auf Leben Unschuldiger genießt Vorrang vor dem Recht auf Leben rechtswidrig handelnder Angreifer. Hieraus folgt, dass der Abschuss eines ausschließlich mit gewaltbereiten Terroristen besetztes Flugzeug nach Artikel 2 Absatz 1 Buchstabe a EMRK gestattet sein kann.
2. Die tödliche Gewaltanwendung durch Staatsorgane zur Verhinderung einer terroristischen Straftat kann nicht nach Artikel 2 Absatz 2 Buchstabe b EMRK gerechtfertigt sein. Weil eine Festnahmeabsicht eine Tötungsabsicht ausschließt, erfasst die Vorschrift nur unbeabsichtigte Tötungen. Eine entgegenstehende Auffassung mit Blick auf die besondere Lage der Staatsorgane bei der Terrorismusbekämpfung widerspräche dem engen Auslegungsverständnis und würde ein Ungleichgewicht der Anforderungen an rechtmäßige Tötungen innerhalb des europäischen Rechtsraums verursachen.
3. Zentrale Kriterien für die Beurteilung der Rechtfertigung eines Eingriffs in das Schutzgut Leben sind die absolute Erforderlichkeit und die Verhältnismäßigkeit der tödlichen Gewaltanwendung. Wegen der Irreversibilität eines Eingriffs in das Recht auf Leben kann die Tötung eines Terroristen nur als *ultima ratio* gerechtfertigt sein. Bei der Bewertung der Situation müssen der Grad der Gefährlichkeit der terroristischen Täter und der von Ihnen geplanten Tat sowie alle Begleitumstände berücksichtigt werden. Hierzu gehören die Planung und Organisation der Anti-Terror-Maßnahme sowie die Ausbildung der staatlichen Sicherheitskräfte. Das Risiko einer Eskalation in von Terrorismus betroffenen Gebieten, muss in die Erforderlichkeitsprüfung miteinfließen und darf die Konventionsstaaten nicht von ihren konventionsrechtlichen Pflichten entbinden.

Die strengen Voraussetzungen der unbedingten Erforderlichkeit einer tödlichen Gewaltanwendung zur Rechtfertigung einer Tötung, ermöglichen dem Staat einerseits bei Bedarf gegen Terroristen, notfalls durch Tötung, einzugreifen, andererseits stellen sie eine Schwelle dar, die hoch genug ist, um willkürliche Tötungen zu verhindern, so dass der besonderen Bedeutung des Rechts auf Leben Rechnung getragen wird.

4. Die Erforderlichkeit einer tödlichen Gewaltanwendung bei Vorliegen einer (bloßen) Anscheinsgefahr ist nur dann zu bejahen, wenn die Einschätzung

der Lage auf dem aufrichtigen Glauben der Staatsorgane an eine tatsächliche Gefahr beruht und die Annahme einer konkreten Gefahr begründet ist, weil alle zur Verfügung stehenden Informationen genutzt wurden. Dies war beispielsweise im Fall *Menezes* nicht gegeben, weil die Londoner Polizei die verdächtige Person nicht zweifelsfrei identifiziert hatte bevor sie Todesschüsse abgab.

5. Die Einordnung von Artikel 2 EMRK als Abwehrrecht einerseits und als schutzpflichtbegründend andererseits kann auf den ersten Blick zu einem rechtsstaatlichen Dilemma für die verantwortlichen Staatsorgane bei der Terrorismusbekämpfung führen. Zum einen müssen sie das Leben der terroristischen Täter achten, zum anderen sind sie dazu verpflichtet, potenzielle Opfer zu schützen. Besonders anschaulich wird dieses Dilemma bei Maßnahmen gegen von Terroristen entführte Flugzeuge, die wie bei den Attentaten am 11. September 2001 als Waffe benutzt werden sollen. Denn beim Einsatz staatlicher Waffengewalt gegen das Flugzeug (mögliche Verletzung des Abwehrrechts) kann es zur massenhaften Tötung unbeteiligter Passagiere kommen. Jedoch besteht bei Nichteinschreiten der Staatsorgane die Gefahr der Tötung einer noch größeren Anzahl unschuldiger Bürger (mögliche Verletzung der staatlichen Schutzpflicht). Die Lösung dieses Konflikts findet sich nicht in der Annahme der Vorrangigkeit einer der beiden Grundrechtsfunktionen, da diese nach hier vertretener Ansicht gleich zu gewichten sind und nicht in einem Hierarchieverhältnis zueinander stehen. Vielmehr kommt es bei Kollisionen zwischen den Grundrechtsfunktionen auf den jeweiligen Einzelfall bei präziser Anwendung der Schrankendogmatik von Artikel 2 EMRK an. Befinden sich ausschließlich gewaltbereite Terroristen an Bord des Flugzeugs, die nach wiederholter Aufforderung nicht von ihrem Plan ablassen, das Flugzeug als Waffe einzusetzen, greift der Rechtfertigungsgrund nach Artikel 2 Absatz 2 Buchstabe a EMRK. Der Eingriff ist als *ultima ratio* unbedingt erforderlich, um unbeteiligte Personen am Boden vor rechtswidriger Gewalt zu schützen. In diesem Fall setzt sich die Schutzpflicht des Staates gegenüber dem Abwehrrecht durch. Umgekehrt setzt sich das Abwehrrecht gegen den Staat durch, wenn sich an Bord der entführten Maschine unbeteiligte Passagiere befinden, da von ihnen keine unmittelbare Gewalt ausgeht und damit kein Rechtfertigungsgrund nach Artikel 2 Abs. 2 Buchstabe a EMRK vorliegt. Ein Rückgriff auf eine übergreifende Legitimationsebene verbietet sich – auch und gerade bei Terrorismusbekämpfungsmaßnahmen -, da jede staatliche Gewalt sich an diesem Normensystem messen lassen muss, weil es sonst wertlos wird und ein menschenrechtsfreier Bereich geschaffen würde. Hier

kommen die Konventionsstaaten an die Grenzen einer rechtlich zulässigen Lösung.

6. Nur im Falle von rechtmäßigen, das heißt völkerrechtlich gedeckten, Kriegshandlungen können die Konventionsstaaten Artikel 2 EMRK derogieren. Unter einer Derogation ist die Außerkraftsetzung des Konventionsrechts zu verstehen. Dabei müssen sowohl das *ius ad bellum* als das *ius in bellum* eingehalten werden.
7. Immanente Schranken des Lebensrechts, die über die Schrankenvorbehalte hinausgehen, werden nicht eingeräumt.

Das Recht auf Leben und Terrorismusbekämpfung in Auslandseinsätzen am Beispiel des Afghanistan-Konflikts

1. Die Bedeutung der bewaffneten Konflikte zur Verfolgung und Bekämpfung von Terrorismus, sei es der Konflikt zwischen der Türkei und der *PKK* im Nordirak oder der Einsatz internationaler Truppen in Afghanistan, ist gestiegen. Der Einsatz der Bundeswehr in Afghanistan bezweckte nach Angaben der Bundesregierung die Verfolgung der Terroristen vom 11. September 2001. Anlässlich dieser Entwicklung und möglichen zukünftigen Auslandseinsätzen der Konventionsstaaten zur Terrorismusbekämpfung stellt sich die Frage, welche Rolle das Recht auf Leben der Terroristen im bewaffneten Konflikt einnimmt und welcher Schutz der Zivilbevölkerung zu gewähren ist.
2. Bis zum Sturz des *Taliban*-Regimes im Sommer 2002 war der Afghanistan-Konflikt als ein internationaler bewaffneter Konflikt zu qualifizieren. Zwar waren die Feindseligkeiten auf das afghanische Staatsgebiet beschränkt, jedoch kämpften die *Taliban*-Regierung auf der einen und die internationalen Bündnispartner auf der anderen Seite. Damit finden auf Handlungen in diesem Zeitraum die völkerrechtlichen Regelungen des IV. Genfer Abkommens mit I. Zusatzprotokoll sowie die Haager Landkriegskonvention Anwendung.
3. Seit der Einsetzung der *Karzai*-Regierung war der Konflikt als nicht-internationaler Konflikt einzuordnen, denn es wurde nicht mehr gegen die Truppen einer amtierenden Regierung gekämpft, sondern gegen nichtstaatliche Milizen der *Taliban* und *Al-Qaida*. Die Intensitätsschwelle zum bewaffneten Konflikt war weiterhin erreicht, da die internationalen Streitkräfte aufgrund der Fortdauer und Qualität der Kampfhandlungen gezwungen waren, militärische Operationen durchzuführen und sich nicht mit bloßer Polizeigewalt zur Wehr setzen konnten. Dabei weisen die *Taliban* und *Al-Qaida* den erforderlichen Grad an Organisation auf, weil sie ohne

Völkerrechtssubjekt zu sein, eine hierarchisch organisierte Einheit darstellen, die in der Lage ist, systematische militärische Operationen durchzuführen. Im nicht-internationalen bewaffneten Konflikt sichern die Artikel 3 der I.-IV. Genfer Abkommen einen Mindeststandard, wonach ein Angriff auf das Leben von Zivilisten untersagt ist. Gemäß Artikel 13 des II. Zusatzprotokolls sind jegliche Angriffe auf Zivilisten verboten, solange sie nicht an den Feindseligkeiten teilnehmen.

4. Die völkerrechtliche Einordnung der terroristischen Kämpfer als Zivilisten oder Kombattanten bzw. als an den Feindseligkeiten teilnehmende Personen ist bedeutend für die Frage, welche Mittel gegen Terroristen im bewaffneten Konflikt angewendet werden dürfen. Die *Taliban*-Kämpfer, waren bis zum Zeitpunkt ihres Sturzes eindeutig als Kombattanten zu qualifizieren, weil sie zu diesem Zeitpunkt Mitglieder der Streitkräfte einer am Konflikt beteiligten Partei waren. Dies gilt auch für die *Al-Qaida*-Kämpfer, die an der Seite der *Taliban* als Milizen der Streitkräfte eingegliedert waren.
5. Im bewaffneten Konflikt sind Kombattanten zum Schutze der Zivilbevölkerung dazu verpflichtet, sich von Zivilisten zu unterscheiden. Umgekehrt sind die Kriegsparteien dazu verpflichtet, zwischen militärischen und zivilen Zielen zu unterscheiden (Gebot der Unterscheidbarkeit). Bei Vorliegen eines so genannten asymmetrischen Konflikts zwischen offiziellen Streitkräften und nicht-staatlichen Konfliktparteien führt die Anwendung des Unterscheidbarkeitsgebots augenscheinlich zu einer Privilegierung der Terroristen, weil sich nur die staatlichen Parteien an das strenge humanitäre Völkerrecht halten müssen. Die nicht-staatlichen Akteure entziehen sich diesen Regeln hingegen dadurch, dass sie sich nicht als Kombattanten zu erkennen geben, sondern aus dem Hinterhalt agieren und ihre Waffen und Uniformen nicht offen tragen. Zum Schutz der Zivilbevölkerung sollte trotzdem an dem Gebot der Unterscheidbarkeit festgehalten werden, so dass die *Taliban*- und *Al-Qaida*-Kämpfer im nicht-internationalen Konflikt grundsätzlich als Zivilisten zu behandeln sind. Nichtsdestotrotz werden sie nach Artikel 13 ZP II zum legitimen Ziel militärischer Angriffe, sobald und solange sie unmittelbar an den Feindseligkeiten teilnehmen, das heißt wenn ihre Handlungen sich nachteilig auf die militärischen Operationen der gegnerischen Konfliktpartei auswirken oder sie geschützte Objekte oder Personen beschädigen. Um die Annahme eines *de facto*-Kombattantenstatus zu vermeiden, sind die *Taliban*- und *Al-Qaida*-Kämpfer, sobald sie wieder in ihr ziviles Leben eintreten, wieder als Zivilisten zu behandeln (so genannter Einzelaktsansatz).

6. Zwar fand der Einsatz der Konventionsstaaten in Afghanistan außerhalb der *espace juridique* des Europarates statt, jedoch war Artikel 2 EMRK ausnahmsweise anwendbar. Dies galt zunächst für einzelne Personen die sich in der Gewalt der Konventionsstaaten befanden (punktuelle Kontrolle). Seit Etablierung der *Karzai*-Regierung befanden sich die internationalen Truppen mit Einwilligung der Regierung in Afghanistan, so dass nach der Rechtsprechung des EGMR eine effektive Kontrolle begründet war, auch wenn die Streitkräfte nur teilweise hoheitliche Gewalt ausübten. Die Ausübung einiger hoheitlicher Befugnisse, die normalerweise von der Regierung wahrgenommen werden, ist ausreichend um eine (punktuelle) Hoheitsgewalt im Sinne von Artikel 1 EMRK anzunehmen.
7. Ob Handlungen von Streitkräften in Anti-Terrorismus-Einsätzen die unter einem internationalen Mandat erfolgen, den Konventionsstaaten oder einer internationalen Organisation, wie den VN oder der NATO, zuzurechnen sind, hängt davon ab, in wessen Organisationsstruktur diese effektiv eingebunden sind. Die Handlungen der Konventionsstaaten im Rahmen des ISAF-Mandats und der *Operation Enduring Freedom* in Afghanistan waren den konventionsstaatlichen Streitkräften unmittelbar zurechenbar, weil diese trotz Autorisierung durch den VN-Sicherheitsrat und die NATO direkt den jeweils befehlsführenden (Konventions-)Staaten unterstanden.
8. Artikel 2 EMRK fand im Afghanistan-Konflikt trotz der Einschlägigkeit des humanitären Völkerrechts Anwendung. Das humanitäre Völkerrecht und die internationalen Menschenrechte sind zwar voneinander getrennte Rechtsgebiete, finden aber parallel Anwendung und ergänzen sich gegenseitig. Wegen der unterschiedlichen und voneinander unabhängigen historischen Entwicklung ist eine Verschmelzung beider Regelungskomplexe abzulehnen. Die Regelung in Artikel 15 Absatz 2 EMRK wäre jedoch überflüssig, würde man von einem automatischen Wegfall der Verpflichtungen aus Artikel 2 EMRK im bewaffneten Konflikt ausgehen. Die Präambel des ZP II GA sowie Artikel 1 Absatz 2 ZP I GA, wonach internationale Menschenrechtsübereinkommen einen grundlegenden Schutz bieten bzw. andere internationale Abkommen auf derselben Ebene stehen wie das humanitäre Völkerrecht, sprechen für ein komplementaristisches Verständnis. Die Aufteilung in Friedens- und Kriegsrecht stellt angesichts des gemeinsamen humanitären Grundanliegens eine überholte Kategorisierung dar. Der völkerrechtliche Menschenrechtsschutz und das humanitäre Völkerrecht konvergieren inhaltlich und ergänzen sich im Sinne eines effektiven Schutzes des Rechts auf Leben. Die von Artikel 2 Absatz 1 Satz 1 EMRK normierten Schutzpflichten der Konventionsstaaten,

beispielsweise die Untersuchungs- und Aufklärungspflichten bei verschwundenen Personen, haben kein äquivalentes Gegenstück im humanitären Völkerrecht und erlangen im bewaffneten Konflikt deswegen wieder Bedeutung. Hier ist allerdings zu beachten, dass die Schutzpflichten zwar in Artikel 2 Absatz 1 Satz 1 EMRK kodifiziert sind, der EGMR diese aber in Friedenszeiten konkretisiert hat, so dass sie nicht Eins zu-Eins auf bewaffnete Konflikte übertragbar sind. Doch die konventionsstaatlichen Streitkräfte sind den Schutzpflichten insoweit verpflichtet, als dass sie tatsächliche Hoheitsgewalt im Sinne von Artikel 1 EMRK ausüben. Diese Überlegungen belegen das Ende der exklusiven Spezialität des *ius in bello* hin zu einer parallelen und sich gegenseitig ergänzenden Anwendung des humanitären Völkerrechts und der EMRK. Im Falle eines Widerspruchs empfiehlt es sich jedoch, dem humanitären Völkerrecht nach dem Grundsatz *lex specialis derogat legi generali* als speziellerem Recht Vorrang zu gewähren. Artikel 15 Absatz 2 EMRK, wonach ein Zurücktreten von Artikel 2 EMRK zugunsten der spezifischen Schutzvorschriften des Kriegsvölkerrechts im Rahmen von „rechtmäßigen Kriegshandlungen" erfolgen kann, macht deutlich, dass das humanitäre Völkerrecht insoweit Anwendungsvorrang genießt. Es bedarf für solche Fälle keiner ausdrücklichen Derogationserklärung der Konventionsstaaten. Die Rechtmäßigkeit einer tödlichen Gewaltanwendung nach humanitärem Völkerrecht kann keinen rechtswidrigen Eingriff in Artikel 2 EMRK darstellen. Wo der Schutz des humanitären Völkerrechts aufhört, setzt der Schutz von Artikel 2 EMRK ein. Gerade für nicht-internationale bewaffnete Konflikte mit ihrer geringen Regelungsdichte besteht ein Bedarf an Rückgriffen auf Artikel 2 EMRK. Dieses komplementaristische Verständnis von internationalen Menschenrechten und dem humanitären Völkerrecht wird durch die Rechtsprechung des EGMR bestätigt.

9. Für den Zeitraum in dem der Afghanistan-Konflikt als internationaler bewaffneter Konflikt zu qualifizieren war hat die Geltung der Normen des GA IV und des ZP I mit ihrer relativ hohen Regelungsdichte den Anwendungsbereich von Artikel 2 EMRK reduziert. Ein wichtiger Grundsatz ist das so genannte Perfidieverbot nach Artikel 37 ZP I GA, wonach Gegner nicht heimtückisch getötet werden dürfen, welches sowohl für die internationalen Truppen als auch für die *Taliban*- und *Al Qaida*-Kämpfer galt. Das bewusst gesetzte Vertrauen in eine völkerrechtliche Schutzlage darf hiernach nicht missbraucht werden. Hierzu zählt auch das Vortäuschen eines Nicht-Kombattantenstatus.

Im internationalen sowie im nicht-internationalen bewaffneten Konflikt gilt das Gebot der militärischen Notwendigkeit. Hiernach darf eine tödliche Gewaltanwendung nur zur Schwächung der militärischen Einsatzfähigkeit eingesetzt werden. Für nicht-militärische Zwecke wie die Strafverfolgung liegt keine militärische Notwendigkeit vor. Ist eine militärische Notwendigkeit abzulehnen, greift wieder Artikel 2 EMRK. Eine deutlich unterschiedliche Schutzrichtung im humanitären Völkerrecht und im Konventionsrecht hat der Grundsatz der Verhältnismäßigkeit. Bei der Anwendung von Artikel 2 EMRK ist stets abzuwägen, ob der Einsatz tödlicher Gewalt als *ultima ratio* verhältnismäßig zum Schutz des konkreten Rechtsguts ist. Geschützt wird also die Person gegen die tödliche Gewalt angewandt wird. Im humanitären Völkerrecht ist im Rahmen der Verhältnismäßigkeitsprüfung hingegen der militärische Vorteil und nicht der Schutz eines konkret bedrohten Rechtsguts mit dem Schutz der Zivilbevölkerung abzuwägen, so dass nicht die bekämpften Mitglieder der gegnerischen Konfliktpartei, sondern in erster Linie die Zivilbevölkerung geschützt wird. Der Maßstab der Verhältnismäßigkeitsprüfung ist bei der Prüfung einer Verletzung von Artikel 2 EMRK also aus Sicht des Betroffenen strenger.

Die Bedeutung von Artikel 2 EMRK ist für die Phase des nicht-internationalen Konfliktes weitaus größer, weil im Prinzip nur Artikel 3 GA I-IV und das ZP II das Leben schützen. Die Anforderungen an die Planung und Organisation von tödlichen Einsätzen sowie an eine nachträgliche Untersuchungspflicht sind im humanitären Völkerrecht geringer als bei Artikel 2 EMRK, für den der EGMR strenge Kriterien gesetzt hat. Im nicht-internationalen bewaffneten Konflikt in Afghanistan sind diese Anforderungen im Lichte des humanitären Völkerrechts anzuwenden. Das bedeutet, dass die Anforderungen, die der EGMR in seiner Rechtsprechungspraxis erarbeitet hat, grundsätzlich Anwendung im nicht-internationalen bewaffneten Konflikt in Afghanistan finden. Die Maßstäbe des humanitären Völkerrechts, wie die Klassifizierung als bewaffneter Konflikt, die Bestimmung des Kombattanten- oder Zivilistenstatus und die Verhältnismäßigkeit, müssen jedoch im Sinne eines komplementären Verständnisses herangezogen werden. Diese Vorgehensweise bringt das Bedürfnis nach menschenrechtlichem Schutz und den Besonderheiten des bewaffneten Konflikts am besten in Einklang.

B. Fazit

Das in der Einleitung beschriebene Spannungsverhältnis zwischen effektiver Terrorismusbekämpfung und der Einhaltung der Menschenrechte lässt sich anhand der Vorgaben von Artikel 2 EMRK an die Konventionsstaaten lösen. Die

Handlungsmöglichkeiten, die Artikel 2 EMRK den Staatsorganen der Konventionsstaaten zur Verfügung stellt, schaffen eine rechtsstaatliche Balance, die es möglich macht, wirkungsvoll terroristische Akte zu verhindern und im Nachgang zu verfolgen und gleichzeitig die menschenrechtlichen Standards der Konvention nicht zu unterschreiten. Hierzu hat insbesondere die Rechtsprechung des EGMR beigetragen, der immer wieder neue Instrumente aus der Norm entwickelt hat und sich dabei an die realen Gegebenheiten der heutigen Anforderungen der Terrorismusbekämpfung orientiert hat.

Die herausragende Bedeutung des Rechts auf Leben für jeden Rechtsstaat und seine Grundrechtsberechtigten erfordert eine Ausgewogenheit zwischen den ethischen Anforderungen dieses Grundrechts und den (aktuellen) Bedürfnissen der Konventionsstaaten bei der Bekämpfung von Terrorismus. Hierzu hat zunächst die Konkretisierung der staatlichen (insbesondere der sekundären) Schutzpflichten durch den EGMR maßgeblich beigetragen.

Der Gerichtshof hat die staatliche Schutzpflicht, die im Wortlaut von Artikel 2 Absatz 1 Satz 1 EMRK sehr allgemein formuliert ist im Sinne eines effektiven Schutzes des Lebens weiterentwickelt. Dabei ist der EGMR im Laufe der Zeit von seiner Rücksichtnahme auf von Terrorismus betroffene Staaten abgerückt und hat seinen Fokus zunehmend auf die Rechte der (mutmaßlichen) Terroristen und vor allem der unbeteiligten Zivilbevölkerung gelegt. Trotzdem steht den Konventionsstaaten bei der Umsetzung der durch Artikel 2 EMRK auferlegten Verpflichtungen weiterhin ein Beurteilungsspielraum zu. Der Staat muss und kann seinen Bürgern keinen bedingungslosen Schutz bieten, der ihn an die Grenzen seiner logistischen Kapazitäten führt, sondern ist nur dann verpflichtet lebensschützende Maßnahmen zu ergreifen, wenn er vom Bestehen einer realen und unmittelbaren Gefahr in Kenntnis ist. Für die Verpflichtung zur strafrechtlichen Verfolgung von Tötungsdelikten bestehen bestimmte Anforderungen an die Justizsysteme, wie die Unabhängigkeit der Richter und die Gewährleistung eines fairen Strafverfahrens. In der Ausgestaltung der Strafgesetzgebung sind die Konventionsstaaten aber weitestgehend frei, weil diese von vielen – auch innenpolitischen – Faktoren beeinflusst wird. Allein für vorsätzliche Tötungen, die nicht nach Absatz 2 gerechtfertigt sind, enthält Artikel 2 EMRK eine Bestrafungspflicht.

Die (präventive) Organisationspflicht und ihr Pendant des Organisationsverschuldens verlegen die zeitliche Komponente von Artikel 2 EMRK vor. Die Planung antiterroristischer Maßnahmen und die Bewertung der damit für alle Beteiligten einhergehenden Risiken, auch solcher die von Dritten ausgehen, die nicht mit der im Verkehr erforderlichen Sorgfalt durchgeführt wurden, können bereits eine Verletzung von Artikel 2 EMRK begründen. Dabei betont der Gerichtshof wiederholt die herausragende Bedeutung des Schutzes der unbeteiligten Zivilbevölkerung.

Die prozedurale Untersuchungs-und Aufklärungspflicht verpflichtet die Konventionsstaaten alle Tötungen, sei es durch Terroristen oder Staatsorgane, von Amts wegen, unverzüglich, umfassend, unvoreingenommen und sowohl institutionell als auch tatsächlich unabhängig zu untersuchen. Dies stellt eine zwingende Ergänzung des abwehrrechtlichen allgemeinen Tötungsverbotes dar, welches effektiv ausgestaltet werden muss. Mit einer erleichterten Beweisführung sowie der Einführung einer Beweislastumkehr zu Gunsten der Beschwerdeführer hat der Gerichtshof klug auf die Unzulänglichkeiten mancher Verfahren reagiert und sich angesichts erschwerter Bedingungen handlungsfähig gezeigt. Neben der Organisationspflicht, welche den Artikel 2 EMRK unterliegenden Bewertungszeitraum nach vorne erstreckt, dehnt die Untersuchungspflicht den Zeitraum nach hinten auf die postmortale Zeit aus. Damit erweitert sich der Grundrechtsschutz zeitlich und führt somit zu einer besseren Umsetzung der Ziele von Artikel 2 EMRK.

Insgesamt ist es bemerkenswert, dass der EGMR den Konventionsstaaten solch deutliche Signale senden muss, das Lebensrecht zu achten und sich nicht der strengen Anwendung von Artikel 2 EMRK zu entziehen.

Ein weiterer Verdienst im Sinne eines effektiven und umfangreichen Lebensschutzes ist die Erweiterung des territorialen Geltungsbereichs der Konvention auf Gebiete außerhalb des Europarates. Der Gerichtshof ist schrittweise von seinem strikt territorialen Verständnis des Anwendungsbereichs abgerückt indem er die Geltung der EMRK auf den Bereich der *espace juridique*, also den Rechtsraum der Konventionsstaaten, erweitert hat soweit eine Hoheitsgewalt im Sinne einer effektiven Kontrolle ausgeübt wird. Später ist der Geltungsbereich für bestimmte Ausnahmefälle auch auf den Bereich außerhalb der *espace juridique* ausgedehnt worden, sofern zumindest eine punktuelle Kontrolle durch einen Konventionsstaat ausgeübt wird, beispielsweise wenn einzelne Personen der Hoheitsgewalt unterliegen oder die jeweilige Regierung einer militärischen Unterstützung zustimmt oder militärische Truppen ein bestimmtes Gebiet besetzen. Hierdurch hat der Gerichtshof eine Lücke im Menschenrechtsschutz geschlossen und verpflichtet die Vertragsstaaten auch in internationalen Einsätzen die Werte der Konvention zu achten und zu verteidigen.

Diese Erweiterung des Geltungsbereichs der Konvention und damit von Artikel 2 EMRK hat Auswirkungen auf die Bekämpfung des internationalen globalisierten Terrorismus. Im bewaffneten Konflikt in Afghanistan beispielsweise mussten die beteiligten Konventionsstaaten die sich aus Artikel 2 EMRK ergebenden Rechte und Pflichten achten. Zunächst nutzt Artikel 2 EMRK den unbeteiligten Zivilisten in der Weise, dass den Konventionsstaaten gewisse Schutzpflichten (beispielsweise die Organisationspflichten) obliegen, die eine Gefährdung der Zivilbevölkerung weitestgehend ausschließen sollen. Aber auch hierüber hinaus war Artikel 2 EMRK im Afghanistan-Konflikt von Bedeutung. Zum einen sind die bekämpften Terroristen oder terroristischen Gruppen grundsätzlich als Zivilisten zu behandeln solange sie nicht unmittelbar an Kampfhandlungen teilnehmen, so dass für sie unstreitig der lebensrechtliche Konventionsschutz greift. Diese Auffassung vergrößert den menschenrechtlichen Schutz der (mutmaßlichen) Terroristen. Dieser Schutz gilt bei Einschlägigkeit des humanitären Völkerrechts fort, weil beide Rechtsregime nebeneinander Geltung haben, zumindest soweit sie sich nicht widersprechen. Durch die kombinierte Anwendung der internationalen Menschenrechte und des humanitären Völkerrechts erfolgt ein größtmöglicher Lebensschutz sowohl für die Zivilisten als auch für die (mutmaßlichen) Terroristen. Denn beide Rechtsordnungen verfolgen unterschiedliche Schutzrichtungen, die somit in Einklang gebracht werden: Das Gebot der militärischen Notwendigkeit und des militärischen Vorteils einerseits und den durch die Rechtsprechung der EKMR und des EGMR konkretisierten Schutz des Lebens andererseits. Das Ziel der Anwendung der Konventionsrechte ist stets der bestmögliche Schutz der Menschenrechte. Für das in Artikel 2 EMRK statuierte Abwehrrecht ist diese Durchsetzung im bewaffneten Konflikt einfacher als hinsichtlich der umfangreichen Schutzpflichten. Diese müssen dennoch in einem den Konventionsstaaten zumutbaren Rahmen Anwendung finden und tatsächlich von den Konventionsstaaten beachtet und umgesetzt werden soweit dies von ihnen realistischerweise in der jeweiligen Situation erwartet werden kann. Für solche Fälle der internationalen Terrorismusbekämpfung ist zu erwarten, dass der Gerichtshof seine Rechtsprechung zu Artikel 2 EMRK in bewaffneten Konflikten weiter ausarbeitet und den bereits eingeschlagenen Weg einer dem Menschenrechtsschutz dienenden Rechtsprechung unter Einengung der Rücksichtnahme auf die Konventionsstaaten fortführt.

Der Europarat stellt seinen Mitgliedsstaaten mit Artikel 2 EMRK rechtsstaatliche Instrumente zur Verfügung, die den Staaten ein wirksames Vorgehen sowohl gegen die klassischen Fälle der Terrorismusbekämpfung auf dem eigenen Staatsgebiet als auch gegen den neueren internationalen Terrorismus ermöglichen, ohne ihre eigenen rechtsstaatlichen Ideale aufzugeben. Auch Bedrohungsszenarien durch den Einsatz von Flugzeugen als Waffen, wie am 11. September 2001 in den Vereinigten Staaten von Amerika, die einen Ausgleich zwischen dem

Abwehrrecht gegen den Staat einerseits und den schutzrechtlichen Verpflichtungen andererseits verlangen, kann anhand des konventionsrechtlichen Lebensschutzes und seiner Schranken auf rechtsstaatliche Weise begegnet werden.

Die Konvention und der in dieser Arbeit untersuchte Artikel 2 EMRK sind stets zu achten und sauber anzuwenden, unabhängig davon, welche äußeren Gegebenheiten die Bekämpfung von Terrorismus mit sich bringt und vor welche tatsächlichen Schwierigkeiten die Konventionsstaaten gestellt werden. Artikel 2 EMRK bietet im Hinblick auf das Recht auf Leben wirksame und ausreichende Mechanismen, die hier aufgezeigt wurden, welche die Forderungen nach strengeren, explizit auf die Fälle von Terrorismusbekämpfung angepassten Regelungen zu Lasten des Rechtsstaates, obsolet machen. Seine Wirkung und Bedeutung ist immens und eine Errungenschaft des Europarates und seiner Mitglieder, die vielleicht einmalig ist und die es zu schützen und zu bewahren gilt.

Literaturverzeichnis

Arden, Mary Human Rights and Terrorism, in: Breitenmoser, Stephan (Hrsg.), Human Rights, Democracy and the Rule of Law - Liber amicorum Luzius Wildhaber, S. 21-39, Zürich/St. Gallen 2007.

Arnold, Roberta Human Rights in Times of Terrorism, in: ZaöRV 2006 (66), S. 297-319.

Baumann, Karsten Das Recht auf Leben unter Qualifizierungsvorbehalt? – Zur Terrorismusbekämpfung durch „finalen Rettungsschuss", in: DÖV 2004, S. 853-860.

Bergmann, Jan Michael Das Menschenbild der Europäischen Menschenrechtskonvention, Baden-Baden 1995.

Bernecker, Walther Ethnischer Nationalismus und Terrorismus im Baskenland,in: Spillmann, Kurt/ Wenger, Andreas (Hrsg.), Zeitgeschichtliche Hintergründe aktueller Konflikte VIII, S. 207-248, Zürich 2001.

Bernhardt, Rudolf Der völkerrechtliche Schutz der Menschenrechte: Texte, Institutionen, Realitäten, in: Dicke, Klaus/ Hobe, Stephan/ Meyn, Karl-Ulrich/ Peters, Anne/ Riedel, Eibe/ Schütz, Hans-Joachim/ Tietje, Christian (Hrsg.), Weltinnenrecht – Liber amicorum Jost Delbrück, S. 37-45, Berlin 2005.

Bernhardt, Rudolf Encyclopedia of Public International Law, Volume IV, Amsterdam/New York/Oxford 1982.

Bettermann, Karl August/Nipperdey, Hans Carl Die Grundrechte – Handbuch der Theorie und Praxis der Grundrechte Band 4 Halbband 2, Berlin 1962.

Bettermann, Karl August/Nipperdey, Hans Carl/Neumann, Franz Die Grundrechte – Handbuch der Theorie und Praxis der Grundrechte Band 1 Halbband 1, S. 5-123, Berlin 1966.

Blau. Kerstin Neuere Entwicklungen in der Schutzpflichtdogmatik des EGMR am Beispiel des Falles „Vo/F", in: ZeuS 2005, S. 398-440.

Bleckmann, Albert Die Entwicklung staatlicher Schutzpflichten aus den Freiheiten der Europäischen Menschenrechtskonvention, in: Beyerlin, Ulrich/ Bothe, Michael/ Hofmann, Rainer/ Petersmann, Ernst-Ulrich (Hrsg.), Recht zwischen Umbruch und Bewahrung – Festschrift für Rudolf Bernhardt, S. 309-321, Berlin/Heidelberg/New York 1995.

Bothe, Michael The Status of Captured Fighters, in: Tomuschat, Christian/ Lagrange, Evelyne/ Oeter, Stefan (Hrsg.), The Right to Life, S. 195-214, Leiden 2010.

Bothe, Michael Die Anwendung der Europäischen Menschenrechtskonvention in bewaffneten Konflikten – eine Überforderung?, in: ZaöRV 2005 (65), S. 615-623.

Bruha, Thomas Neuer internationaler Terrorismus: Völkerrecht im Wandel?, in: Koch, Hans-Joachim (Hrsg.), Terrorismus – Rechtsfragen der äußeren und inneren Sicherheit, S. 51-82, Baden-Baden 2002.

Büsching, Stephan Rechtsstaat und Terrorismus – Untersuchung der sicherheitspolitischen Reaktionen der USA, Deutschlands und Großbritanniens auf den internationalen Terrorismus, Frankfurt am Main 2010.

Desch, Thomas The Concept and Dimension of the Right to Life (as defined in International Standards and in International and Comparative Jurisprudence), in: ÖZöRV 1985, S. 107-118.

Dietl, Wilhelm/Hirschmann, Kai/Tophoven, Rolf Das Terrorismus-Lexikon, Frankfurt am Main 2006.

Dietlein, Johannes Die Lehre von den grundrechtlichen Schutzpflichten, 2. Auflage, Berlin 2005.

Doehring, Karl Zum „Recht auf Leben" aus nationaler und internationaler Sicht, in: Bernhardt, Rudolf/ Geck, Wilhelm Karl/ Gaenicke, Günther/ Steinberger, Helmut (Hrsg.), Völkerrecht als Rechtsordnung – Internationale Gerichtsbarkeit – Menschenrechte, Festschrift für Hermann Mosler, S. 145-157, Berlin/ New York/Heidelberg 1983.

Dröge, Cordula Positive Verpflichtungen der Staaten in der Europäischen Menschenrechtskonvention, Heidelberg 2003.

Ehlers, Dirk Europäische Grundrechte und Grundfreiheiten, 3. Auflage, Berlin 2009.

Ekardt, Felix/Susnjar, Davor Abwehr versus Schutz – eine notwendige Untersuchung der deutschen und europäischen Grundrechtsdogmatik? Eine Untersuchung zum Rahmen liberal-demokratischer Gesetzgebung, in: ZG 2007, S. 134 - 155.

Eller, Carmen Inguschien: Land der verschwindenden Männer, Spiegel Online vom 28. Juni 2008, abrufbar unter: http://www.spiegel.de/politik/ausland/0,1518,562663,00.html.

Elliott, Francis/ Carell, Severin/ Whitaker, Raymond/ Goodchild, Sophie Metropolitan Police expresses regret at killing of a man, The Independent vom 24. Juli 2005, abrufbar unter: http://www.independent.co.uk/news/uk/crime/metropolitan-police-expresses-regret-at-killing-of-man-500006.html.

Erberich, Ute Auslandseinsätze der Bundeswehr und Europäische Menschenrechtskonvention, Köln/Berlin/München 2004.

Ermacora, Felix/Nowak, Manfred/Tretter, Hannes Die Europäische Menschenrechtskonvention in der Rechtsprechung der österreichischen Höchstgerichte, Wien 1983.

Fleck, Dieter Handbook of International Humanitarian Law, 2. Auflage, New York 2008.

Franz, Einiko Benno Der Bundeswehreinsatz im Inneren und die Tötung Unschuldiger im Kreuzfeuer von Menschenwürde und Recht auf Leben, in: Der Staat 2006 (45), S. 501-546.

Frister, Helmut Zur Einschränkung des Notwehrrechts durch Art. 2 der Europäischen Menschenrechtskonvention, in: GA 1985, S. 553-565.

Frowein, Jochen Abr. Der Terrorismus als Herausforderung für das Völkerrecht, in: ZaöRV (62) 2002, S. 879-905.

Frowein, Jochen Abr. Probleme des allgemeinen Völkerrechts vor der Europäischen Kommission für Menschenrechte, in: von Münch, Ingo (Hrsg.), Staatsrecht - Völkerrecht - Europarecht: Festschrift für Hans-Jürgen Schlochauer zum 75. Geburtstag, S. 289-300,Berlin/New York 1981.

Frowein, Jochen Abr./Peukert, Wolfgang EMRK-Kommentar, 3. Auflage, Kehl/Straßburg/Arlington 2009.

Gaja, Giorgio Combatting Terrorism: Issues of Jus ad Bellum and Jus in Bello - The Case of Afghanistan, in: Benedek, Wolfgang/ Yotopoulos-Marangopoulos, Alice (Hrsg.), Anti-Terrorist Measures and Human Rights, S. 161-170, Leiden 2004.

Gasser, Hans-Peter Humanitäres Völkerrecht - Eine Einführung, 2. Auflage, Zürich/Basel/Genf 2012.

Gasser, Hans-Peter International Humanitarian Law and Human Rights Law in Non-International Armed Conflict: Joint Venture or Mutual Exclusion?, in: GYIL 2002 (45), S. 149-162.

Gebauer, Katharina Parallele Grund- und Menschenrechtsschutzsysteme in Europa? Ein Vergleich der Europäischen Menschenrechtskonvention und des Straßburger Gerichtshofs mit dem Grundrechtsschutz in der Europäischen Gemeinschaft und dem Luxemburger Gerichtshof, Berlin 2007.

Geiß, Robin Das humanitäre Völkerrecht im Lichte aktueller Herausforderungen, in: Heintze, Hans-Joachim/ Ipsen, Jörn, Heutige bewaffnete Konflikte als Herausforderungen an das humanitäre Völkerrecht, Heidelberg 2011.

Gollwitzer, Walter Menschenrechte im Strafverfahren: EMRK und IPBPR, Berlin 2005.

Golsong, Heribert/Karl, Wolfram/Wildhaber, Luzius Internationaler Kommentar zur Europäischen Menschenrechtskonvention, 7. Lieferung 2004 Köln/Berlin/München 1986.

Gowlland-Debbas, Vera The Right to Life and the Relationship between Human Rights and Humanitarian Law, in: Tomuschat, Christian/ Lagrange, Evelyne/ Oeter, Stefan (Hrsg.), The Right to Life, S. 123-150, Leiden 2010.

Grabenwarter, Christoph Europäische Menschenrechtskonvention, 5. Auflage, München 2012.

Gramm, Christof Der wehrlose Verfassungsstaat? – Urteilsanmerkung zur Entscheidung des BVerfG zum LuftSiG vom 15. Februar 2006, in: DVBl 2006, S. 653-661.

Grimm, Dieter Die Fristenlösungsurteile in Österreich und Deutschland und die Grundrechtstheorie, in: JBl 1976, S. 74-79.

Grote, Rainer/Marauhn, Thilo EMRK/GG – Konkordanzkommentar zum europäischen und deutschen Grundrechtsschutz, 2. Auflage Tübingen 2013.

Guradze, Heinz Kann die Verfassungsbeschwerde auf eine Verletzung der Konvention zum Schutze der Menschenrechte gestützt werden?, in: DÖV 1960, S. 286-288.

Guradze, Heinz Die Schutzrichtung der Grundrechtsnormen in der Europäischen Menschenrechtskonvention, in: Dietz, Rolf/ Hübner, Heinz (Hrsg.), Festschrift für Hans Carl Nipperdey zum 70. Geburtstag Band II, S. 759-769, München/Berlin 1965.

Harris, David The Right to Life in the European Convention on Human Rights, in: MJ 1994, S. 122-138.

Hartleb, Torsten Der neue § 14 III LuftSiG und das Grundrecht auf Leben, in: NJW 2005, S. 1397-1401.

Heintschel von Heinegg, Wolff Casebook Völkerrecht, München 2005.

Heintze, Hans-Joachim Durchsetzung eines menschenrechtlichen Mindeststandards im bewaffneten Konflikt, in: Sicherheit und Frieden 2007, S. 43-49.

Heinz, Wolfgang S. Zu Auslandseinsätzen der Bundeswehr in der Terrorismusbekämpfung. Analysen und Empfehlungen aus der Sicht des internationalen Menschenrechtsschutzes, in: Fleck, Dieter (Hrsg.), Rechtsfragen der Terrorismusbekämpfung durch Streitkräfte, S. 67-99, Baden-Baden 2004.

Heller, Regina Die Menschenrechtssituation in Russland – Eine Herausforderung für Europa, in: Hasse, Jana/ Müller, Erwin/ Schneider, Patricia, Menschenrechte – Bilanz und Perspektiven, Baden-Baden 2002.

Hermes, Georg Das Grundrecht auf Schutz von Leben und Gesundheit – Schutzpflicht und Schutzanspruch aus Art. 2 Abs. 2 S. 1 GG, Heidelberg 1987.

Herzog, Thomas Terrorismus – Versuch einer Definition und Analyse internationaler Übereinkommen zu seiner Bekämpfung, Frankfurt am Main 1991.

Hetzer, Wolfgang Terrorabwehr im Rechtsstaat, in: ZRP 2005, S. 132-135.

Hilker, Thomas Terrorismus – Grundwissen, Organisationen, Angriffsmittel, Religiöser Fanatismus, Suizidbomber, Münster 2006

Hobe, Stephan Der asymmetrische Krieg als Herausforderung der internationalen Ordnung und des Völkerrechts, in: Heintze, Hans-Joachim/ Ipsen, Jörn, Heutige bewaffnete Konflikte als Herausforderungen an das humanitäre Völkerrecht, Heidelberg 2011.

Höfling, Wolfram/Augsberg, Steffen Luftsicherheit, Grundrechtsregime und Ausnahmezustand, in: JZ 2005, S. 1080-1088.

Ipsen, Knut Völkerrecht, 5. Auflage, München 2004.

Irmscher, Tobias H. Menschenrechtsverletzungen und bewaffneter Konflikt: Die ersten Tschetschenien-Entscheidungen des Europäischen Gerichtshofs für Menschenrechte, in: EuGRZ 2006, S. 11-19.

Isensee, Josef Das staatliche Gewaltmonopol als Grundlage und Grenze der Grundrechte – Der Vorbehalt der Friedlichkeit als Kriterium des Grundrechtstatbestandes und der Schutzpflicht, in: Franßen, Everhardt/ Redeker, Konrad/ Schlichter, Otto/ Wilke, Dieter (Hrsg.), Bürger – Richter – Staat, Festschrift für Horst Sendler zum Abschied aus seinem Amt, S. 39-63, München 1991.

Isensee, Josef Das Grundrecht auf Sicherheit – Zu den Schutzpflichten des freiheitlichen Verfassungsstaates, Berlin/New York 1983.

Jakobs, Michael Terrorismus und polizeilicher Todesschuss, in: DVBl 2006, S. 83-89.

Jean, Patrice The limits of State action,in: Higgins, Rosalyn/ Flory, Maurice (Hrsg.), Terrorism and International Law, 2. Auflage, London 2002.

Jescheck, Hans-Heinrich/Weigend, Thomas Lehrbuch des Strafrechts Allgemeiner Teil, 5. Auflage, Berlin 1996.

Joseph, Sarah Denouement of the Deaths on the Rock: the Right to Life of Terrorists, in: NQHR 1996, S. 5-22.

Kempen, Bernhard/Hillgruber, Christian Völkerrecht, 2. Auflage, München 2012.

Kersten, Jens Die Tötung Unbeteiligter – Zum verfassungsrechtlichen Grundkonflikt des § 14 Abs. 3 LuftSiG, in: NVwZ 2005, S. 661-663.

Kimminich, Otto Schutz der Menschen in bewaffneten Konflikten – Zur Fortentwicklung des humanitären Völkerrechts, München 1979.

*Klein, Eckar*t Grundrechtliche Schutzpflicht des Staates, in: NJW 1989, S. 1633-1640.

Klein, Eckhart Der Schutz der Menschenrechte in bewaffneten Konflikten, in: MRM 2004, S. 5-17.

Klugmann, Marcel Europäische Menschenrechtskonvention und antiterroristische Maßnahmen – Eine Untersuchung der Rechtsprechung des Europäischen

Gerichtshofes für Menschenrechte am Beispiel des Nordirland- und des Kurdenkonfliktes, Frankfurt am Main 2002.

Kneihs, Benjamin Das Recht auf Leben in Österreich, in: JBl 1999, S. 76-87.

Kneihs, Benjamin Recht auf Leben und Terrorismusbekämpfung – Anmerkungen zur jüngsten Judikatur des EGMR zu Art. 2 EMRK, in: Grabenwarter, Christoph/ Thienel, Rudolf (Hrsg.), Kontinuität und Wandel der EMRK, Kehl/Straßburg/Arlington 1998.

Korinek, Karl Österreichisches Bundesverfassungsrecht, 7. Lieferung 2007, Wien/New York.

Kotzur, Markus „Krieg gegen den Terrorismus" – politische Rhetorik oder neue Konturen des „Kriegsbegriffes" im Völkerrecht?, in: AVR 2002 (40), S. 454-479.

Krey, Volker Zur Einschränkung des Notwehrrechts bei der Verteidigung von Sachgütern,in: JZ 1979, S. 702-709.

Krieger, Heike Deutschland im asymmetrischen Konflikt: Kriegsrechtliche Grenzen der Anwendung militärischer Gewalt gegen Taliban-Kämpfer in Afghanistan, in: Krieger, Heike (Hrsg.), Berliner Online-Beiträge zum Völker- und Verfassungsrecht Nr. 2/2010, S. 1-23, abrufbar unter: http://www.jura.fuberlin.de/einrichtungen/we3/professoren/ls_krieger/berliner_online_beitraege/Nr2-10_Krieger/Krieger__asymmetrischer_Konflikt.pdf.

Krieger, Heike Die Verantwortlichkeit Deutschlands nach der EMRK für seine Streitkräfte im Auslandseinsatz, in: ZaöRV 2002, S. 669-702.

Kühne, Hans-Heiner Die Entscheidung des EuGHMR in Sachen Öcalan, in: JZ 2003, S. 670-674.

Lacoste, Ilse Die Europäische Terrorismus-Konvention – Eine Untersuchung des Europäischen Übereinkommens zur Bekämpfung des Terrorismus vom 27. Januar 1977 im Vergleich mit ähnlichen internationalen Übereinkommen und unter Berücksichtigung des schweizerischen Rechts, Zürich 1982.

Lange, Wilfried Probleme des polizeilichen Waffengebrauchs, in: MDR 1974, S. 347-359.

Laqueur, Walter Die globale Bedrohung – Neue Gefahren des Terrorismus, 2. Auflage, München 2001.

Leisner, Walter/Goerlich, Helmut Das Recht auf Leben – Untersuchungen zu Artikel 2,2 des Grundgesetzes für die Bundesrepublik Deutschland, Hannover 1976.

Lewisch, Peter Recht auf Leben (Art. 2 EMRK) und Strafgesetz, in: Fuchs, Helmut/ Brandstetter, Wolfgang (Hrsg.), Festschrift für Winfried Platzgummer zum 65. Geburtstag, S. 381-401,Wien 1995.

Lieberman, Charles A./Chelouchine, Serguei 2005 London Bombings, in: Haberfeld, Maria R./ von Hassell, Agostino, A New Understanding of Terrorism – Case Studies, Trajectories and Lessons Learned, S. 233-248. Berlin 2011.

Lindner, Josef Franz Die Würde des Menschen und sein Leben – Zum Verhältnis von Art. 1 Abs. 1 Satz 1 GG und Art. 2 Abs. 2 Sätze 1 und 3 GG, in: DÖV 2006, S. 577-588.

Lutz, Dieter S. Was ist Terrorismus? Definitionen, Wandel, Perspektiven, in: Koch, Hans-Joachim (Hrsg.), Terrorismus – Rechtsfragen der äußeren und inneren Sicherheit, Symposium für Hans Peter Bull und Helmut Rittstieg am 31. Mai 2002, S. 9-27, Baden-Baden 2002.

MacDonald, Henry Republican dissidents join forces to form a new IRA, The Guardian Online vom 26. Juli 2012, abrufbar unter: http://www.guardian.co.uk/uk/2012/jul/26/ira-northern-ireland-dissident-republican-groups.

MacDonald, Ronald St. J. Protecting human rights in emergency situations: Making Article 15 work, in: Mahoney, Paul/ Matscher, Franz/ Petzold, Herbert/ Wildhaber, Luzius (Hrsg.), Protection des droits de l'homme: la perspective europèenne, Mélanges à la mémoire de Rolv Ryssdal, S. 817-835, Köln/Bonn/ Berlin/München 2000.

Machacek, Rudolf Das Recht auf Leben in Österreich, in: EuGRZ 1983, S. 453-473.

Malinverni, Giorgio Les fonctions des droits fondamentaux dans la jurisprudence de la Commission et de la Cour européennes des droits de l'homme, in: Haller, Walter/ Kölz, Alfred/ Müller, Georg/ Thürer, Daniel (Hrsg.), Im Dienst an der Gemeinschaft, Festschrift für Dietrich Schindler zum 65. Geburtstag, Basel/Frankfurt am Main 1989.

Mathieu, Bertrand The Right to life in constitutional and international case-law, Straßburg 2006.

Matscher, Franz Bemerkungen zur extraterritorialen oder indirekten Wirkung der EMRK, in: Donatsch, Andreas/ Forster, Marc/ Schwarzenegger, Christian (Hrsg.), Strafrecht, Strafprozessrecht und Menschenrechte – Festschrift für Stefan Trechsel zum 65. Geburtstag, S. 25-45, Zürich/Basel/Genf 2002.

Melzer, Nils Targeted Killing in International Law, Oxford 2008.

Melzer, Nils The ICRC's Clarification Process on the Notion of Direct Participation in Hostilities under International Humanitarian Law, in: Tomuschat, Christian/ Lagrange, Evelyne/ Oeter, Stefan (Hrsg.), The Right to Life, S. 151-166, Leiden 2010.

Menzenbach, Steffi/Janzen, Sebastian Maßnahmen zur Terrorismusbekämpfung seit dem 11. September 2001, in: Aktueller Begriff – Wissenschaftliche Dienste des Deutschen Bundestags Nr. 63/07.

Meyer-Ladewig, Jens Europäische Menschenrechtskonvention, 3. Auflage, Baden-Baden 2011.

Meyer-Ladewig, Jens Der Europäische Gerichtshof für Menschenrechte und der Kampf gegen Terrorismus und Separatismus, in: NVwZ 2009, S. 1531-1536.

Meyrovitz, Henri Le droit de la guerre et les droits de l'Homme, in: RDP 1972 (88), S. 1052-1105.

Mosler, Hermann Der Europäische Gerichtshof für Menschenrechte nach 20 Jahren, in: Eichenberger, Kurt (Hrsg.), Recht als Prozess und Gefüge – Festschrift für Hans Huber zum 80. Geburtstag, S. 595-607, Bern 1981.

Münkler, Herfried Asymmetrie und Kriegsvölkerrecht – Die Lehren des Sommerkrieges 2006, in: Friedenswarte 81 (2006), S. 59-65.

Murswiek, Dietrich Die Pflicht des Staates zum Schutz vor Eingriffen Dritter nach der Europäischen Menschenrechtskonvention, in: Konrad, Hans-Joachim (Hrsg.), Grundrechtsschutz und Verwaltungsverfahren unter Berücksichtigung des Asylrechts, S. 213-242, Berlin 1985.

Neumann, Franz/Nipperdey, Hans Carl/Scheuner, Ulrich Die Grundrechte – Handbuch der Theorie und Praxis der Grundrechte Band 2, Berlin 1954.

Oeter, Stefan Terrorismus und Menschenrechte, in: AVR 2002 (40), S. 422-453.

Oeter, Stefan Military Necessity and the Right to Life, in: Tomuschat, Christian/ Lagrange, Evelyne/ Oeter, Stefan (Hrsg.), The Right to Life, S. 167-193, Leiden 2010.

Oppermann, Thomas Der Beitrag des internationalen Rechts zur Bekämpfung des internationalen Terrorismus, in: Münch, Ingo von (Hrsg.), Staatsrecht – Völkerrecht – Europarecht: Festschrift für Hans-Jürgen Schlochauer zum 75. Geburtstag, S. 495-514, Berlin/New York 1981.

Opsahl, Torkel The Right to Life, in: MacDonald, Ronald St. J./Matscher, Franz/ Petzold, Herbert (Hrsg.), The European System for the Protection of Human Rights, S. 207-223, Dordrecht 1993.

Ovey, Clare/White, Robin C.A. European Convention on Human Rights, 5. Auflage, Oxford/New York 2010.

Özcan, Ali Kemal Turkey's Kurds – A theoretical analysis of the PKK and Abdullah Öcalan, London/New York 2006.

Peters, Anne Einführung in die Europäische Menschenrechtskonvention, 2. Auflage München 2012.

Pieroth, Bodo/Schlink, Bernhard Grundrechte – Staatsrecht II, 25. Auflage, Heidelberg 2009.

Pohr, Adrian Die „verschwundenen" Tschetschenen, Zeit Online vom 21. Februar 2005, abrufbar unter: www.zeit.de/2005/12/tschetschenien_human.

Provost, René International human rights and humanitarian law, Cambridge 2003.

Ramcharan, Bertrand The Drafting History of Art. 2 of the European Convention on Human Rights, in: Ramcharan, Bertrand G., The Right to Life in International Law - International Studies in Human Rights, S. 57-61, Dordrecht 1985.

Rensmann, Thilo Die Anwendbarkeit von Menschenrechten im Auslandseinsatz, in: Dieter Weingärtner (Hrsg.), Einsatz der Bundeswehr im Ausland, S. 49-66, Baden-Baden 2006.

Renucci, Jean-François Droit Européen des Droits de l'Homme, 4. Auflage, Paris 2010.

Roxin, Claus Strafrecht Allgemeiner Teil Band I, Grundlagen - Der Aufbau der Verbrechenslehre, 4. Auflage, München 2006.

Schäfer, Bernhard Zum Verhältnis Menschenrechte und humanitäres Völkerrecht, Potsdam 2006.

Schilling, Theodor Internationaler Menschenrechtsschutz - Universelles und europäisches Recht, 2. Auflage, Tübingen 2010.

Schmalenbach, Kirsten Der internationale Terrorismus - Ein Definitionsversuch, in: NZWehrR 2000, S. 15-20.

Schmidt-Radefeld, Roman Enduring Freedom - Antiterrorkrieg für immer? Ein Beitrag zum ius post bellum in Afghanistan, in: Humanitäres Völkerrecht - Informationsschriften 4/2005, S. 245-253.

Schönke, Adolf/Schröder, Horst Strafgesetzbuch Kommentar, 28. Auflage, München 2010.

Schwenk, Walter Bekämpfung des Internationalen Terrorismus, in: VN 1976, S. 97-99.

Seibert-Fohr, Anja The Relevance of International Human Rights Standards for Prosecuting Terrorists, in: Walter, Christian/ Vöneky, Silja/ Röben, Volker/ Schorkopf, Frank (Hrsg.), Terrorism as a Challenge for National and International Law - Security versus Liberty, S. 125-162, Berlin/Heidelberg/New York 2004.

Smith, John The right to life and the right to kill in law enforcement, in: NLJ 1994, S. 354-356.

Sotschek, Ralf Abzug der Briten aus Nordirland: Ende eines dunklen Kapitels, Spiegel Online vom 31. Juli 2007, abrufbar unter: http://www.spiegel.de/panorama/0,1518,497387,00.html.

Souleimanov, Emil An Endless War: The Russian-Chechen Conflict in Perspective, Frankfurt am Main 2007.

Spencer, John R. Intended Killings in French Law, in: Jeremy Horder (Hrsg.), Homocide Law in Comparative Perspective, S. 39-53, Oxford 2007.

Stein, Gottfried Endkampf um Kurdistan? – Die PKK, die Türkei und Deutschland, Bonn 1994.

Steinforth, Daniel Polizeigewalt in der Türkei: Die Uniform als schärfste Waffe, Spiegel Online vom 6. Dezember 2008, abrufbar unter: http://www.spiegel.de/politik/ausland/0,1518,594759,00.html.

Stieglitz, Edgar Allgemeine Lehren im Grundrechtsverständnis nach der EMRK und der Grundrechtsjudikatur des EuGH – Zur Nutzbarmachung konventionsrechtlicher Grundrechtsdogmatik im Bereich der Gemeinschaftsgrundrechte, Baden-Baden 2002.

Streuer, Wiebke Die positiven Verpflichtungen des Staates – Eine Untersuchung der positiven Verpflichtungen des Staates aus den Grund- und Menschenrechten des Grundgesetzes und der Europäischen Menschenrechtskonvention, Baden-Baden 2003.

Sudre, Frédéric La Convention européenne des droits de l'homme, 8. Auflage, Paris 2010.

Sudre, Frédéric/Marguénaud, Jean-Pierre/Andriantsimbazovina, Joël/Gouttenoire, Adeline/Levinet, Michel Les grands arrêts de la cour europèene des Droits de l'Homme, 6. Auflage, Paris 2009.

Szczekalla, Peter Die sog. grundrechtlichen Schutzpflichten im deutschen und europäischen Recht – Inhalt und Reichweite einer „gemeineuropäischen Grundrechtsfunktion", Berlin 2000.

Tomuschat, Christian Gezielte Tötungen (Targeted Killings), in: VN 2004, S. 136-140.

Tomuschat, Christian Der 11. September 2001 und seine rechtlichen Konsequenzen, in: EuGRZ 2001, S. 535-545.

Trechsel, Stefan Die Bedeutung der Europäischen Menschenrechtskonvention im Strafrecht, in: ZStW 1989 (101), S. 819-837.

Trechsel, Stefan Spotlights on Article 2 ECHR, The Right to Life, in: Benedek, Wolfgang/ Isak, Hubert/ Kicker, Renate (Hrsg.), Development and Developing International and European Law, Essays in Honour of Konrad Ginther on the Occasion of his 65th Birthday, Frankfurt am Main 1999.

Uerpmann, Robert Die Europäische Menschenrechtskonvention und die deutsche Rechtsprechung – Ein Beitrag zum Thema Völkerrecht und Landesrecht, Berlin 1993.

Vajic, Nina Before and after: Ratione Temporis Jurisdiction of the (New) European Court of Human Rights and the Blecic Case, in: Caflisch, Lucius/ Callewaert, Johan/ Liddell, Roderick/ Mahoney, Paul/ Villinger, Marc, Human Rights – Strasbourg Views, Liber Amicorum Luzius Wildhaber, Kehl/Straßburg/Arlington 2007.

Villiger, Mark Handbuch der Europäischen Menschenrechtskonvention, 2. Auflage, Zürich 1999.

Vinatier, Laurent Russie: l'impacte tchétchène, Paris 2007.

Vöneky, Silja Die Anwendbarkeit des humanitären Völkerrechts auf terroristische Akte und ihre Bekämpfung, in: Fleck, Dieter (Hrsg.), Rechtsfragen der Terrorismusbekämpfung durch Streitkräfte, S. 147-166, Baden-Baden 2004.

Wagensohn, Tanja Krieg in Tschetschenien, München 2000.

Waldmann, Peter Neuer Terrorismus?, in: Graulich, Kurt/ Simon, Dieter (Hrsg.), Terrorismus und Rechtsstaatlichkeit - Analysen. Handlungsoptionen, Perspektiven, S. 47-56, Berlin 2007.

Walter, Christian Defining Terrorism in National and International Law, in: Walter, Christian/ Vöneky, Silja/ Röben, Volker/ Schorkopf, Frank (Hrsg.), Terrorism as a Challenge for National and International Law - Security versus Liberty, S. 23-43, Berlin/Heidelberg/New York 2004.

Warbrick, Colin The European Convention on Human Rights and the Prevention of Terrorism, in: ICLQ 1983 (32), S. 82-119.

Wessels, Johannes/ Beulke, Werner Strafrecht Allgemeiner Teil, 40. Auflage, Heidelberg 2010.

Wicks, Elizabeth The Right to Life and Conflicting Interests, Oxford 2010.

Wiesbrock, Katja Internationaler Schutz der Menschenrechte vor Verletzung durch Private, Berlin 1999.

Winkler, Daniela Verfassungsmäßigkeit des Luftsicherheitsgesetzes, in: NVwZ 2006, S. 536-538.

Zemanek, Karl Völkerrechtliche Voraussetzungen, Rahmenbedingungen und Mittel zur Bekämpfung des internationalen Terrorismus, in: Hummer, Waldemar (Hrsg.), Sicherheit und Terrorismus - Rechtsfragen aus universeller und europäischer Sicht, S. 111-125, Frankfurt am Main 2005.

www.ingramcontent.com/pod-product-compliance
Ingram Content Group UK Ltd.
Pitfield, Milton Keynes, MK11 3LW, UK
UKHW021906290926
8980IPUK00015B/1081

9 783631 665084